OXFORD

중국의 경쟁다이나믹스

Multinational Firms in China

Entry Strategies, Competition, and Firm Performance

다국적기업의 진입 및 경쟁전략과 경영성과

장세진

박영사

본서는 Oxford University Press에서 출간한 Multinational Firms in China: Entry Strategies, Competition, and Firm Performance의 한글번역판이다.

서 문

중국은 모든 사람에게 각자 다른 것을 의미할지 모른다. 어떤 사람은 중국을 13억 인구로 이해하며, 다른 사람은 중국의 넓은 영토에 주목한다. 중국은 가장 오래된 문명지이기도 하고 뛰어난 문화와 예술유산을 갖고 있다. 다른 사람은 정치에 주목할지도 모른다. 중국은 아직도 공산당이 실제적으로 지배하는 얼마 되지 않은 나라 중의 하나이다. 그러나 중국을 여행한 사람은 중국의 자본주의적 속성에 놀란 경험이 있을 것이다. 정부관리는 사업가처럼 사고하고 행동하며, 기업에는 자본주의적인 인센티브제도가 작동하고 있다. 공산당이 지배하는 중국은 역설적으로 2008년 글로벌경제위기로부터 전세계 자본주의를 수호하는 역할을 하였다. 중국에 대한 위의 시각들은 나름대로 다 의미가 있다. 중국은 너무 넓고 다양하기 때문에 어떠한 시각이라도 가능하게 하기 때문이다.

경영학자인 저자에게 중국은 다국적기업과 중국현지기업간의 치열한 경쟁다이나믹스를 연구할 수 있는 좋은 기회를 제공해준다. 한국도 일본의 경제발전 모델을 따라 수출주도형 경제성장을 이루었으나, 중국의 경제성장은 속도와 규모 면에서 한국과 일본을 능가하고 있다. 중국이 개혁 및 개방정책을 채택한 1978년 당시에는 낙후된 기술과 미숙련노동자들로 가득 찬 비효율적인 국영기업들이 중국을 지배하고 있었다. 그러나, 다국적기업들이 합작투자형식으로만 중국에 진출하도록 규제하면서, 중국정부는 점차적으로 국내산업을 구조조정하고 중국현지기업들이 경쟁력을 갖출 시간을 벌었다. 본서가 출간되는 현재, 이미 수많은 강력한 중국현지기업들이 등장하여 여러 산업에서 다국적기업들을 위협하고 있다. 중국은 이와 같이 중국현지기업들이 어떻게 부상하고 다국적기업들이 이런 경쟁압력에 어떻게 대응하는지를 살펴볼 수 있는 좋은 기회를 제공해준다.

이렇게 중국현지기업들이 부상함에 따라, 이에 충분한 대비를 하지 않은 다국적기업들은 중국시장에서 퇴출되는 위협에 직면하게 되었다. 중국현지기업들은 낮은 비용과 뛰어난 유연성, 방대한 유통망과 정부보호로 시장점유율을 늘렸다. 그 결과, 기술과 브랜드가 뛰어남에도 불구하고 이미 많은 다국적기업들이 경쟁압력을 견디지 못하고 퇴출되었다. 중국시장에서 이들 중국현지기업들과 경쟁하는 것은 더 나아가 세계시장에서 경쟁하는 것이다. 마치 올림픽 게임처럼 전세계 최고의 기업들이 중국에서 경쟁하므로, 중국시장에서의 경쟁은 전세계 시장에서 살아남기 위해서 필수적인 요소가 되었다. 따라서, 중국시장에서의 경쟁 다이나믹스를 이해하는 것은 향후 기업의 성장과 수익에 매우 중요한 역할을 하게 되었다.

본서는 이와 같이 중국시장을 대상으로 글로벌경쟁의 성격을 이해하는 것을 목적으로 작성되었다. 보다 구체적으로 본서는 성공적인 다국적기업들이 어떻게 중국사업을 확장하였고, 성공적인 중국현지기업들이 어떻게 구조조정과정을 통해 부상하여 다국적기업에 도전하였는가를 살펴본다. 중국에서의 치열한 경쟁현황에 대해서는 여러 가지 일화가 존재하나, 이에 대한 종합적인 연구는 부족하였다. 경제학자들은 정부정책과 같은 거시경제적인 측면에 집중하는 것에 비해, 경영학자들은 사례연구에 집중하여 논의의 일반화가 이루어지지 못하였다. 본서는 저자가 지난 10년 동안 중국의 현지기업과 다국적기업에 대해 수행한 연구를 집대성한 것이다. 저자는 중국 통계청의 1998년부터 2009년까지의 연간 산업실태조사 자료를 토대로 중국에 있는 40만개의 기업들에 대한 자료를 분석하였고, 또한 주요 산업과 기업에 대한 인터뷰를 통한 필드연구를 통해 중국의 경쟁현황을 잘 이해하게 되었다. 중국이 두 자릿수의 경제성장을 계속하였으므로, 중국에서의 12년은 다른 나라의 30~40년과 같이 큰 변화가 생기는 시기였다. 본서는 각 장마다 승용차, 소비재, 통신, 맥주, 철강 산업과 같은 사례를 중심으로 논의를 전개하고, 저자가 학술지에 출간한 실증분석결과를 부록에 수록하여, 상호대조가 가능하게 하였다.

저자가 이 주제에 대해 지난 10년간 연구를 하는 동안, 여러 학자와 기업실무진으로부터 많은 도움을 받았다. 이 자리를 빌어, 중국의 경쟁 다이나믹스를 이해하는 데 도움을 주신 여러분께 감사의 말씀을 드린다. 특히, 본 주제에 대해 연구를 하면서 학술지에 공동집필한 동료교수들에게 감사를 들인다. 그 중, 일부 실증결과는 학술지에서 허락을 받고 본서에 인용되었다. 본 연구는 학술진흥재단의 우수학자 연구비지원(KRF-342-2007-1-B00016)에 의해 지원을 받았고, 싱가포르대학의 연구비 지원도 이 자리를 빌어 감사드린다. 본 연구를 위해 재키 얀 젱, 레아 셍 얀, 캐티 브라운이 연구보조를 하였고, 김민아가 한글판 초벌번역을 도와주었고, 초수봉 교수가 중국어 표기를 검토해주었다. 또한 영문원서를 출간하는 데 도움을 준 Oxford University Press의 데이비드 머슨 편집장과 엠마 부스 편집자과 한글번역판을 출간하는 작업을 맡은 박영사의 전채린 편집자에게 감사의 말씀을 전한다.

저 자

차 례

01 서 론

2008년에 일어난 글로벌 금융위기는 전 세계적인 경제 성장의 흐름을 뒤바꾸어 놓았으나, 중국에 큰 영향을 미치지는 않았다. 중국정부의 경제에 대한 통제는 효과적이어서, 내수시장을 활성화시키는 데 성공했고, 중국은 2012년에도 7.8%의 성장을 달성할 수 있었다. 이러한 중국경제 성장의 원동력은 1979년에서 2010년까지 1조 480억 달러에 달하는 막대한 외국인직접투자Foreign Direct Investment를 유치한 중국의 '개혁과 개방정책'에서 찾아볼 수 있다. 오늘날 중국에 진출한 다국적기업들은 중국 산업생산량의 27.1%를, 총수출의 54.6%를 차지하며, 중국경제를 이끌어가는 중요한 역할을 담당하고 있다.[1] 이제 사실상 세계 경제를 이끌어가는 주역이 된 중국은 다국적기업과 중국현지기업들 사이, 혹은 다국적기업들간과 중국현지기업들간의 치열한 경쟁을 연구할 수 있는 좋은 환경을 제공해주고 있다.

MIT 교수인 Yasheng Huang黄亚生은 2003년에 발간된 「*Selling China*」라는

저서에서, 1980년대와 1990년대에 외국인직접투자가 중국으로 유입된 이유에 대하여, 대다수의 사람들이 중국의 거대한 시장과 성장가능성에 이유를 찾는 것에 반해, 외국인직접투자에 의존하지 않고는 불가능하였던 비효율적이고 부실한 중국 국영기업들의 민영화에 보다 더 근본적인 이유가 있었다고 설명한다. 공산주의의 붕괴 이후 동유럽에서 보여졌던 급격한 민영화 대신, 중국정부는 비효율적인 국영기업을 합작투자형태로 바꾸는 방식으로 점진적인 구조조정을 추구했다. 이들 국영기업들이 합작투자 전환 후, 배당금에 관심을 갖는 재무적 투자자의 역할을 담당하는 동안, 외국계 다국적기업들은 이러한 국영기업의 합작파트너로서 기업운영을 담당하였다. 정부의 특혜를 받는 이러한 외국계 다국적기업과 달리 중국의 사기업들은 은행대출이나 경영자원을 확보하는 데 있어 차별적인 대우를 받았다. 이 때문에 Huang은 중국의 개혁정책을 비판적인 시각으로 바라보면서, 외국계 다국적기업들은 민영화 기능만을 수행하며 누릴 수 있는 특혜만 즐겼을 뿐, 기술이나 마케팅 노하우를 중국으로 이전하지 않았다고 주장했다2003, p.xvi.

그러나, 지난 수십 년에 걸쳐 일어난 중국의 여러 가지 변화들은 Huang의 이러한 가정이 타당한지 검증해볼 수 있는 좋은 기회를 제공한다. 첫째, 외국인직접투자가 실제로 비효율적인 국영기업들의 민영화 기능만 수행했다면 지금 이들은 어떻게 되었는가? 다른 한편으로, 만약 외국계 다국적기업이 그들의 기술과 노하우를 가져오지 않고 각종 정부특혜만을 누리고 있다면, 이 정부특혜들이 없어진 현재에는 이들 기업의 성과가 위협받으리라 생각된다. 둘째, 자동차 산업에서 체리奇瑞汽车, 질리吉利汽车 그리고 BYD比亚迪, 소비재 산업에서 상하이 자화上海家化, 나이스纳爱斯 그리고 롱리치隆力奇, 통신 산업에서 화웨이华为와 ZTE中兴通讯, 맥주 산업에서 칭타오青岛啤酒와 옌징燕京啤酒, 철강 산업에서 바오강宝钢, 샤강沙钢 등

지난 10년 동안 많은 수의 강력한 중국현지기업들이 생겨났다. 이 기업들 중 일부는 국영기업이 모태였으나 그 밖의 다른 회사들은 개인사업자들에 의해 새로이 창립되었다. 이러한 중국현지기업들이 어떻게 정부로부터 특혜를 받는 합작투자기업이나 국영기업과 경쟁할 수 있었는가? 셋째, 중국시장에서의 경쟁은 계속해서 심화되어 왔다. 다국적기업들이 받았던 많은 특혜들이 사라지면서, 이들은 다른 다국적기업들 혹은 중국현지기업들과 치열한 경쟁을 벌이고 있다. 이러한 치열한 경쟁 속에서 일부 외국계 다국적기업들이 성공한 요인은 무엇이며, 실패한 기업들은 어떤 요인으로 인하여 시장에서 퇴출되었는가? 마지막으로 이러한 변화들의 관점에서 볼 때, 다국적기업과 중국현지기업들의 미래 과제는 무엇일까?

이 책은 이러한 질문들에 답하기 위해 쓰여졌다. 구체적으로, 중국 내에서 성공적인 다국적기업들이 어떻게 성장해왔으며, 구조조정 과정에서 어떻게 강력한 중국현지기업들이 부상할 수 있었는지에 대해 살펴보려고 한다. 더하여 향후 이들 기업들간에 어떠한 경쟁구도가 전개될 것인지도 고려하였다. 이러한 과도기를 거쳐 일부 거대 다국적기업과 중국현지기업들은 지역시장에 집중하는 작고 약한 기업들을 인수하면서 세력을 키울 수 있었다. 반면에, 일부 다국적기업들은 강력한 중국현지기업들뿐만 아니라 더 성공적인 다국적기업들에게 밀려 시장에서 퇴출위기를 겪었다. 한편, 중국 내의 경쟁에서 살아남은 일부 중국현지기업들은 야심차게 국제화를 추구하며, 글로벌시장에서 외국계 다국적기업들과 경쟁하게 되었다. 본 장에서는 외국인직접투자의 추세와 이와 관련된 중국정부의 정책에 대하여 살펴본다. 또한, 외국인직접투자의 부문별, 지역별 패턴을 밝히고 중국현지기업과 다국적기업간의 치열한 경쟁 속에서 생겨난 여러 가지 주요 변화를 알아보고자 한다. 이 장은 실증연구를 다룰 다음 장의 기초를 제공한다.

다국적기업들에 대한 중국정부의 정책

개혁과 개방정책

최근 수십 년간 중국은 혼란과 갈등의 시기를 겪었다. 현대 기술을 받아들이고 산업화하는 데 늦었던 중국은 홍콩을 영국에 넘기게 만든 아편전쟁을 시작으로 서양제국의 힘에 굴복하는 수모를 겪었다. 1911년, 청나라가 몰락하면서 중국은 군벌들 사이의 내전과 일본의 침략에 시달렸다. 1949년, 공산주의자들은 국민당을 격퇴하고 중국을 장악했다. 초기 공산주의 체제에서 중국은 소련의 사회주의적 계획경제를 도입하고 토지를 국유화시켰으며 기업들을 국영화시켰다. 또한 소련을 따라 중공업을 우선시하는 산업정책을 펼쳤다Lin 2012. 마오쩌둥毛泽东이 주도한 문화혁명은 중국사회의 자본적이고 전통적인 요소들을 제거하기도 했다. 결과적으로 국영기업들과 집체기업集体企业들이 중국경제를 지배하게 되었다. 그러나 이들 기업들은 독자적인 의사결정권이 없었기 때문에 비용을 절감하거나, 효율성 또는 품질을 높이기 위한 노력을 기울이지 않아 전반적으로 비효율적이고 침체된 양상을 보였다Rawski 1980.

1976년에 사망한 마오쩌둥毛泽东의 뒤를 이어 권력을 잡은 덩샤오핑邓小平은 1978년 초부터 '개혁 및 개방정책'을 통해 이러한 문제들을 해결하려 했다. Naughton2007은 계획경제에서 시장경제에 이르기까지의 자유화 과정을 두 단계로 나누어 살펴보고 있다. 즉 점진적 개혁단계1978~1992와 자유화단계1993~현재로, 점진적 개혁단계에서 중국은 소련이 채택한 국영기업들의 급작스러운 대규모 민영화와 같은 '빅뱅'식 개혁보다는, 점진적인 개혁을 실천하는 것을 선택했다Redding and Witt 2007.[2] 이러한 점진적 개혁의 방법으로, 중국정부는 국영기업들에게 자율권을 주고 인센티브를 제공하여 이들의 효율성을 증대시키고자 하였다. 예를 들어 국영기업들은 이윤의 일부를 직원들에게 제공하고, 투입과 산출에 대한 의사결정을 독립적으로 결정할 수 있었다Groves et al. 1994; Schipani and Liu 2002. 동시에 중국정부는 국영기업이 다 충족할 수 없는 수요를 해결하기 위해 비국영기업, 즉 사기업, 집체기업, 외국합작투자기업 등이 시장에 참여하는 것을 허용하였다. 이러한 비국영기업의 등장은 미리 결정된 할당량 외의 시장의 수요와 공급에 따라 투입량과 산출량의 가격을 결정하는 이중가격체제dual-track pricing system로 촉진되었다. 이러한 자본주의적인 요소가 가미된 이중가격체계는 국영기업에 인센티브를 부여함으로써 효율성을 높이고 동시에 비국영기업들에게도 투입과 산출시장에 진입할 수 있는 인센티브를 제공했다. 이러한 자본주의적 요소에도 불구하고, 이와 같은 개혁개방의 초기 단계에는 다국적기업과의 경쟁의 결과로 국영기업들이 대거 망하는 것을 막기 위하여 국영기업들의 효율성을 높이는 것에 초점을 맞추었다Lau, Quian, and Roland 2000. 즉, 이 당시 비국영기업들은 국영기업을 대신하는 것이 아니라 이들을 보완해주는 역할만 담당하였다.

중국의 분권적 경제구조는 이러한 경제자유화를 추진하는 데 큰 도움이 되었다. 역사적으로도 사실이지만 또한 현재에도, 중국의 각 지역은 지방정부의 통제 아래 다양한 산업들을 운영해나가며 독립적인 시장으로 활동했다. 이러한 분권화는 두 가지 이유를 통해 비국영기업들의 등장 및 확장에 의한 경제자유화에 일조하였다. 첫째, 지방정부들은 비국영기업들을 성장시켜 자신의 지방의 경제성장을 달성하려는 인센티브를 갖고 있었다. 둘째, 중앙정부는 일부 시범지역에서 비국영기업들을 실험하여 민영화의 성과를 확인한 다음, 이를 전국에 걸쳐 확산시킬 수 있었다Qian, Roland, and Xu 1999; Qian, Roland, and Xu 2006.

이와 같은 중국에서의 초기 개혁은 원래 의도한 목표를 달성하는 데에는 성공적이었으나, 다음 두 가지 문제로 추가적인 성장이 제한되었다. 첫째, 국영기업들은 불명확한 재산권으로 인하여 효율성을 높이는 데 제한적이었다. 이와 비슷한 이유로 집체기업集体企业 역시 특정 지역사회주민들이 소유권을 갖고 있었으나, 이들은 이익을 공유할 수도 없었고 회사 운영에 참여할 권한조차 없었다. 그 대신 지방정부가 이들을 대신하여 경영자들을 지명하고 생산을 결정하며 기업 운영을 대신해 왔다Tian 2000. 이러한 불명확한 재산권으로 인해 집체기업은 국영기업과 유사하게 간주되어 왔다. 그러나 일부 집체기업들은 사실상은 사기업이지만 지방정부의 착취를 피하기 위해 집체기업으로 위장하는, 즉 붉은 모자를 눌러 써서 공산주의사회의 집체기업처럼 보이는 이른바 'Red hat' 기업이기도 하였다Boisot and Child 1996; Tian 2000; Walder 1995.[3] 둘째, 지방정부의 목표는 자신의 지역경제의 성장을 극대화시키는 것으로 반드시 국가경제 전체의 효율성을 증대시키는 것은 아니었다. 나아가 지방정부 수장의 정치생명은 그들이 자신의 지방에서 이룬 경제성장에 비례했다Li and Zhou 2005. 이러한 지역간 경쟁은 지역보호주의와 중복투자, 비효율적인 자원배분을 초래했다Young 2000.

이러한 문제들을 해결하기 위하여 중국정부는 개혁의 두 번째 단계로 각 기업의 소유권을 구조조정하여 시장경쟁을 촉진시키는 것을 추진하였다. 이러한 사유화 과정은 1993년 중국공산당 총회에서 사회주의시장경제를 추구하는 것을 목표로, 기업들이 현대적인 시스템을 갖출 것을 천명하면서 시작되었다. 1993년에 기업법이 통과된 이후, 국영기업은 국가가 이들 기업의 주식을 소유하는 형태로 재정의되었고, 정부는 이들 국영기업들의 지배구조를 강화하였다. 2003년, 중앙정부는 국부펀드와 유사한 국유자산관리감독위원회国有资产监督管理委员会,

영문명 State-owned Assets Supervision and Administration Commission: SASAC를 설립하였다. 이는 싱가폴의 국부펀드인 테마섹Temasek을 모델로 하여, 정부가 국가소유자산의 소유자이자 투자자로 기능할 수 있게 하였다.[4] 국유자산관리감독위원회, 즉 SASAC은 자신이 투자한 기업들의 운영을 감독하여 이들이 재무성과를 높일 수 있게 도왔다. 지방정부는 각자 자신들의 SASAC을 설립하여 지방정부가 관리하던 국영기업의 소유권을 주식으로 바꾸었다. 중국정부는 차후 부실 국영기업들의 파산을 가능하게 만드는 정책을 발표하기도 했다. 개인의 소유권은 1998년 헌법개정을 통해 명백히 합법화되었다. 이러한 소유권에 대한 개혁으로, 중국은 자유시장경제체제의 다른 국가들과 유사한 특성들을 공유하게 되었다.

이러한 구조조정의 결과, 그림 1-1과 같이 1998년과 2009년 사이 중국산업에 참여한 기업들의 성격이 급격히 바뀌게 되었다. 중국 국가통계청에서 발표하는 연간 산업실태조사자료는 5백만 위안2009년 기준 환율로 약 732,000달러 이상의 연간 매출액을 보인 회사들의 재무정보를 제공한다. 이 데이터베이스에 대한 보다 자세한 정보는 부록 1에서 찾아볼 수 있다. 1998년에 실시한 연간 산업실태조사에 따르면, 47,958개의 국영기업과 54,384개의 집체기업들이 그 해 전체 기업들의 68%를 차지하고 있었다. 그러나, 2009년에 이르러서는 국영기업과 집체기업의 숫자는 각각 전체 기업의 5% 정도에 미치지 않는 5,118개와 12,917개로 줄어들었다. 이는 이 기간 동안 대부분의 국영기업과 집체기업이 문을 닫았거나 사기업으로 전환했다는 것을 보여준다. 한편, 1998년과 2009년 사이 사기업과 법인기업의 숫자는 각각 10,593개에서 219,277개로, 10,656개에서 61,218개로, 전체 기업에서 차지하는 비율이 14%에서 76%까지 높아졌다. 고작 12년간에 벌어진 이러한 산업구성원의 급격한 변화는 굉장히 주목할 만하다. 특히, 「*Billions of Entrepreneurs*」이란 책에서 강조되었듯 이러한 짧은 기간 동안 놀랄 만한 숫

그림 1-1 연간 산업실태조사에 있는 소유권 유형별 기업수

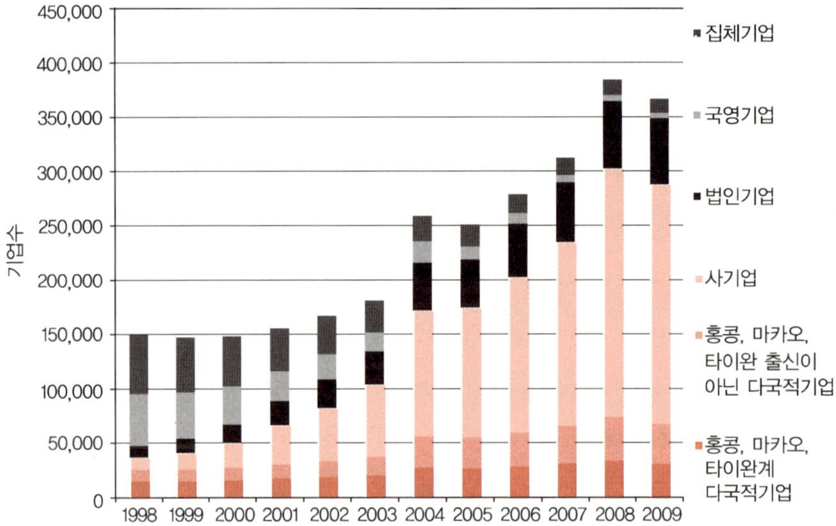

그림 1-2 소유권 유형별 자산점유율

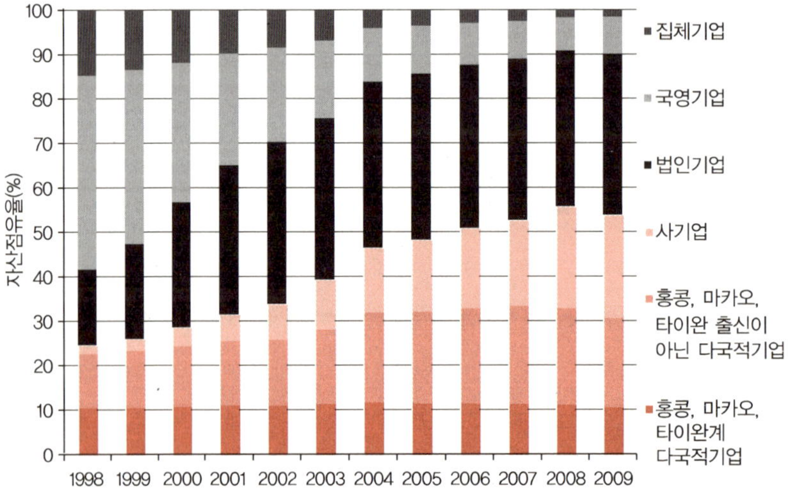

자로 사기업들이 증가하였다Khanna 2008. 같은 기간 동안 홍콩, 마카오, 타이완계 다국적기업과 기타 다른 나라에서 온 다국적기업을 포함한 다국적기업들의 비율은 1998년에 17.6%에서 2009년에 18.6%으로 다소 작은 증가율을 보이며 상대적으로 안정된 상태를 유지했다.

반면 그림 1-2와 같이, 산업 내 자산을 누가 소유하는가를 기업유형별로 나누어 보면, 다국적기업, 법인기업, 그리고 국영기업이 사기업이나 집체기업보다 훨씬 높게 나타난다. 2009년 자산기준으로 다국적기업의 비율은 31%에 가까웠다. 또한 2009년의 법인기업들과 국영기업이 차지하는 자산의 비중은 각각 36.3%와 8.2%로 높은 수치를 기록했다. 국유자산관리감독위원회, 즉 SASAC을 통해 관리되는 법인기업에 대한 국유 지분을 고려해보면, 중국에서 국가가 소유하는 비중은 여전히 매우 높다. 반면 집체기업들의 자산비중은 2009년 고작 1.7% 정도이고, 사기업들의 자산비중은 23%에 불과하였다.

중국이 시장중심 경제체제로 변화하고 있었지만, 아직도 자본시장과 노동시장, 그리고 생산재 시장에 있어 효율성은 낮은 편이었다. 정부의 경제에 대한 개입은 대단히 컸으나, 정책은 일관되지 못했고 예측하기도 어려웠다. 법과 규제가 명목상으로는 잘 정비되어 있었으나, 이를 집행하는 것은 지적재산권에 대한 보호의 사례와 같이 일관적이지 못했다. 부패는 이를 없애려는 정부의 노력에도 불구하고 도처에 깔려 있었다. 꽌시关系라 알려진 연줄 또는 인간관계는 중국에서 사업을 하는 데에 여전히 중요한 역할을 하고 있다. Khanna와 Palepu2010의 용어를 빌리면, 중국은 아직 "제도적 공백institutional voids"이 많았다. 다국적기업과 중국현지기업 모두 그들의 사업전략을 구상하는 데 있어 이러한 제도적 공백을 고려해야 했다.

외국인직접투자의 규제

외국인직접투자는 중국이 1979년 계약형 합작투자법中外合作经营企业, 영문명: The Chinese-Foreign Contractual Joint Venture을 발효하면서 시작되었다. 1983년에는 지분형 합작투자법中外合资经营企业, 영문명: The Chinese-Foreign Equity Joint Venture이 제정되어, 계약형 합작투자기업과 지분형 합작투자기업을 구분하였다. 계약형 합작투자기업에서 중국 측은 부지를 제공하고 계약에서 명시된 이익의 일정량을 공유하는 반면, 지분형 합작투자기업에서 중국과 외국 측은 각자 자본에 투자하여 투자된 자본의 비율에 따라 이익을 공유한다.[5] 이 법들은 합작투자기업들이 중국에서 어떻게 설립되는가에 대하여 규정하고 있으며, 이 법들은 구체적으로 합작투자만을 인정하고 있으므로, 외국기업의 독자소유 자회사는 사실상 금지되었다. 빠른 경제성장을 위해서는 자본 및 기술, 경영 노하우 등을 수입해야 한다는 사실을 깨달은 중국정부는 합작투자기업의 형태로 외국인직접투자를 끌어오기 위한 4개의 경제특구Special Economic Zone들을 만들었다. 1980년 센젠深圳, 주하이珠海, 산터우汕头와 샤먼厦门에 위치한 이 경제특구들은 근방의 해양국가들인 홍콩과 마카오, 동남아시아와 타이완을 겨냥하여 전략적으로 지정되었다. 더 나아가 중국정부는 이들에게 저렴한 부지와 낮은 세율, 수입관세 면제와 같이 다양한 보조금과 특혜를 제공하기도 했다Naughton 2007. 정부는 더 많은 외국인직접투자를 유치하기 위해 1984년 상하이上海를 포함한 또 다른 14개의 해안도시를 개방하였다. 이러한 다양한 인센티브로 중국 내 외국인직접투자는 꾸준히 증가하였다.

그러나 1989년 톈안먼天安门 사건에 이어 정치적 위기를 겪으면서 중국의 개혁정책은 잠시 중단되었다. 그러나 곧 1990년 정부의 외국인직접투자 제도를 완화시킨 외국인투자법Foreign Invested Company Act이 개정되면서 개혁정책은 다시

그림 1-3 중국으로의 외국인직접투자

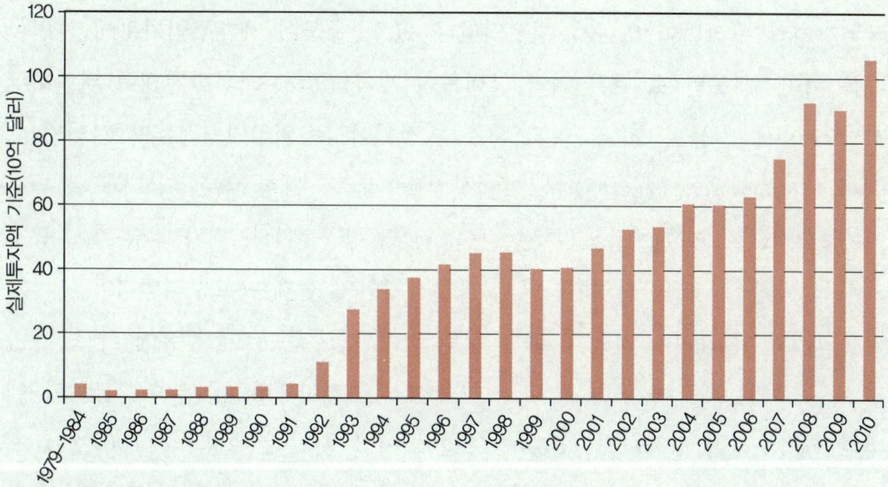

출처: 중국통계청, 실제투자액 기준

재개되었다.[6] 중국정부는 외국인직접투자에 대한 여러 가지 부문적, 지역적 제한을 없앴다. 승인에 대한 권한을 중앙에서 지방정부로 분권화시키고, 시장접근을 용이하게 만들었으며, 지적재산권에 대한 보호를 강화시켰다Huang 2003. 이러한 규제완화로 인해 외국인직접투자는 다시금 탄력을 받게 되었다. 그림 1-3은 1990년대 외국인직접투자의 급격한 증가를 보여준다.

원래 1986년 제정된 외국인투자법Foreign Invested Company Act으로도, 독자소유 자회사는 기술적으로 가능했다.[7] 그러나 실제로 이러한 독자소유 자회사는 장려되거나 허용되지 않았다. 독자소유 자회사는 중국이 세계무역기구World Trade Organization: WTO에 가입한 후, 외국인투자법에 보다 세부적인 조항들이 추가되고 나서야 비로소 널리 활용되기 시작하였다. 2001년, 합작투자기업의 CEO를 중국 측만이 지명할 수 있었던 규제를 추가적으로 완화함과 동시에 소수의 전략적인 산업을 제외하고는 합작투자를 않고도 외국인직접투자를 가능하게 한 합작투자기업 관리법이 또다시 개정되었다. 또한 중국이 세계무역기구에 가입한 다음 여러 해 동안 또 다른 여러 장벽들이 제거되었다. 국가발전개혁 위원회에서 1995년에 만들어 그 후 여러 차례 개정되어 온 외국인직접투자 관리법The foreign direct investment directory은 모든 산업을 '장려', '제한' 혹은 '금지'로 분류하여, 공식적으로 '제한'으로 분류된 광산, 담배, 항공, 위성, 원자력 발전소, 통신서비스, 부동산, 교육 산업에서만 합작투자기업의 형태가 요구되었다.[8]

그러나, 철강이나 자동차 같은 일부 전략산업부문은 이 분류에 따르면 '장려'로 구분되는데도 불구하고, 다른 구체적 산업가이드라인들이 이 산업부문에서의 합작투자를 강제하고 있었다. 예를 들어 1994년에 제정되고 2009년에 개정된 자동차 산업발전정책 48조항에서는 자동차, 특수 차량, 농업용 차량, 오토바이 제조업에 있어 합작투자기업의 중국지분이 50%가 넘어야 한다고 규정하고 있다. 철강 산업 또한 합작투자가 강제되어 왔다. 2005년 이전 다국적기업이 다수지분을 가질 수 있었던 것에 비해, 2005년에 제정된 철강 산업발전정책은 다국적기업들이 50% 이상의 지분을 소유할 수 없도록 못박고 있다. 다국적기업은 주류, 소비재, 통신과 같은 산업에서만 독자소유 자회사를 운영할 수 있었다. 표 1-1에는 본서에서 사례연구로 다뤄질 다섯 개 산업분야에 있어 다국적기업에 적용된 주요 법과 규제 그리고 구체적인 가이드라인이 요약되어 있다.

중국 내의 다국적기업은 그동안 일반적으로 중국현지기업보다 더 나은 대우를 받아왔다. 이들은 1994년에 종합조세법이 만들어지기 전까지, 국영기업의 세율이 55%에 달하였던 것에 비하여, 다국적기업은 이보다 현저히 낮은 15%에서 33%의 세율이 적용되는 세금우대혜택과 감세 및 면제혜택을 받았다Huang 2003. 이러한 세제혜택을 받기 위해서는, 다국적기업들은 경제특구나 첨단산업

표 1-1 외국기업에 대한 주요 정부정책

연도	경제전반적인 정책	각 산업별 정책
1979	계약형합작투자법 제정	
1980	센젠, 주하이, 산토우, 시아먼 4곳에 경제특구설립. 광동경제특구법이 첫 번째 특구에 관한 법령임. 외국인직접투자에 5년간 면세, 이후 15% 법인소득세, 관세철폐, 5백만 달러 이상의 투자에 다른 특혜제공	(통신) 중국우편정보통신부는 통신관련회사들의 지주회사로 중국우편통신공사(MPT)를 설립함
1982		(승용차) 정부가 승용차분야에 합작투자를 허가하기로 결정함. (통신) 통신시스템의 현대화가 필요하며, 외국기술과 장비도입이 필요함을 인정
1984	중국정부는 14개의 해안지방의 항구를 개방하여 해외직접투자를 유도함	(승용차) 중앙정부는 개인의 승용차소유를 공식적으로 허가함. 1984년부터 1986년까지 베이징 지프, 상하이 폭스바겐, 광저우 푸조의 합작투자 개시
1986	외국인투자법 제정. 새로운 가이드라인으로 수출기업 및 첨단산업에 법인세를 15%로 부과하며, 3년간 추가적인 감세혜택. 토지사용료를 1제곱미터당 1년에 5~20위안에 제공. 기타 원료, 부품, 기계에 대해 관세면제. 우대금리제공	(철강) 1984년 철강기업들이 정부지정가격의 20% 내외에서 생산량의 2%를 시장에서 판매하던 규제를 철폐함
1988	하이난 경제특구 제정	
1990	외국인투자법을 개정하여 규제완화	
1992	덩샤오핑이 사기업과 외국기업을 장려함. 14차 중앙위원회에서 외국인투자를 추가적으로 유치할 것을 천명	
1994		(승용차) 자동차산업발전정책에서 외국기업들의 지분율이 50%를 상회할 수 없음을 재확인함. 또한 기술이전을 합작투자의 가장 중요한 우선순위로 정함. 새로운 투자는 20억 위안 이상의 경우만 허용하고, 추가적으로 5억 위안 이상의 투자로 연구개발센터를 설립할 것을 독려함
1995	외국인직접투자에 대해 "장려", "제한", "금지"로 산업을 지정함	

연도	경제전반적인 정책	각 산업별 정책
1997		(맥주) 경공업산업위원회는 맥주 산업을 현대화하기 위해, 10개 회사의 시장점유율의 합이 40%가 넘도록, 맥주 산업에서의 인수합병을 장려함
1998	은행 및 금융기관들의 합작투자 규제 완화	
2000	"서부개발계획"을 발표하여, 인프라투자, 환경보존, 산업구조조정, 교육, 개방정책 등의 전략적 방향을 제시함. 정부는 외국인직접투자에 법인세 15% 등과 같은 인센티브 제공	
2001	WTO에 가입	(승용차) WTO가입에 따른 규제완화. 2006년까지 완성차에 대한 수입관세를 25%로 인하. 2005년까지 수입쿼터 증가. 외국승용차 회사는 3년간 10%의 관세로 부품을 수입할 수 있음. 자동차할부에 외국기업진출 허용
2004		(승용차) 자동차산업발전정책을 수정하여 하이브리드 자동차와 로컬기업의 혁신능력을 제고하기로 함. 외국기업의 지분율은 50%를 넘지못함을 재확인
2005		(철강) 중앙정부는 철강 산업을 포함한 11개 산업에서의 구조조정계획을 발표함. 철강 산업발전정책은 2011년까지 5대기업의 시장점유율을 45%까지 올리도록 하며, 환경오염방지책으로 연안지역의 생산비중을 40%로 올리기로 함.
2006	외국인기업인수합병에 대한 규제로 30억 위안 이상의 자산이나 중국시장에서의 매출이 15억 위안 이상일 때, 시장점유율이 20%를 넘거나, 합병 후 시장점유율이 25% 이상인 경우, 반독점조사를 받도록 규정함	(통신) 정부는 국가규모의 정보통신 산업공단을 만들어 지원함. 연구개발부문의 해외직접투자를 장려하며, 중국기업의 해외직접투자 역시 장려함
2008	기업세법을 개정하여 외국인투자기업과 합작투자에 대한 감세조치를 중단하기로 함. 중국현지기업과 외국기업 모두 25%의 법인세를 부담함	(승용차) 하이브리드 자동차와 전기자동차에 대한 세금 인센티브 제공
2011		(소비재) 중국향수 및 화장품산업협회는 12차 5개년 계획에서 중국현지기업들 중 2~3개의 기업을 글로벌 브랜드로 개발하고, 20개의 중국브랜드 및 30개의 유명상표를 개발하는 것을 목표로 협력하기로 함

단지, 또는 경제기술 발전지구에 입주하여야만 했다. 또한 1994년의 세제개편 이전에 다국적기업은 최초로 손익분기점을 넘어서는 시점으로부터 2년간 추가적인 면세혜택, 그 다음 3년간 세금의 50% 감면, 3%의 지방세 감면, 유보이익에 대한 낮은 세율이라는 혜택이 주어졌다Whalley 2011: 184.[9] 1994년의 세제개편은 다국적기업에 대한 특별 대우를 폐지했으며, 외국계 다국적기업의 독자소유법인과 합작투자법인 여부를 막론하고, 현지기업과 다국적기업 모두에게 하나로 통일된 세율을 적용하였다. 이로써 다국적기업과 중국현지기업 모두 30%의 소득세와 3%의 지방세를 내는 등 같은 세율을 적용받게 되었다. 이러한 세법의 개혁에도 불구하고 중국정부는 산업과 지역에 따라 다국적기업에게 계속적으로 큰 인센티브를 제공했다.[10] 예를 들어, 경제특구들과 다른 경제기술 개발구역 내의 다국적기업들은 꾸준히 조세상의 우대조치를 받았다. 또한 다국적기업들은 이익을 재투자할 때, 법인소득세를 되돌려 받기도 하였다. 그러나, 2008년의 법인세 개편은 다국적기업들과 중국현지기업들에 대한 소득세율을 통일시키며, 그동안 다국적기업들이 받던 많은 인센티브를 없앴다. 이로써 아직도 일부 지방정부들이 외국인직접투자를 유치하기 위해 여전히 세금우대 조치와 저렴한 부지를 제공하고는 있지만, 공식적으로 다국적기업들은 더 이상 국가적인 차원에서 우대받지 못했다.

외국인직접투자의 동향

전반적 동향

초기 개방정책 당시 중국정부가 다국적기업들에게 중국현지기업과 함께 합작투자를 할 것을 요구했을 때, 중국정부는 합작투자의 파트너를 지정해 주거나, 계약조건을 일방적으로 정하곤 하였다. 이러한 합작투자를 강요하는 정책은 개발도상국 정부들이 종종 선호하곤 했는데, 이는 중국현지기업들이 다국적기업 합작파트너로부터 기술을 받아들이고 다른 중국현지기업들이 이 기술을 전수받게 하여 중국의 국내산업을 발전시키는 것이 목적이었기 때문이었다. 예를 들어, 폭스바겐Volkswagen은 1984년 상하이 자동차上海汽车와 합작투자 기업형태로 중국에 진입하였다. 폭스바겐Volkswagen은 기술이전을 약속하고 현지부품조달비중을 1986년 26%에서 1995년 95%까지 높일 것을 약속하였다. 이러한 목표를 달성하기 위해, 폭스바겐Volkswagen은 유럽에 있는 부품업체들을 합작투자 형태로 중국에 진출시키거나 중국현지기업들에게 이들의 기술을 이전시키도록 장려했다.

한편 Huang2003의 주장과 같이 중국정부의 합작투자 정책은 국영기업의 민영화를 돕기도 했다. 중국 기업들에 정치적 서열을 매기면, 국영기업은 정상에 위치했고, 그 뒤로 집체기업이, 마지막으로 사기업이 뒤따랐다. 은행으로부터의 신용이나 외환거래의 할당, 신규사업의 기회, 정치적 또는 법적 보호는 이러한 서열에 따라 정해졌다Huang 2003: 78-29. 이러한 정치적 서열로 인하여 정부는 국영기업의 민영화를 쉽게 추구할 수 없었다. 즉, 국영기업을 개인에게 매각하는 것은 정치적으로 쉽게 용납할 수 없는 것이었다. 그렇기 때문에 비효율적인 국영기업과 외국계 다국적기업들 사이에서 합작투자가 장려되었던 것이다. 지역간 경쟁체제로 인하여 중국현지기업들은 다른 지역시장으로 사업을 넓히는데 제한이 많았다. 그러나 지방정부의 통제를 받지 않는 외국계 다국적기업들은 합작투자 형태로 어느 지역시장이든 진입이 가능했다. Huang2003: 220에 따르면 국영기업과 다국적기업간 합작투자기업의 대부분은, 국영기업들이 모든 운영자산을 합작투자에게 제공하여 합작투자 파트너로서 배당금을 받는 형태로 이루어진다. 이와 같이 Huang은 초기 개혁정책 기간 중, 외국인직접투자가 갖는 민영화 기능이 중요하다고 주장한다.

이미 언급한 바 있듯이, 중국정부는 세계무역기구에 가입준비를 하면서 합작투자 조건들을 완화시켜, 대부분의 비전략적 산업에서 다국적기업들이 100% 지분을 가질 수 있도록 조치했다. 결과적으로 외국계 다국적기업들은 중국에 독자소유 자회사로 진출할 기회를 얻어, 외국인직접투자의 유입이 급격히 증가한 것이다. 그림 1-4는 설립연도별 해외자회사들의 수를 보여준다. 중국정부가 외국인직접투자에 대하여 부문별, 지역별 제한을 없앤 1993년 초부터 외국인직접투자는 급격하게 증가하고 있다. 또 다른 급격한 증가는 중앙정부가 세계무역기구에 가입하기 위하여 합작투자 조건을 완화한 시기인 2000년대 초에 나타난다. 이 그림은 또한 최근 독자소유 자회사의 인기가 높아지는 것을 보여주는데, 이는 독자소유 자회사가 가능하지 않았을 시기에, 비자발적인 기술유출이 두려워 진출을 꺼려했던 기업들이 이제 독자소유 형태로 진출하는 모습을 볼 수 있다. 그림 1-4는 전체 산업에서 차지하는 합작투자기업의 비율이 꾸준히 감소하는 것을 보여준다. 중국시장 초기 진입 형태가 대부분 합작투자기업으로 이루어졌다면 최근의 신규 시장진입 형태의 60% 이상은 독자소유 자회사가 차지하

그림 1-4 연간 산업실태조사에 따른 설립연도와 소유유형별 외국기업수

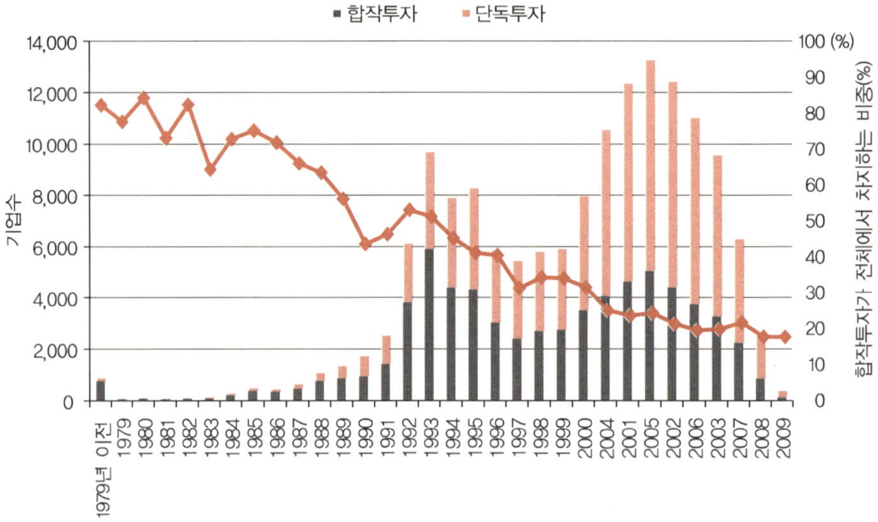

그림 1-5 출신국가별 외국인직접투자

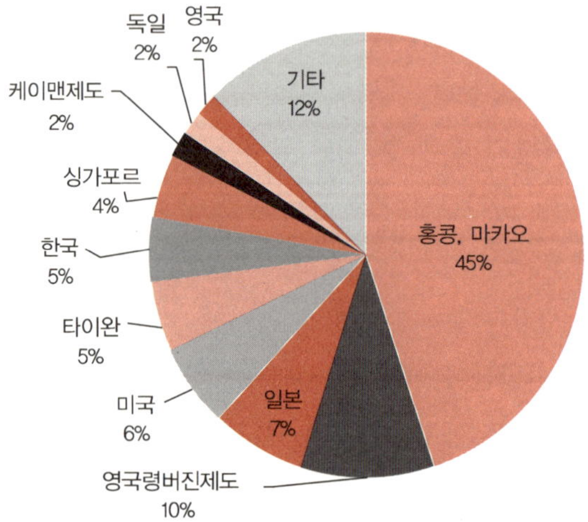

외국인직접투자 누적투자액(1985-2010, 총 1조 120억 달러)

고 있다.

그림 1-5는 외국인직접투자가 어느 나라로부터 유입되었는지를 보여준다. 중국으로의 외국인직접투자는 상위 10개의 나라가 전체 투자의 88%를 차지하고 있다. 보다 구체적으로, 홍콩과 마카오는 외국인직접투자 총액의 45%를 차지하며, 영국령 버진제도, 일본, 미국, 타이완, 한국, 싱가폴, 케이맨제도, 독일 그리고 영국이 그 뒤를 잇고 있다.[11] 홍콩과 마카오, 타이완의 투자를 모두 합쳐 보면 이러한 중국계 기업들이 전체 외국인직접투자의 절반 정도를 차지하는 것을 알 수 있다. 한편 홍콩과 마카오에서 유입된 외국인직접투자가 진정한 외국인직접투자인가에 대한 논쟁도 있다. Huang 2003은 홍콩이나 마카오에서 유입된 외국인직접투자의 상당 부분이 본래 중국기업들로, 중국에서 유출되어 다시 중국으로 되돌아오는 형태의 "왕복형 외국인직접투자"round-trip FDI라고 말한다. 즉 일부 중국기업들이 중국정부가 다국적기업에게 제공하는 여러 세금 혜택과 다른 특혜들을 이용하기 위해 왕복형 외국인직접투자를 한다는 것이다. 이러한 유형의 예로, 컴퓨터 산업의 성공적인 중국현지기업 중 하나인 레노보Lenovo는 법적으로 홍콩에 기반한 다국적기업이다Huang 2008: 3. 그러나, 왕복형 외국인직접투자에 대한 공식적인 통계는 없기 때문에, 직접투자의 통계자료를 해석하는 데는 신중이 필요하다. 한편, 홍콩과 마카오에서 온 외국인직접투자의 대부분이 홍콩과 마카오 기업 또는 이 지역들에 위치한 외국계 다국적기업의 자회사가 투자한 것이라면, 이들은 진정한 외국인직접투자로 볼 수 있다.

부문별, 지역별 패턴

그림 1-6과 그림 1-7은 2단위 표준산업분류SIC와 성省 단위의 지역에 따

라 1999년과 2009년 다국적기업들의 시장점유율을 보여준다. 다국적기업들은 1998년 27%, 2009년 36%의 시장점유율을 보였지만, 산업별 편차가 큰 편이다. 그림 1-6에서 보이는 흥미로운 현상은, 이른바 다국적기업들의 독점적 우위론 Hymer 1976이 예측하듯이, 전기전자, 통신, 계측제어기, 정밀기계 부문 같은 첨단 기술산업에 다국적기업들이 큰 시장점유율을 가지고 있다는 것이다. 예를 들어, 다국적기업은 1998년 전자 및 통신에서 64%의 시장점유율을 가졌다. 그러나 뜻밖에도 다국적기업들은 의류, 가죽, 장난감과 같은 노동집약적인 산업에서도 높은 시장점유율을 보였다. 그 예로, 장난감시장에서 다국적기업들의 시장점유율

그림 1-6 산업별 다국적기업들의 총시장점유율

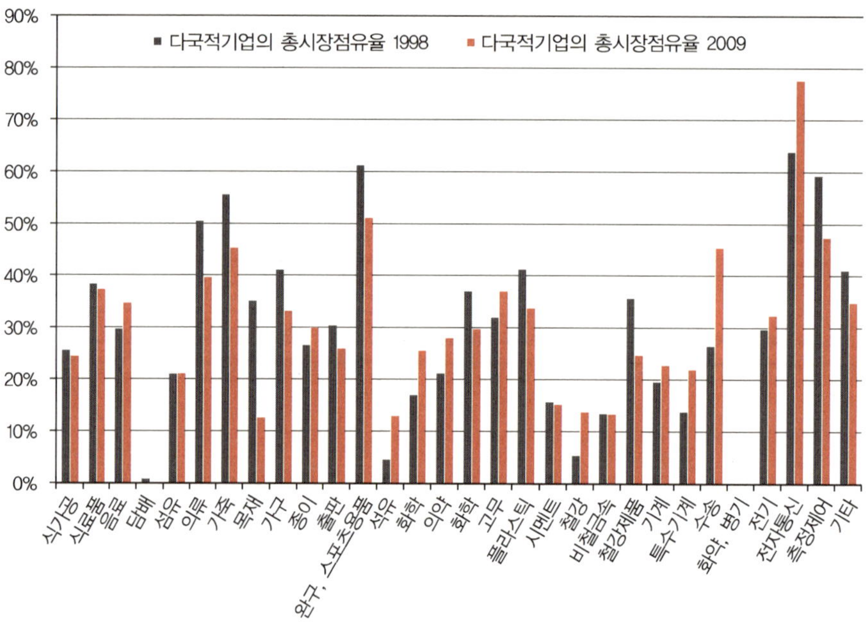

은 1998년 61%나 되었다. Huang2003은 이러한 현상이 국영기업과 그들의 다국적기업파트너들에게만 주어졌던 특혜를 반영한다고 주장한다. Huang에 따르면 이러한 노동집약적인 산업들은 외국인직접투자가 아닌 수출이나 중국현지기업들간의 생산계약을 통해서도 적절히 수행될 수 있는 산업들이다. 다국적기업은 이러한 노동집약적 산업 부문에서까지 정부의 보조금이나 세금우대혜택을 받으며 진출했다. Huang은 그의 주장에 대한 근거로, 1980년대와 1990년대의 외국인직접투자의 급격한 증가가 노동집약적이고 수출지향적 산업에서 계약적 거래관계의 감소를 수반했다는 사실을 들고 있다.

한편 그림 1-6은 노동집약적 산업에서 다국적기업의 시장점유율이 1998년에서부터 2009년까지 상당히 줄어들었다는 사실을 보인다. 예를 들어, 다국적기업의 시장점유율은 의류 시장에서는 1998년 50%에서 2009년 39%로, 가죽 시장에서는 56%에서 45%로, 목재 시장에서는 35%에서 13%로, 가구 시장에서는 41%에서 33%로, 완구 시장과 운동기구 시장에서는 61%에서 50%로 떨어졌다.

한편 기술집약적 혹은 자본집약적인 산업에서 같은 기간 동안 다국적기업의 시장점유율은 상당히 증가했다. 예를 들어, 화학 산업에서 다국적기업의 시장점유율은 17%에서 26%로, 제약 산업에서는 21%에서 28%로, 특수 기기와 장비 분야에서는 14%에서 22%로, 운송장비 분야에서는 26%에서 45%로, 마지막으로 전기, 전자, 통신 분야에서는 64%에서 78%로 증가했다. 종합하면 이러한 추세들은 개혁정책 초기의 다국적기업들의 경쟁우위는 노동집약적 산업에서 정부가 다국적기업들에게 제공한 각종 특혜였으나, 이러한 경쟁우위가 지난 십년 동안 기술이나 브랜드 같은 무형자산으로 바뀌었다는 점을 시사한다. 따라서 Huang의 주장은 보다 최신의 실증적 증거를 통해 재검토되어야 한다.

지리적인 시장에 있어서도 다국적기업들은 베이징北京, 톈진天津, 상하이上海,

충칭重庆과 같은 주요 도시나 장쑤성江苏省, 저장성浙江省, 푸젠성福建省, 산둥성山东省, 광둥성广东省, 하이난성海南省과 같은 해안지역에 집중되어 있는 모습을 보인다. 중국정부는 외국인 직접투자를 유치하기 위해 중국의 해안지역을 경제특구 또는 무역지구나 산업지구로 지정하고 개발하여 외국인직접투자를 끌어 모았다. 또한 해안지역의 지방정부들은 자신의 지역에 더 많은 외국인직접투자를 유치하기 위해 치열하게 경쟁하여, 여러 가지 제도와 지원시스템을 발전시켰다. Du, Lu, 그리고 Tao$_{2008}$의 연구에 따르면, 다국적기업들이 선호하는 투자지역은 지적재산권이 잘 보호되고 기업운영에 있어 정부의 개입이나 부패가 낮으며 계약이 잘 이행되는 지역이라는 것을 밝혀냈다. 이러한 이유로 낙후된 제도적 환경을 가진 중국의 내륙지방은 외국인직접투자를 유치하는 데 상대적인 실패를 맛보았다.

한편 그림 1-7과 같이, 1998년과 2009년 사이 다국적기업의 시장점유율은 충칭重庆, 칭하이성青海省, 후베이성湖北省, 광시장족자치구广西壮族自治区, 장시성江西省, 허베이성河北省과 같은 내륙 지방에서 상당히 증가했다. 구체적으로 다국적기업의 시장점유율은 충칭重庆에서 10%에서 21%로, 칭하이성青海省에서 3%에서 33%로, 허베이성河北省에서 9%에서 21%로 증가했다. 충칭重庆, 칭하이성青海省, 광시장족자치구广西壮族自治区와 같은 중국의 서부내륙지방의 발전을 위해, 정부는 서부개발사업을 통해 이 일대의 사회기반시설을 발전시키고 외국인직접투자를 촉진하였다. 2007년 말까지 정부는 서부지역에 총 1조 3천억 위안을 투자했다. 서부지역에 투자하는 다국적기업들에게 정부는 다양한 세금 인센티브와 보조금을 제공하기도 했다. 다국적기업들은 이 지역에 투자하고자 하는 정부의 방침을 따랐다. 더하여 해안지역의 높은 임금과 인력의 부족, 치열한 경쟁은 다국적기업들이 서부지역에 투자하도록 촉진시켰다. 이러한 이유로 지난 10년간의 외국인직

그림 1-7 지역별 다국적기업의 총시장점유율

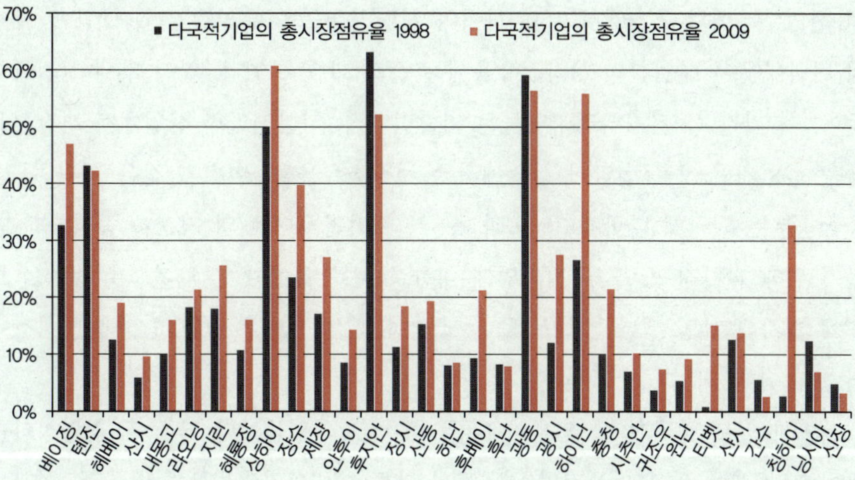

접투자는 Huang이 주장했던 것들과는 다른 요인들로 인해 유입되었다. 본서는 Huang의 연구가 끝난 지점 즉, 1990년 후반부터 최근까지의 새로운 실증분석을 통해 다국적기업들의 진입전략을 살펴본다.

본서의 구성

중국의 경쟁상황의 변화

앞서 서술한 중국의 개혁과 개방정책 그리고 중국에서 다국적기업이 가지는 시장점유율 추세에 대한 분석은 지난 10년 동안 중국의 경쟁상황의 변화를 이해하는 데 도움이 된다. 첫째, 1998년과 2009년 사이 다국적기업들은 매년 전체 산업부문에서 27%에서 36% 사이의 시장점유율을 유지했지만, 그림 1-6에서 나타나듯이 산업간의 시장점유율에는 큰 변화를 보였다. 앞서 자세히 언급했듯이, 이 기간 동안 다국적기업들은 기술집약적, 자본집약적 산업에서 시장점유율을 높였지만, 노동집약적 산업에서는 시장점유율을 잃었다. 같은 기간 동안, 중국정부는 외국계 다국적기업들과 중국현지기업들 사이의 경쟁을 공평하게 만들기 위해 점차적으로 다국적기업에 대한 특혜를 없앴다. 결과적으로 정부의 보조에 의지했던 일부 다국적기업들은 급격하게 설 자리를 잃었고 결국엔 시장에서 퇴출되게 되었다.

또한 일부 중국현지기업들이 다른 중국현지기업들보다 더 나은 경영성과를 보이고, 동시에 일부 다국적기업들 또한 다른 다국적기업들보다 더 나은 성과를 보이는 것처럼 기업들간의 성과차이가 벌어졌다. 다국적기업들이 중국에 처음 들어갔을 때, 이들은 고가시장을 목표로 완제품을 수입하거나 부품을 수입해 현지에서 조립하였다. 이러한 다국적기업들은 기술과 브랜드를 토대로 경쟁했다. 한편 대부분 전통적인 국영기업들과 집체기업으로 구성된 중국현지기업들은 저가시장을 점유하고 있었다. 초기에는 고가시장과 저가시장이 분명히 나누어져 있었기 때문에 다국적기업들과 중국현지기업들은 서로 경쟁관계에 놓여있지 않았다. 그러나 본서의 연구가 살펴보고 있는, 1998년과 2009년 사이에 중국시장 환경은 크게 바뀌었다. 중국소비자들의 구매력이 증가함에 따라 이들은 중국현지기업들이 제공하는 수준보다 더 높은 품질을 요구했다. 그러나 이들 소비자들의 소득수준은 수입제품들을 사기에는 충분하지 못했다. 중국의 강력한 현지기업과 현지화된 다국적기업들은 이러한 시장의 틈새를 메웠다. 과거 중국산업을 지배하던 국영기업과 집체기업을 대신하여, 유한책임회사나 주식회사와 같은 법인기업과 사기업이 부상하였고, 이러한 새로운 유형의 현지기업들은 과거 합작투자를 했던 기업이거나 새롭게 개인들이 창업한 기업들이었다. 더 나아가 상당수의 과거 국영기업과 집체기업들이 주식회사로의 구조조정과 주식공개를 통하여 필요한 자본들을 끌어왔다. 이렇게 변모한 중국현지기업들은 저비용과 유연성, 강력한 유통망, 정부지원을 이용하여 빠르게 성장하며 시장을 장악했다. 한편 현지기업과 다른 해외경쟁자들의 경쟁압력에 대응하기 위해, 일부 다국적기업들은 현지화를 통해 제품의 가격을 낮추고 보다 높은 기술과 브랜드를 중국으로 들여왔다. 이러한 두 가지 유형의 회사들 즉, "현지화된 다국적기업"과 "부상하는 중국현지기업"은 지속적으로 그들의 시장을 확대해 나가면서 중가시장에서 서로 경쟁하기 시작했다. 변화에 적응하지 못한 중국현지기업이나 수입에 의존한 다국적기업들은 극심한 경쟁을 견디지 못하고 시장에서 퇴출되었다. 그림 1-8은 지난 10년간 중국의 경쟁상황의 변화를 보여준다.

그림 1-8 중국에서의 경쟁구도의 변화

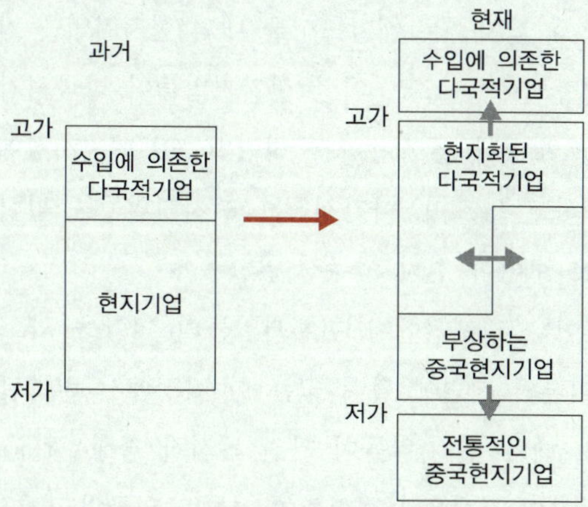

출처: S. Chang and S. Park(2012), 'Winning Strategies in China,' Long Range Planning 45: 3.

기술이전효과와 경쟁효과: 이론적 렌즈

본서는 이른바 현지화된 다국적기업들과 부상하는 중국현지기업들이 그동안 어떻게 성장했는지에 대하여 연구한다. 중국은 다국적기업과 중국현지기업들간의 극심한 경쟁을 관찰하기에 이상적인 환경을 제공한다. 물론 외국인직접투자가 경제학과 경영학에서 주요한 주제로 다루어지고 있지만, 이들 경제학자와 경영학자들이 외국인직접투자를 주로 다국적기업의 관점에서만 접근했기 때문에 기존의 외국인직접투자 이론들은 본서에서 살펴보려는 현상을 설명하는데 여러 가지 부족한 점이 많다. 경영학에서의 기존 문헌들은, 직접투자 이후에 다국적기업들이 필히 중국현지기업들과 경쟁해야 한다는 사실에도 불구하고 합작투자에 대한 연구를 제외하고는 현지기업에 관심을 두지 않았다. 이와 유사하게 경제학 분야에서도, 오랜 기간 동안 경제학자들이 다국적기업에서 중국현지기업으로의 기술이전에 관심을 가졌음에도 불구하고Caves 1974; Blomstrom 1986; Hejazi and Safarian 1999, 학자들은 개발도상국 내의 현지기업을 기술이전의 혜택을 받는 수동적인 입장으로만 보고, 이런 현지기업들이 다국적기업들의 잠재적인 경쟁자가 아니라고 보았다. 본서는 다국적기업들이 현지시장에서 중국현지기업들과 격렬히 경쟁하고 있으며, 따라서 중국현지기업들을 필히 다국적기업들의 잠재적인 경쟁자로 보아야 한다고 주장한다.

경영전략이론이나 경제학에서 현지기업들의 역할을 과소평가하는 이유는 외국인직접투자 이론의 저변에 깔려 있는 한 가정에서 비롯된다. 즉, 중국현지기업과 비교할 때, 해외진입기업들이 가진 독점적 경쟁우위monopolistic advantage가 중국현지기업들과의 경쟁을 무력화하며 이른바 외국인 비용liability of foreignness

을 보상하기에 충분하다는 가정이다Hymer 1976; Caves 1971. 이러한 가정은 1960년대 혹은 1970년대 다국적기업이 저개발국에 진입했을 때에는 사실일 수 있지만 이제는 더 이상 유효하지 않다. 개발도상국의 현지기업들은 이제 해외에서 진입한 다국적기업들을 위협하는 존재로 부상했다Dawar and Frost 1999; Zeng and Williamson 2007. 특히 중국에서 현지기업들은 다국적기업들에게서 시장점유율을 빼앗아오며 큰 경쟁위협을 가하고 있다.

따라서 본서는 다국적기업과 중국현지기업의 진화과정과 이들간의 경쟁구도를 "기술이전"과 "경쟁"이라는 이론적 렌즈를 통해 파악하고 있다. 기술이전효과spillover effects는 한 기업이 다른 기업의 경영성과에 긍정적인 영향을 미치는 것이라고 정의된다. 기술이전은 새로운 기술이나 제품의 등장이 다른 기업들에게 비슷한 것을 개발할 수 있는 영감을 제공해줄 때 나타난다. 이와 같은 기술이전은 한 기업에서 다른 기업으로 경영자나 기술자를 뽑아가는 것으로 촉진될 수 있다Ahn, de la Rica, and Ugidos 1999. 더 나아가 지역간 신규투자나 "우호적" 인수 및 합병은 중국현지기업과 다국적기업 모두에게 지역의 경계를 벗어나 기술이전을 촉진시키는 데 도움이 되기도 했다. 한편, 경쟁효과competition effects는 한 기업의 존재가 다른 기업의 성과를 감소시키는 부정적인 영향으로 정의된다. 경쟁은 다국적기업과 중국현지기업 사이뿐만 아니라 다국적기업들간, 혹은 아직 잘 연구되지 않은 중국현지기업들간에도 치열해지고 있다. 실제로 기술이전과 경쟁효과는 동전의 양면과 같다. 즉, 한 기업은 이전되는 지식과 기술의 원천이면서 동시에 같은 산업 내 기업들에게는 경쟁의 원천이기 때문이다. 그러므로 현실에서 우리가 관찰할 수 있는 것은 긍정적인 기술이전효과와 부정적인 경쟁효과의 합이다. 경쟁효과가 지나치지 않다면 기술이전효과가 우세할 것이고 그렇지 않다면 경쟁효과가 더 지배적일 것이다. 그러므로 우리는 기술이전효과와 경쟁효과를 동시에 살펴보아야 한다. 나아가 우리는 다국적기업과 중국현지기업 모두에게서 이러한 효과들을 살펴보아야 한다.

본서의 구성

제1장은 서론으로, 본서 전체 내용에 대한 기초를 제공하는 부분이다. 이 장에서는 외국인직접투자와 관련된 중국정부의 정책과 그 추세에 관해 알아본다. 중국정부는 개혁정책의 일환으로 다국적기업들을 합작투자기업의 형태로 중국시장에 진출하게 하였으나, 과거에 이들이 누리던 특혜들이 없어짐에 따라 점차 비전략적 산업에서는 독자소유의 자회사가 늘어나는 현상을 보인다. 이 장에서는 외국인직접투자의 주요한 부문별, 지역별 패턴을 알아보고 다국적기업과 중국현지기업간 경쟁다이나믹스에서의 주요 변화에 대해 서술할 것이다.

제2장에서는 중국에 진출한 다국적기업들의 전략에 대해 살펴본다. 중국정부는 초기 다국적기업들이 현지기업과 합작투자를 할 것을 요구했다. 다국적기업들은, 특히 기술이나 브랜드와 같은 무형자산을 보호해야 할 경우, 이러한 강제적인 합작투자를 반가워하지 않았다. 따라서, 대부분의 다국적기업들은 중국으로 진출할 때, 경쟁력에 위협을 받지 않는 이상 고도의 기술이나 브랜드를 들여오는 것을 거부했다. 합작투자 정책이 완화되었을 때, 중국시장에 신규로 진입하는 다른 다국적기업들은 곧장 독자소유 자회사로 진출하였고, 이미 중국시장에 진출한 다국적기업들은 합작투자를 독자소유 자회사로 변모시켰다. 이는 다국적기업들이 더 많은 무형자산을 가져와 회사의 경영성과를 향상시킬 수 있는 계기가 되었다. 나아가 제2장에서는 다국적기업들의 순차적 사업확장전략에 대하여 알아볼 것이다. 즉, 다국적기업들은 초기 진입자로서의 이점을 획득하고

경쟁을 피하기 위해, 초기에는 부유하고 개방적인 해안지역에 진출하였다가 점차 내륙지역으로 확장해나갔다. 최근의 투자경향으로는 투자단위가 커졌으며, 인수합병보다는 신규투자를 선호하고 있는 것으로 보인다.

제3장에서는 중국에서 강력한 현지기업들이 어떻게 출현했는지 살펴본다. 중국정부가 점진적인 개방을 추진했던 중요한 이유 중 하나는 거대한 다국적기업들과 경쟁하기에 앞서 중국현지기업들이 스스로 구조조정을 통해 운영의 효율성을 높이는 시간을 벌기 위해서였다. 독자적인 의사결정권과 인센티브를 제공함으로써 국영기업의 효율성을 얻고자 한 초기의 시도가 성공적이지 못하자, 중국정부는 개혁정책의 방향을 국영기업을 민영화시키는 것으로 바꾸었다. 따라서, 수천 개의 국영기업들이 국유자산관리감독위원회, 즉 SASAC들이 지분을 갖는 유한책임회사나 주식회사로 그 형태를 바꾸었다. 과거 국영기업이었던 많은 기업들이 증권거래소에 상장하였고, 이들은 실제로는 국가소유 지분이 높음에도 불구하고, 사기업과 유사하게 운영되었다. 동시에 다른 수천 개의 국영기업들, 다시 말해 보다 작고 수익성이 나쁜 기업들은 문을 닫거나 개인투자자에게 팔리게 되었다. 이러한 방식으로 민영화된 기업들은 고정자산이나 무형자산에 대한 투자를 늘려 매출을 높이고 생산성과 수익성을 향상시켰다. 동시에 기업가정신을 가진 창업자들에 의해 운영되며 뛰어난 기술로 무장한 수많은 기업들이 새롭게 시장에 진입하면서, 기존의 중국현지기업과 다국적기업들에게 큰 위협을 가했다.

제4장은 앞서 두 장에서 독립적으로 다루어진 다국적기업들과 중국현지기업들 사이의 경쟁을 주제로 한다. 시간이 지날수록 다국적기업들과 중국현지기업들은 경쟁력을 쌓아가며 중국 내에서 그들끼리의 격렬한 경쟁을 벌였다. 1990년대 초까지 다국적기업들은 기술과 브랜드에 기반하여 고가시장에만 진입하였고, 중국현지기업들은 저가시장에 국한되었기 때문에 이 둘간의 경쟁은 그

리 심하지 않았다. 그러나 1998년과 2009년 사이, 이 두 기업들간의 경쟁은 나날이 심화되었다. 일부 다국적기업들은 생산과 구매, 경영을 현지화하면서 중국에서의 사업을 날로 확장시켰다. 동시에 다국적기업들에게 만만치 않은 경쟁자로 많은 중국현지기업들이 부상하게 되었다. 이 장에서는 기업들간의 경쟁과정을 알아본다. 중국현지기업과 비교하여 다국적기업이 가지는 경쟁우위는 높은 수준의 기술과 마케팅 노하우에 있었다. 요컨대, 다국적기업의 시장점유율은 마케팅 노하우나 기술적 복잡성이 중요한 산업에서 가장 높아야 한다. 그러나 중국의 취약한 지적재산권 보호는 다국적기업에게 큰 위협이 되고 있다. 본 장에서는 지적재산권 보호와 맞물린 중국시장의 변화에 어떠한 요소들이 영향을 미쳤는지에 대하여 세부적으로 다루고 있다. 사례연구를 통해 본서는 왜, 그리고 어떻게 이들이 시장의 승리자로 부상할 수 있었는지에 대한 해답을 성공적인 다국적기업과 중국현지기업을 조사함으로써 밝혀낼 것이다.

제5장은 생존 및 수익성의 관점에서 다국적기업들의 경영성과를 중국현지기업들과 비교한다. 이 장에서는 외국인직접투자가 현지기업들의 생존에 부정적인 영향을 미칠 것이라는 앞선 염려와는 달리Huang 2003, 외국인직접투자가 양면의 날과 같이 중국현지기업들에게 이익과 손해를 동시에 미칠 수 있다고 말한다. 개혁정책을 실행하던 초기, 서로의 시장이 겹치지 않았을 때 다국적기업들로부터의 기술이전효과는 중국현지기업들에게 많은 이득을 제공했고 이들은 서로 직접적인 경쟁을 피했다. 그러나 최근에는 현지화된 다국적기업들과 부상하는 중국현지기업들의 경쟁이 심화되면서, 경쟁력이 없는 기업들은 시장에서 퇴출당하게 되었다. 중국현지기업과 다국적기업과의 치열한 경쟁으로 인해 다국적기업들은 개인소유의 중국현지기업과 집체기업보다 일반적으로 낮은 수익률을 보이고 있다. 그러나 다국적기업들이 그들의 이윤을 다양한 가격이전정책

을 통하여 중국 외부로 유출시킬 수 있다는 가능성이 존재했기 때문에, 다국적기업들의 성과가 낮게 나타날 수 있는 가능성을 배제할 수 없다.

제6장은 향후 미래 중국에서 일어날 중요한 추세에 대해 논한다. 중국산업 내의 경쟁으로, 소수의 거대 다국적기업들과 중국현지기업들이 승리자로 부상하였고, 중국산업은 점점 더 과점화되어 가고 있다. 더하여, 이러한 경쟁은 새로운 지역 클러스터를 생성하며 지역적으로 불균등한 성장패턴을 보였다. 중국 내 경쟁에서 살아남은 일부 중국현지기업들은 야심차게 해외시장으로 진출하고 있다. 이제 다국적기업들은 중국현지기업들과 중국 내에서뿐만 아니라 해외시장에서도 경쟁해야 한다. 이 장에서는 떠오르는 중국계 다국적기업들과 외국계 다국적기업들의 강점과 약점을 비교하며 미래의 도전과제에 대하여 세부적으로 설명하고 있다.

결론적으로, 중국현지기업과의 경쟁에서 이기는 것은 중국시장 내에서만의 성공을 뜻하는 것이 아니라 국제무대에서 이길 수 있다는 것을 뜻한다. 한 경영자에 따르면,

> 중국은 올림픽 게임과 같은 나라입니다. 전 세계 최고의 선수들이 이곳에 있으며, 이기기 위한 싸움을 합니다. 중국의 중국현지기업들은 중국내수시장에서 뛰어난 성과를 보일 뿐만 아니라 세계적인 무대의 주역으로 활동하기도 합니다. 이들과의 글로벌 경쟁은 중국에서부터 시작하고 있습니다. 우리가 이들의 가격과 비용에 대응하기 위해 열심히 노력하는 만큼 우리 또한 더 강해질 것입니다. 중국에서 진다면, 우리는 국제시장에서 이길 수 없습니다Chang and Park 2012.

이와 같이 중국의 경쟁다이나믹스를 이해하는 것은 매우 중요한 과제이다. 이 책은 이를 위해 작성되었다.

연구방법론

각 장에 제시된 자료들은 대규모 데이터베이스에 기초한 통계분석과 다섯 가지 산업들에 대한 사례분석을 기반으로 한다. 중국 국가통계청이 실시하는 연간 산업통계조사 자료는 5백만 위안 이상의 매출을 올리는 회사들의 재무정보를 알 수 있으며, 이는 중국에서 활동하는 400,000개 이상의 현지기업과 다국적기업들의 대부분을 포함하고 있다. 이 자료는 다국적기업들이 중국 내의 사업을 확장하고, 강력한 중국현지기업들이 구조조정을 통해 부상한 시기인 1998년과 2009년 동안 존재하고 있다. 중국이 두 자리 숫자의 지속적 성장을 보였던 12년에 걸친 이 자료는 다른 나라의 30년 내지 40년과 동일하다고 볼 수 있다. 부록 1은 이러한 연간 산업통계조사 자료에 대해 설명한다. 이 데이터베이스를 활용하여 저자는 각 장의 주요 논의를 뒷바침하는 통계분석을 부록으로 추가하였다.

본서는 이러한 대규모 데이터베이스를 통한 통계분석과 세부적인 사례분석을 보완적으로 사용하였다. 저자는 2003년에서 2005년까지, CEIBS의 박승호 교수와 함께 중국에서 선두적인 위치를 차지하는 다국적기업과 중국현지기업의 사례연구를 시행하였고, 이 연구결과는 후에 학술지에 실리게 되었다Chang and Park 2012. 이 연구에서 다국적기업과 중국현지기업간의 활발한 경쟁이 일어나는 여러 산업을 골라 그 중에서 세 개 내지 다섯 개의 선두적인 다국적기업과 하나 내지 두 개의 중국현지기업들을 선택하여 분석하였다. 다국적기업의 출신지역에 따른 전략적 선택과 경쟁우위를 비교하기 위해, 미국, 유럽, 아시아 특히 일본과 한국과 같은 지역에서 적어도 한 개의 다국적기업을 선택하도록 신중을 기했다. 예를 들어 소비재 산업에서는 유럽의 유니레버Unilever와 헨켈Henkel을,

미국의 존슨앤존슨Johnson and Johnson을, 일본의 카오Kao를 선택했다. 중국현지기업으로는 급격히 부상한 현지기업인 화이트캣白猫과 상하이 자화上海家化를 선택했다. 각각의 기업들에서 그 회사의 CEO와 마케팅, 인사, 전략을 다루는 주요 매니저들을 적어도 4명 이상 만났다. 다양한 경영자들과의 인터뷰를 통해 인터뷰의 내용을 상호 검증할 수 있었고 폭넓은 시각을 가지고 기능별조직에서의 시각차이를 이해할 수 있었다.

본서를 준비하면서 저자는 2009년과 2012년 사이 5개의 산업 — 자동차, 소비재, 통신, 주류, 철강 — 을 선택하여, 그 산업에서 가장 성공적인 중국현지기업들과 다국적기업들을 각각 방문, 독자적인 인터뷰를 새로이 진행했다. 예를 들어 통신 산업에서는 화웨이华为, ZTE中兴通讯, 시스코Cisco에서 인터뷰를 진행하였다. 중국현지기업과 다국적기업간의 경쟁다이나믹스의 성질과 규모는 산업마다 크게 달랐다. 다국적기업들이 경쟁우위를 지키기 위해 노력하는 동안, 부상하는 중국현지기업으로부터의 압박은 꾸준히 증가했다. 그러나 중국현지기업들

그림 1-9 사례연구 디자인

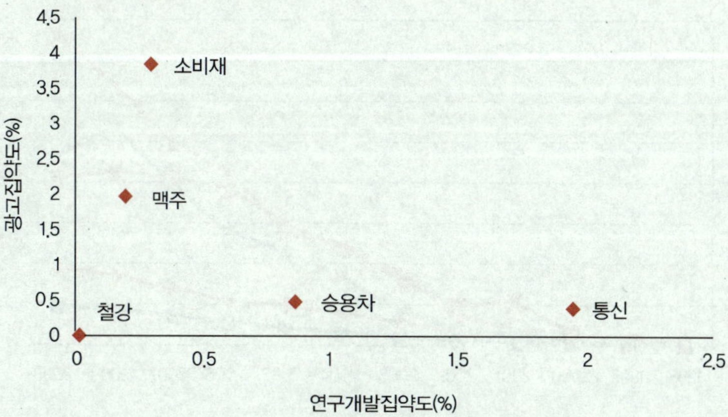

이 아직 강한 기술력과 마케팅 노하우를 가진 다국적기업들에 비해 뒤처져 있기 때문에, 복잡한 기술이나 다양한 고객들의 욕구, 시장구조를 다루는 데 있어서는 아직 중국현지기업들은 다국적기업들에게 필적할 수 없었다.

만약 2001년에서 2007년간의 총 매출에서 회사의 R&D나 광고비용으로 3단위 산업을 기준으로 한 개별 산업의 기술의 복잡성과 마케팅 노하우를 측정한다면, 그림 1-9와 같이 다섯 개의 산업이 모두 서로 크게 다르게 나타난다. 샴푸와 세제 같은 소비재 산업은 평균 3.8%의 가장 높은 광고집약도를 나타내며, 맥주 산업이 그 두 번째로 1.9%를 기록했다. 한편 통신 산업은 1.9%로 가장 높은 R&D 집중도를 보였고 자동차 산업이 0.9%로 그 뒤를 이었다. 철강 산업은 R&D와 광고집약도 모두에서 가장 낮은 수준을 보였다. 이러한 산업들은 그림 1-10과 같이 상대적인 성장에서도 서로 다르다. 1998년과 2009년 사이에, 맥주 산업에서의 매출은 거의 3배 가까운 성장을 기록하며, 선진국에서는 성숙산업이 신흥국에서는 성장산업이 될 수 있다는 것을 보인다. 또 다른 성숙산업

그림 1-10 1998-2009년 동안의 산업성장률

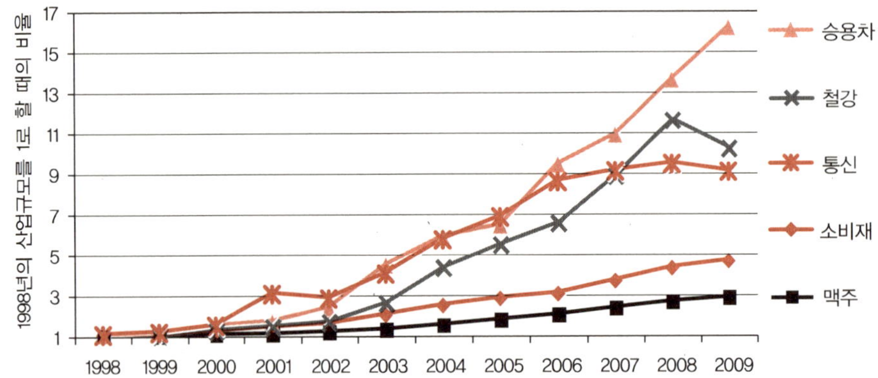

인 소비재 산업은 같은 기간 동안 5배의 성장을 보였고, 더하여 통신은 9배의 성장을, 철강은 10배의 성장을, 자동차는 16배의 성장을 보였다. 이와 같은 급격한 성장은 중국현지기업과 다국적기업 모두에게 큰 기회이자 위협으로 작용한다. 이 12년동안, 이들 회사의 운명은 급격하게 달라졌다.

중국현지기업과 다국적기업간에, 혹은 그들간의 기술적 복잡성과 마케팅 노하우가 경쟁다이나믹스에 어떠한 영향을 미치는가를 이해하기 위해, 저자는 특별히 이 다섯 개의 산업을 선택했다. 본인은 각 장마다 하나의 산업을 선택하여, 사례연구를 통해 각 장에서 다룰 핵심 내용을 설명하고자 한다. 이 사례연구에서 얻는 통찰력은 대규모 통계분석 결과로부터의 자료들을 보완하고 상호 검증을 가능하게 해준다.

02

다국적기업의 진입전략

다국적기업들은 중국시장에 진입할 때 여러 가지 다양한 옵션들을 고려한다. 이들은 라이센싱이나 자국, 또는 제3국으로부터의 수출을 통해 중국에 진입할 수 있다. 혹은 외국인직접투자를 이용하여 직접 중국에 자회사를 설립하고, 운영상 직접적인 통제를 가하는 방식으로 진입할 수 있다. 특히 다국적기업들은 외국인직접투자를 할 때 몇 가지 중요한 결정을 해야 한다. 먼저 100% 독자적인 자회사를 설립할지, 또는 지분의 일부만을 투자할지를 정해야 한다. 다음으로 신설투자를 할지, 중국현지업체를 인수할지를 결정하여 자회사를 설립해야 한다. 이 과정에서 투자장소를 선정하는 것 또한 중요하다. 각각의 결정들에 따라 차후 기업의 경영성과와 위험이 달라질 수 있기에, 진입 당시 이러한 결정들은 전략적으로 굉장히 중요하다. 본 장에서는 중국시장에 진입한 다국적기업들의 진입방식과 입지선정방식을 알아본다. 이러한 선택들은 서로 독립적인 의사결정은 아니다. 다국적기업들은 여러 장소에 여러 건의 진입을 하기도 하고, 시간이 지남에 따라 운영방식을 바꾸기도 한다. 따라서 본 장에서는 다국적기업들의 중국진출전략에 대한 이해를 돕기 위해, 진입전략과 진입 후 운영방식에 대해 조사한다. 본 장은 다국적기업들이 중국시장의 진입을 위해 합작투자를 강요받았던 중국자동차 산업의 사례로 시작한다. 이는 경영상 여러 가지 중대한 문제를 야기했다.

사례 연구: 자동차 산업

중국자동차 산업은 1952년 지린성吉林省의 북부 도시 창춘长春에 위치한 FAW第一汽车制造厂, First Automobile Works의 설립으로 시작되었다. FAW 그룹은 소련의 기술과 장비를 지원받아 자체제작한 첫 번째 세단인 홍치红旗라는 차를 생산하였다. 홍치红旗는 크라이슬러Chrysler의 1955년 모델 디자인의 대부분을 모방하여, 중화인민공화국 설립 10주년을 축하하기 위해 첫 선을 보였다. 중국은 1969년 SAW第二汽车制造厂, Second Automobile Works를 설립하였으며, 이는 현재 동펑자동차그룹东风汽车公司의 모태이다. 동펑东风은 후베이성湖北省 시옌十堰에 위치해 있다. 내륙지역인 이곳은 소련과의 전쟁을 대비하여 지리적인 다각화를 위해 중국이 전략적으로 선택한 곳이다. 동펑东风은 먼저 트럭을 생산했고, 차후에 승용차를 생산했다. 그 밖에, 많은 자동차 생산업체가 성省과 지방정부들에 의해 설립되었다. 이러한 지방 자동차생산기업들에는 대표적으로 상하이자동차上海汽车, 광저우자동차广州汽车, 베이징자동차北京汽车 등이 있다. 1979년 개혁 이전 시기에, 국영기업인 중국 내 모든 자동차생산업체들은 운영에 난항을 겪었다. 그 당시 중국현지 자동차생산업체들은 모두 작고 비효율적이며, 생산상 규모의 경제가 부족한 데다가 낙후된 기술과 불건전한 재정상태를 가졌다. 중국의 공산주의 계획경제시대에는 이러한 문제들은 중요한 사안이 아니었음에도 이 회사들은 번창하지 못하였다.

경제개혁이 시작된 후에야 중국정부는 자동차 산업의 지원을 위해서는 해외자본과 기술이 필수적이라는 것을 깨달았다. 1984년부터 1985년까지, 세 개의 합작투자기업들 — 상하이 폭스바겐上海大众汽车, 베이징 지프北京吉普汽车, 광저우 푸조广州标致 — 이 설립되며, 중국자동차 산업에 시동을 걸었다. 예를 들어, 상하이 폭스바겐上海大众汽车은 1984년 폭스바겐Volkswagen이 50%, 상하이자동차上海汽车가 25%, 중국은행이 15%, 중국국영자동차사中国汽车工业总公司가 10%의 지분을 소유하며 설립되었다. 상하이 폭스바겐上海大众汽车의 합작투자 계약은 25년간의 협약으로, 평균 3년에서 5년인 기존 서양 합작투자계약에 비해 매우 길었다. 당시 중국 측은 인사와 감독을, 독일 측은 재무와 기술을 담당하였다. 상하이자동차上海汽车는 상하이上海 지방정부의 휘하에서 트랙터를 생산했던 공장과 부지를 제공받아 공장과 직원들, 안정된 판매망과 유통망까지 확보했다. 판매의 상당 부분이 관용차량이나 택시여서, 판매량을 늘리는 데 현지파트너들이 중요한 역할을 하였다. 이러한 기업의 성공은 정부 고위직 관리들의 경력관리상 중요했기에, 상하이上海 지방정부는 그 당시 관료주의의 폐해가 만연하였음에도 불구하고 상하이 폭스바겐上海大众汽车의 성공을 도왔다. 그 당시 상하이上海 시장이었던 장쩌민江泽民은 차후에 당비서로 승진하였고, 그 다음 시장인 주룽지朱熔基 또한 승승장구하여 국가주석 자리에 올라 성공적인 커리어를 쌓았다.

폭스바겐Volkswagen은 브라질의 자회사로부터 중고 시설과 장비를 들여와 10년이 지난 모델인 산타나Santana를 생산하였다. 이 차는 도로가 거칠기로 유명한 브라질에서 이미 성능을 인정받은 안정적인 모델이었다. 폭스바겐Volkswagen은 창립 초기에 부품을 수입하여 중국현지에서 조립하는 녹다운knock-down 방식을 채택했다. 그러나 중국정부의 궁극적인 목표는 중국자동차 산업의 발전이었기에 중국정부는 폭스바겐Volkswagen이 중국현지기업에게 기술을 이전하고 현지조달부품의 양을 증가시키도록 밀어붙였다.[1] 폭스바겐Volkswagen은 현지 공급망을 구축하기 위해 유럽의 부품공급자들이 중국현지파트너들과 합작투자기업을 설립하도록 부추겼다. 이러한 노력으로, 상하이 폭스바겐上海大众汽车의 부품의 현지조달비율은 1989년에 31%, 1991년에 70%, 1996년에는 90%를 넘기게 되었다. 1996년까지 상하이 폭스바겐上海大众汽车은 매년 200,000대 이상의 차를 생산했고, 이는 중국시장 전체의 52% 이상을 차지하는 물량이었다.[2] 상하이 폭스바겐上海大众汽车은 중국에서 가장 성공한 합작투자기업 중 하나로 손꼽힌다. 폭스바겐Volkswagen은 1990년 FAW第一汽车와 새로운 합작투자기업을 설립하여, 제타Jetta捷达와 아우디Audi 奥迪 모델을 생산하였고, 이로써 중국시장을 지배하며 확실하게 자리잡았다.

반면 중국시장에 일찍 진입한 다른 두 합작투자기업인 베이징 지프北京吉普汽车와 광저우 푸조广州标致는 각각 1983년과 1985년에 설립되었으나, 상대적으로 성공하지 못했다. 현재 크라이슬러Chrysler에 인수된 미국자동차회사인 지프Jeep는 베이징 지프北京吉普汽车의 31%의 적은 지분만을 소유했다. 이로 인해, 지프Jeep는 현지파트너인 베이징자동차北京汽车와 제품 선택, 재무, 부품수입 등 많은 면에서 의견충돌을 겪어야 했다. 푸조Peugeot 또한 합작투자기업의 지분이 22%뿐이어서 기술이전에 대한 의지가 강하지 않았다. 대신 푸조Peugeot는 오래된 모델을 들여와 중국현지에서 조립하여 팔거나 부품들을 판매하여 단기수익을 창출하는 데 주력하였다. 푸조Peugeot의 현지파트너 광저우자동차广州汽车가 지방정부의 소유였음에도 지방정부는 광저우자동차广州汽车에 많은 지원을 하지 않았다. 그 결과, 광저우 푸조广州标致는 결국 1997년 해체되었다. 위의 두 가지 사례에서 알 수 있듯이, 다국적기업들은 현지파트너로의 기술유출을 두려워하였고, 빠르게 현지화하거나 최신 모델을 선보이는 것을 선호하지 않았다. 성공적인 사례인 상하이 폭스바겐上海大众汽车 또한 처음에 이와 유사한 두려움이 있어, 초반에는 10년이 지난 모델인 산타나Santana 桑塔纳를 수입했다. 사실, 폭스바겐Volkswagen은 지엠GM이 최신모델을 가지고 중국시장에 진입하기 전까지 신규 모델을 중국에 전혀 선보이지 않았다. 대신, 폭스바겐Volkswagen은 상하이 폭스바겐上海大众汽车의 50%의 지분을 소유하며 산타나 모델에 대한 기술이전에 호의적이었다. 이는 폭스바겐Volkswagen이 국제화에 뒤쳐졌기 때문에 중국에서의 성공이 누구보다도 중요한 데서 기인한다. 그 이후, 중국자동차시장이 두 자릿수 성장을 이룩하면서, 상하이 폭스바겐上海大众汽车은 엄청난 수익을 창출하였다.

그러나 상하이 폭스바겐上海大众汽车이 중국의 승용차 산업을 사실상 독점하던 상황은 오래가지 못하였다. 1994년 중국정부가 "자동차 산업 발전정책"을 발표하면서 다국적회사의 소유권 상한이 50%로 재확인되었다. 이 정책은 다국적회사가 기술을 이전하도록 장려하고 중국현지기업의 역량을 향상시킬 것을 요구했다. 특히, 이 정책은 다국적회사가 중국에 R&D 시설을 설립하고 최신 자동차 모델을 들여올 것을 요구하였다. 초기에 기술유출이 두려워 진입을 주저하던 다른 거대 다국적자동차기업들은 이제 더 이상 주저할 수 없었다. 1997년 지엠GM은 상하이 폭스바겐上海大众汽车의 현지파트너였던 상하이자동차上海汽车와 합작투자기업을 설립하여, 뷰익Buick 别克 모델을 생산하였다. 투자액이 16억 달러에 달한 이 투자건에는 중국에 최신식 연구개발시설들을 설립하는 것이 포함되었다. 상하이 지엠上海通用汽车은 뷰익Buick 别克 모델의 출시와 함께 빠르게 시장을 잠식했다. 상하이 지엠上海通用汽车의 성공은 상하이자동차上海汽车와 폭스바겐Volkswagen이 개발해 놓은 상하이上海지역의 현지부품조달네트워크를 활용한 것에 기인한다.

상하이 폭스바겐上海大众汽车이 현지조달부품 비율의 90%까지 높이는 데 12년이 걸린 반면, 상하이 지엠上海通用汽车은 단지 몇 년 만에 같은 비율을 달성했다. 상하이 지엠上海通用汽车의 공급자들의 83% 정도가 상하이 폭스바겐上海大众汽车에 공급하던 업체였다Markukawa 2006. 상하이 지엠上海通用汽车은 또한 1997년 Pan Asia Technical Automotive Center 이른바 PATAC라 불리는 중국 첫 번째 자동차 연구개발 합작투자기업을 설립하였다. 현재 1,900여 명의 직원들이 일하고 있는 PATAC은 지엠 글로벌 네트워크GM global network의 핵심 개발센터 중 하나로 자리잡았다. 그러나 폭스바겐Volkswagen이 판매망을 중국파트너인 상하이자동차上海汽车에 전적으로 의지했던 반면, 상하이 지엠上海通用汽车은 중국에 독자적인 대리점 망을 구축하기로 결정하고 이를 통해 전국적인 규모로 차를 출시하였다. 상하이 지엠上海通用汽车은 기존의 다른 경쟁사들이 지역마다 다른 가격으로 차를 판매하는 것과 달리, 중국 어디에서나 같은 가격에 차를 판매하였다. 이를 통해, 상하이 지엠上海通用汽车은 지역시장들을 하나의 전국적인 시장으로 통합시켰다. 많은 다국적기업들의 합작투자기업들이 이 흐름을 따랐다. 상하이 지엠上海通用汽车은 그 뒤 2002년 미니밴minivans을 생산하는 우링자동차五菱汽车를 설립하며 중국 남서부 지방으로 시장을 확장하였다. 또한, 2002년 얀타이 차체제작사烟台车身有限公司를 인수하여 산둥성山东省에 컴팩트카인 세일Sail을 생산하는 상하이 지엠둥웨上海通用东岳汽车를 설립하였다. 2004년에는 대한민국 자동차생산업체인 대우자동차의 산둥 얀타이 엔진공장山东烟台发动机生产厂을 인수하였다. 또한, 선양沈阳에 픽업트럭과 SUV를 생산하는 상하이 GM 노섬上海通用北盛汽车을 설립했다.

중국시장으로의 진입을 주저하던 일본 자동차회사들도 뒤늦게 시장에 뛰어들었다. 1998년 혼다Honda는 실패한 합작투자기업이었던 광저우 푸조广州标致를 인수하였다. 푸조Peugeot와 달리 혼다Honda는 그들의 가장 대중적인 모델인 어코드Accord 雅阁를 도입하기로 결정하면서 50%의 지분을 요구하였다. 혼다Honda는 같은 해 동펑东风과 함께 엔진을 생산하는 합작투자기업을 설립하였다. 닛산Nissan도 2002년 동펑东风과 합작투자기업을 세웠다. 토요타Toyota는 2000년 FAW第一汽车와 함께 톈진天津에, 또 2004년에는 광저우자동차广州标致와 함께 광저우广州에 합작투자기업을 설립하였고, 이는 현재 각각 톈진 FAW 토요타天津一汽丰田汽车와 GAC 토요타广汽丰田汽车가 되었다. 현대와 기아 또한 2002년 베이징자동차北京汽车, 동펑东风과 각각 합작투자기업을 설립하였다.

1990년대 초까지 중국의 자동차 연간 생산량은 1백만 대에 불과했으나, 2011년에는 1천 6백만 대를 넘어섰다. 이러한 극적인 성장에는 합작투자기업들이 큰 몫을 했다. 다른 다국적기업들이 설립한 합작투자기업들의 진입으로, 상하이 폭스바겐上海大众汽车의 시장점유율은 꾸준히 감소하여 1998년에는 36.7%로 떨어지고, 2009년에는 8.8%수준으로 낮아졌다. 마찬가지로 FAW 폭스바겐一汽大众汽车의 시장점유율 또한 2009년에 10.5%로 감소하였고, 폭스바겐Volkswagen 전체의 중국 승용차시장점유율은 19.3% 수준에 머물렀다. 상하이 지엠上海通用汽车의 시장점유율은 출시 첫 해에 1999년 7.4%를 시작으로 2006년에 13.8%까지 상승하였다. 그러나 다른 외국계 합작투자기업들의 진입과 함께 점유율이 감소하여 2009년에는 10.4%를 기록하였다. 혼다Honda, 토요타Toyota, 닛산Nissan, 현대/기아 등 다른 다국적경쟁기업들은 점점 점유율을 높여갔다. 2009년 기준 다국적기업들의 총시장점유율은 80%에 달했다.

중국자동차 산업에서의 다국적기업들의 성공은 중국현지기업들의 근본적인 취약함을 시사한다. 중국산업들 중에서 자동차 산업처럼 외국계 합작투자기업들에 의존적인 산업은 없다. 중국자동차 산업에서 주목할 만한 흐름은 특혜를 받던 대부분의 기존 거대 국영기업들이 외국계 다국적기업들과 합작투자파트너를 이루었다는 것이다. FAW第一汽车는 폭스바겐Volkswagen, 토요타Toyota와 파트너를, 동펑东风은 시트로엥Citroen, 혼다Honda, 닛산Nissan, 기아와 파트너를 이루었다. 상하이자동차上海汽车는 폭스바겐Volkswagen과 지엠GM, 광저우자동차广州汽车는 혼다Honda와 토요타Toyota, 베이징자동차北京汽车는 현대자동차, 장안모터스长安汽车는 스즈키Suzuki와 파트너를 이루었다. 이러한 국영기업들과 합작투자파트너를 이룬 다국적기업들은 급속한 시장의 성장으로 엄청난 특혜를 누리며 많은 수익을 챙겼다. 그림 1－10과 같이, 중국자동차 산업은 1998년과 2009년 사이에 16배 성장하였으나, 수요는 꾸준히 공급을 초과하고 있다. Huang이2003 지적하였듯이, 이 특혜를 받은 국영기업들은 합작투자파트너로서 기업의 재무적 투자자가 되어, 이에 수반하는 막대한 배당금까지 누려왔다.

Huang2003이 강조하는 중요한 점은 자동차 산업의 중국현지 합작투자파트너들이 중국현지산업을 발전시키라는 정부의 목적을 달성하지 못했다는 데 있다. 중국현지의 합작투자파트너들의 구조적, 기술적 문제들은 독자적인 자동차 산업의 발전을 저해하였고, 이러한 점에서 정부의 기대에 부응하지 못했다. 중국정부가 중국현지기업들이 합작투자기업들로부터 기술을 흡수하여 독자적인 자동차 산업을 구축해 낼 것이라 기대한 반면, 기술이전은 실제로 일어나지 않았다. 다국적기업 파트너들은 기술유출을 막고, 합작투자기업으로부터 이익만을 챙겼다. 현지독자브랜드의 개발이 다국적기업들과의 관계를 틀어지게 할 수 있었기에, 현지 합작투자파트너들은 이익을 창출해주는 합작투자기업들에 손을 대지 않으려 했다. 더욱이, 자동차는 2만여 개가 넘는 부품으로 이루어졌고 새로운 차의 설계는 정교한 기술력과 설비가 필요했기에, 이러한 기술적 장벽은 정부 관리가 생각한 것 그 이상이었다. 그 예로, 동펑东风은 자체 브랜드의 자동차 개발에 계속적인 난항을 겪었다. 상하이자동차上海汽车도 2005년 한국의 쌍용

자동차를 인수하여 기술을 받아들이려 했지만, 인수 후 통합과정의 여러 문제로 처참한 실패를 맛보았다.

다국적기업에 도전하는 진정한 중국현지기업들은 합작투자에 의존하지 않는 신설회사들이다. 센젠深圳의 충전지생산업체 BYD는 2002년 센젠深圳 근처의 작은 현지기업인 진천자동차를 인수하며 중국자동차 산업에 진입했다. BYD자동차比亚迪汽车는 Warren Buffet이 2008년에 지분의 10%를 사들이며, 서양에 잘 알려지게 되었다. 비상장기업인 BYD는 현재 하이브리드 자동차를 대량 생산하여 아프리카, 남아메리카, 중동 지역에 수출하고 있다. 창립자인 왕찬푸王传福는 이 회사의 최대주주이며 지분의 24%를 소유하고 있다. BYD의 성장은 중국현지기업의 혁신과 전기자동차와 같은 대체기술의 개발을 독려하는 목적으로 2004년 제정된 자동차 산업정책에 일부 기인한다. 이와 유사하게, 1986년 기업가 리슈푸李书福는 항저우杭州에 질리吉利를 설립하였다. 냉장고 부품을 생산하던 질리吉利는 1994년 파산한 국영기업을 인수하면서 오토바이를 생산하다가, 1998년에는 사업을 확장하여 미니밴minivans을 생산하였다. 질리吉利는 2001년 자동차 생산에 대한 국가의 승인을 얻어, 바로 디하오帝豪, Emgrand, 잉룬英伦, Englon, 질리吉利, Geely라는 브랜드로 차를 생산해내기 시작했다. 2011년에 질리吉利는 210억 위안의 매출과 15억 위안의 순이익을 기록하였다. 현재 질리吉利는 홍콩 증권거래소에 상장되어 있다. 해외로까지 수출하는 질리吉利는 2010년 포드Ford로부터 볼보沃尔沃, Volvo를 인수하면서 명실상부한 다국적기업이 되었다.

떠오르는 중국현지기업인 체리奇瑞는 1997년 국영기업으로 설립되었다. 그러나 곧 체리奇瑞는 우후芜湖 지방정부에 관련된 주주들로 구성된 주식회사로 전환하였다. 이전에 FAW 폭스바겐一汽大众汽车의 직원이었던 최고경영자, 인통야오尹同耀를 앞세워 체리는 다국적기업과 합작투자기업이 되고자 신청했으나 이런 신생기업과 합작투자를 하려는 기업은 없었다. 그러나 체리奇瑞는 이에 굴하지 않고, 1999년 폭스바겐Volkswagen의 자회사인 세아트 톨레도SEAT Toledo로부터 라이선스를 받은 차체를 사용하여, 정부로부터의 생산허가 없이 자동차를 생산하였다. 이러한 불법활동은 상당기간 계속되었는데, 중국현지산업을 독려하는 지방정부가 체리奇瑞를 중앙정부로부터 보호했기 때문이었다. 기업가적 경영자가 운영한 체리奇瑞는 시작부터 20만 대의 차를 생산하는 데까지 단지 4년밖에 걸리지 않았다. 2년 후, 체리奇瑞는 50만대를 생산했다. 이러한 급속한 발전은 정부가 지분을 갖고 있음에도 불구하고, 비용의 효율성을 이용하고 정부의 간섭과 관료주의를 최소한으로 제한하였기에 가능했다. 이후 체리奇瑞는 합법적으로 중국시장에 자동차를 출시하기 위해, 상하이자동차上海汽车에게 20%의 지분을 매각하며 전략적 제휴를 실행하였다. 체리奇瑞는 결국 2003년 지방정부의 지원 아래 독자적인 생산라이선스를 취득하게 되었다. 2004년에 상하이자동차上海汽车의 합작투자파트너인 체리奇瑞와 지엠GM이 체리의 큐큐QQ 모델을 둘러싸고 지적재산권 침해소송이

그림 2-1 자동차 산업 주요 기업들의 시장점유율

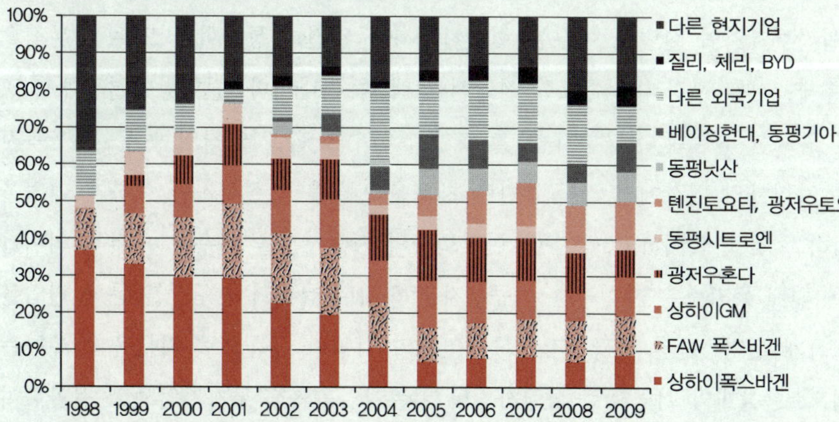

벌어지자, 상하이자동차上海汽车는 체리奇瑞의 지분을 매각하였다. 체리奇瑞가 가진 급속한 성장의 원동력은 저렴한 가격이었다. 체리奇瑞는 초기에 경쟁사들의 디자인을 모방하고 도용하는 방식으로 R&D 비용을 아껴 저렴한 가격에 자동차를 판매했다. 체리奇瑞는 낮은 품질에도 불구하고, 이러한 가격경쟁력을 바탕으로 자동차를 판매하는 데 성공하였다. 그림 2－1에서 보듯이, 이들 세 신생로컬기업, 즉, 체리奇瑞, BYD比亚迪, 질리吉利의 시장점유율은 1998년에는 매우 작았으나, 2009년에는 5.4%까지 증가하였다. 주목할 것은 이러한 신생 현지기업들의 시장점유율이 여전히 증가 추세에 있다는 것이다.

진입방식과 입지선정에 대한 의사결정

합작투자기업 대 독자소유 자회사

다국적기업이 해외시장에 진입하는 방법을 결정할 때, 독자소유 자회사 혹은 합작투자기업 설립의 여부는 현지자회사를 완전히 통제할지 또는 부분적으로 통제할지를 결정하는 중요한 전략적 선택 중 하나이다. 진입방법결정에서 또 다른 중요한 요소는 신규투자를 할 것인지 인수를 할 것인지의 여부이다. 독자소유 자회사의 입장에서, 신규투자란 새로운 시설을 건설하거나 새롭게 기업을 설립하는 것을 의미하고, 인수란 현지회사의 지배지분을 매수하는 것을 의미한다. 이렇게 독자소유 자회사는 신규투자를 하거나 현지기업 인수를 통해 진입을 시도하게 된다. 반면 합작투자는 둘 이상의 기업이 공동으로 지분을 소유하는 조직으로, 별개의 기업으로 설립하거나 기존기업을 합작투자기업으로 전환하며 만들어진다. 합작투자기업의 설립 역시 신규투자 혹은 기업인수를 통해 가능하다. 그러나, 자동차 산업의 경우, 다국적기업들은 합작투자기업과 독자소유 자회사간에 선택의 여지가 없었다. 모든 기업들은 합작투자 방식을 선택해야 했다. 중국현지기업들은 자신의 낙후된 시설을 합작투자기업으로 전환하였기 때문에 자동차 산업의 다국적기업들의 진입방식은 인수합병 방식의 합작투자로 볼 수 있다.

제1장의 그림 1-4는 산업실태조사 자료에 있는 모든 150,910개의 외국계 자회사들의 소유권 결정을 설립연도를 기준으로 보여준다.[3] 여전히 중국정부에게 전략적으로 중요한 산업들, 특히 자동차, 철강 산업 등에서는 합작투자가 강제되고 있지만, 장기적인 흐름을 보면 합작투자기업의 비중이 줄어들고 독자소유 자회사의 비중이 증가하는 추세가 뚜렷하게 보인다. 1980년대에 외국계 다국적기업은 합작투자 방식으로 시장에 진입하라는 중국정부의 지시에 따라 대부분 합작투자기업의 형태로 설립되었다. 합작투자기업을 요구하는 정책이 중국에만 있는 것은 아니었다. 사실 정부의 입장에서는, 나라의 발전을 위해 외국계 다국적기업에서 현지기업으로의 기술이전이 필요했기 때문에, 이와 같은 요구는 자연스러운 것이었다. 중국정부가 자동차나 철강 산업과 같이 특정 산업에 대해 여전히 이러한 정책을 시행하고 있는 가장 중요한 이유는, 외국계 다국적기업으로부터 중국현지기업으로의 기술이전을 독려하고 이로써 자국의 산업을 발전시키기 위해서였다. 중국만의 특수한 이유로는 제1장에서 언급하고 Huang 2003이 강조했듯이, 다국적기업들이 민영화된 국영기업과 파트너를 이루게 하기 위해서였다. 중국정부는 종종 다국적기업들에게 현지파트너를 지정하고 초기 계약에 대한 명확하고 세부적인 조항들을 지시하곤 하였다 Puck, Holtbrugge, and Mohr 2009. 중국시장에 진입하려는 외국계 다국적기업은 이러한 조항들에 동의해야만

했다. 예를 들어, 폭스바겐Volkswagen은 상하이자동차上海汽车, FAW第一汽车와 합작투자를 하도록 지시받았고, 푸조Peugeot는 광저우자동차广州汽车와 파트너를 이루기를 요구당했다. 차후에 진입한 다른 다국적자동차기업들 또한 이와 유사하게 중국정부에 의해 중국현지기업과 파트너를 이루었다.

통신 산업에 조기 진입한 다국적기업들도 합작투자기업의 형태로 중국시장에 진입하였다. 후에 알카텔Alcatel에 인수된 벨기에통신Belgium Bell Company은 1984년 중국의 우편 및 통신을 담당하는 정부부서와 파트너를 이루며 상하이벨上海贝尔을 설립하였고, 교환기와 송신장비를 생산하였다. 지멘스Siemens는 1990년 상하이이동통신上海移动通信公司, Shanghai Mobile Communications, 베이징국제전화北京国际交换系统公司, Beijing International Switching Systems Corporation와 각각의 합작투자기업을 설립하였고, 두 합작투자기업 모두 디지털 통신장비를 생산하였다. 그러나 모토로라Motorola는 1992년 톈진天津에 독자소유 자회사를 설립하는 데 성공하였다. 100% 독자회사는 그 당시 굉장히 예외적이었다. 이 거래의 성사를 위해, 모토로라Motorola는 5년간의 협상을 벌여왔고, 톈안먼天安门 사건 후 협상력이 높아지자, 1억 달러 투자, 5,000개의 일자리 창출, 기술이전을 약속하면서 결국 성사시켰다.

중국경제가 성숙해지고, 중국이 세계무역기구WTO에 가입하면서, 중국정부는 점차적으로 합작투자의 요건을 완화하였다. 그림 1－4와 같이, 2000년대에 설립된 외국계 자회사들 중 40% 미만이 합작투자기업으로 분류된다. 이는 대부분의 비전략적 산업들에서 외국계 다국적기업들이 독자소유 자회사를 설립할 수 있게 되었기 때문이다. 다국적기업들에게 합작투자는 반드시 좋은 것만도, 나쁜 것만도 아니다. 경영전략이론에 따르면, 다국적기업들은 현지파트너들이 가진 시장에 대한 깊은 이해와 유통경로의 접근을 필요로 할 때 합작투자기업을 선호한다. 예를 들면, 거래비용이론transactions cost theory은 다국적기업들이 현지파트너와 합작투자기업을 이루는 이유가 현지파트너들의 보완적 자산들을 최대로 활용하기 위해서라고 명시하고 있다Hennart 1982; Williamson 1991. 게다가, 광범위한 정부의 개입이나 규제가 존재할 때에는, 합작투자파트너들이 정부를 상대로 협상하는 데 필요한 정치적 자산을 제공해줄 수도 있다. 다시 말해 중국과 같은 개발도상국 경제에서는 정부와의 관계가 중요한데, 현지파트너가 이를 잘 처리할 수 있다는 것이다. 이러한 이유 때문에 가끔은, 정부가 요구하지 않아도 다국적기업 스스로 합작투자를 택하기도 한다.

예를 들어, 에릭슨Ericsson은 1992년 난징팬더전자南京熊猫电子와 파트너를 맺어 팬더熊猫, Panda라는 브랜드로 저가 핸드폰을 생산하였다. 또 같은 해 모토로라Motorola는 독자소유 자회사를 설립하여 중국시장에 진입하였다. 합작투자방식의 진입은 에릭슨Ericsson이 중국정부의 지원을 받도록 도왔다. 정부는 이들이 만든 제품을 구매하는 중요한 소비자였다. 유사하게, 상하이上海 지방정부는 상하이 폭스바겐上海大众汽车의 지분을 소유할 뿐만 아니라 상하이 폭스바겐上海大众汽车의 고객이 되어, 관용차량들과 택시들을 구입하였다. 반면, 맥주회사 칼스버그Carlsberg는 1996년 95%의 소유권을 가지고 상하이上海에 진입했으나 고전하였다. 그 이유는 현지파트너가 지분을 5%밖에 가지고 있지 않아, 지방정부로부터의 지원을 얻어내려 노력하지 않았기 때문이었다. 결국 칼스버그Carlsberg는 2000년 엄청난 손실을 겪고 자신의 지분을 칭타오青岛啤酒에 매각하여 상하이시장에서 빠져 나왔다. 이와 같이 합작투자는 사업초기의 위험을 줄이는 데 유용하고, 경영성과나 다른 전략적 고려사항에 따라 차후에 사업 확장이나 투자 종료에 대한 결정을 가능하는 점에 유리하다. 이러한 이유로 합작투자는 기업이 사업확장을 위한 콜옵션과 철수를 위한 풋옵션 같은 실제적인 옵션real option을 가졌다고 말한다

Kogut 1991. 실제로, 중국시장에 진입한 많은 다국적기업들이 독자소유 자회사가 합법화되었을 때, 현지파트너의 지분을 모두 사들여서 독자회사로 변환하는 콜옵션을 행사하였다. 이에 대해서는 추후에 다시 설명할 것이다.

그러나 합작투자에도 문제점들이 있다. 첫째, 합작투자는 기회비용이 높을 수 있다. 이것은 암묵적이거나 보호가 힘든 무형자산이 포함될 때 특히 그렇다. 기술과 상표권과 같은 무형자산은 본래 시장에서 거래되기 어려운 자산으로 Arrow 1974, 무형자산을 중국으로 이전하는 다국적기업은 합작투자파트너가 기술을 유출하거나 브랜드를 남용하는 것을 막기 어려웠다. 실제로, 다국적 자동차기업들이 중국정부에게 합작투자기업을 강요당했을 때, 기술유출은 심각한 문제였다. 또한 다국적기업은 합작투자파트너와 가격협상을 벌이는 데 있어서 정보불균형으로 인해 많은 어려움이 발생한다. 다국적기업이 현지파트너보다 무형자산의 가치에 대해 상대적으로 많은 정보를 갖고 있으므로, 다국적기업이 그들의 기술적 공헌에 대해 높은 가치를 요구했을 때, 현지파트너가 반드시 이에 동의하지 않을 수 있다. 반대로, 중국현지기업이 현지에 대한 자신들의 지식과 정치적 자산에 대한 공헌에 높은 가치를 요구한다 해도, 다국적기업 파트너가 그 진가를 인정해주지 않을 수 있다. 이러한 상황에서 다국적기업은 독자소유 자회사를 원하게 된다. 이와 유사하게, 강력한 브랜드를 소유하고 있는 다국적기업은 그들의 명성을 남용하고 상표권을 저해할 수 있는 합작투자파트너를 두려워하여, 독자소유 자회사를 선호한다.

둘째로, 합작투자기업은 높은 자산특유성을 가질 때 비용이 많이 든다. 자산특유성asset specificity이란 가치가 떨어지지 않고서는 대체 물품이나 대체제로서 재배치가 힘든 내구적 투자를 말한다Williamson 1991. 전문화된 기계, 도구, 장비와 같은 높은 자산특유성을 가진 자산들은 이기적인 파트너가 저가흥정을 할 기회를 제공해 준다. 반면, 독자소유 자회사들은 이러한 위험요소들로부터 자유로워지게 한다.[4] 모기업으로부터 해외법인으로 이전되는 무형자산은 주로 거래특이적transaction-specific 자산으로, 다국적기업의 모기업은 이러한 자산을 합작투자기업보다 독자소유 자회사에 이전하길 원한다. 더욱이, 대부분의 지식들은 매뉴얼화하기 어려워서, 오랜 기간 동안 긴밀했던 관계가 아니면 다국적 모기업으로부터의 지식이전이 어려우며, 특히 합작투자기업에게 지식을 이전하고 유지하기란 매우 어렵다Gatignon and Anderson 1988.

셋째로, 독자소유 자회사는 현지파트너의 동의가 필요없기에 합작투자기업보다 더 빠른 의사결정이 가능하다. 많은 기업들이 고유의 경영철학과 기업문화를 가졌기에, 현지파트너들과 모든 사항에 합의를 하는 것은 어렵다. 독자소유 자회사는 그들의 기업문화와 경영시스템을 활용하여 통제를 강화할 수 있다. 높은 수준의 무형자산들을 지닌 산업들은 종종 기술과 경쟁이 급속하게 바뀔 때, 빠른 의사결정과 실행이 필요한데, 이는 오직 독자소유 자회사일 때만 가능하다. 거래비용이론에 의한 앞선 연구는 암묵적이고 보호받기 힘든 무형자산의 대리변수로 R&D와 광고집약도가 높은 다국적기업의 경우 독자소유 자회사를 선호한다는 것을 발견했다Gatignon and Anderson 1988.

정리하면, 다국적기업들이 현지지식이 필요하거나 정부규제에 맞설 때에는 합작투자기업을 택하는 것이 더 높은 성과를 보인다. 반면, 무형, 유형자산에 대한 많은 투자, 강력한 통제력, 빠른 의사결정 능력 등은 독자소유 자회사가 더 높은 성과를 내는 원동력이다. 만약 거래비용이론을 중국에 진입한 다국적기업에 적용한다면, 정교한 기술이나 강력한 브랜드를 가진 기업들은 독자소유 진입방식을 택해야 한다. 자동차 산업은 전문적인 기술과 자산특유성이 있는 투자가 요구되는 대표적인 산업이다. 만약 독자소유가 허용되었다면, 대부분의 다국적

자동차기업들은 독자소유 자회사를 설립하였을 것이다. 이와 같이 합작투자를 강요받았을 때, 다국적기업들은 일반적으로 현지파트너에게 기술을 유출당할 것이 두려워 그들의 최신 기술을 들여오는 것을 거부했었다. 위에 언급하였듯, 1984년 합작투자기업으로 설립된 상하이 폭스바겐上海大众汽车은 브라질에 있는 자회사로부터 10년이 지난 구형모델인 산타나桑塔纳, Santana를 들여왔다. 폭스바겐Volkswagen은 또한 FAW第一汽车와의 합작투자기업에 유럽의 구식 모델인 제타씨엘捷达, Jetta CL을 들여왔다. 그 후, 상대적으로 중국시장에 늦게 진입한 지엠GM이 틈새를 파고들기 위해 가장 최신 모델을 들여오게 되었다. 이때가 되어서야 폭스바겐Volkswagen 또한 새로운 경쟁에 맞서기 위해 가장 최신 모델을 들여왔다.

이와 유사하게, 철강 산업에서도 중국현지파트너와 지분을 공유하는 합작투자기업이 계속적으로 요구되어왔다. 중국정부는 외국계 다국적기업들이 지배지분을 갖는 것에 대해 적극적으로 개입해왔다. 2006년, 포스코POSCO가 중국 사기업 사강沙钢 지분의 51%를 얻기 위해 적극적으로 협상했지만, 중앙정부의 방해로 성사되지 못했다. 2007년에는 미탈스틸Mittal Steel이 둥팡그룹东方集团을 인수하려 했지만 유사한 방식으로 거절당했다.[5] 가끔, 진보된 기술을 이전하겠다는 약속으로 이러한 정부개입을 줄일 수 있었는데, 포스코POSCO와 티센크루프Thyssen Krupp의 사례가 그 예이다. 다국적기업인 포스코POSCO는 최신기술의 스테인리스강을 생산하는 합작투자기업의 지배지분을 갖는 데 성공하였다. 그러나 최신기술을 약속하더라도 항상 통하는 것은 아니었다. JFE스틸JFE Steel은 자동차 강판을 생산하기 위해 광저우철강广州钢铁과 합작투자기업을 설립할 당시, 51%의 지분을 요구하였다. 자동차 강판은 높은 수준의 기술이 필요했음에도, 중국정부는 JFE스틸JFE Steel의 지분을 50%로 제한하였다. JFE스틸JFE Steel은 핵심기술을 중국현지파트너에게 뺏기지 않기 위해 다음과 같은 여러 보안조치를 설정하였다.[6] 기술을 빼돌리다 잡힌 직원에게는 강력한 벌을 부과하고, 기술문서를 특수 금속으로 만들어진 상자들에 넣어놓고 감시하고, 종업원들이 전체 공정과정을 보는 것을 막기 위해 생산라인에 대해 정해진 구역 이외의 직원들의 접근을 제한하였다. 다른 다국적철강기업들 또한 합작투자 정책의 함정이 될 수 있는 기술유출 가능성으로 인해 기술이전을 주저하였다.

자동차, 철강 산업에서 계속적으로 합작투자 진입방식을 요구하는 동안, 중국정부는 다른 비전략적 산업에 대해서는 합작투자 요구를 완화하였다. 합작투자 요구는 자동차 조립산업에서와는 달리 자동차 부품산업에서는 완화되었다. 예를 들어, 델파이Delphi는 에어컨이나 배터리와 같은 일상재적인 부품에는 합작투자기업을 활용하였지만, 전자제어 모듈과 같이 복잡한 기술을 필요로 하는 부품의 경우에는 독자소유 자회사를 설립하는 것을 허용했다. 소비재 산업에서는, 피앤지P&G와 유니레버Unilever가 1980년대 중반의 중국진입의 초기단계에서 여러 개의 합작투자기업들을 만들면서 진입하였다. 그들은 각각 광둥성广东省과 상하이上海의 유통망을 확보하기 위해 합작투자기업의 현지 브랜드들을 이용하였다. 피앤지P&G와 유니레버Unilever는 독자소유 자회사로의 전환이 가능해지자 자신의 합작투자기업을 100% 독자소유 자회사로 변모시켰고, 최근에는 주로 독자소유 방식으로 추가 진입하고 있다.

그림 2-2는 산업별, 지역별 진입방식의 선택을 보여준다. 독자소유 자회사는 특수기계, 전기기계, 전자장치, 정밀기기 등과 같은 기술집약적 산업에서 애용되었다. 이는 기술과 무형자산 혹은 자산특유성을 요구하는 산업의 다국적기업들이 독자소유 자회사를 선호한다는 것을 보여준다. 또한 독자소유 자회사는 노동집약적이나 비전략적인 산업들, 예를 들어 의류, 가죽, 완구, 플라스틱, 금속 산업 등에서 자주 설립된다. 이는 거래비용이론과 부합되지는 않는데, 이들

그림 2-2 산업별, 지역별 진입방식 선택

(a) 산업별

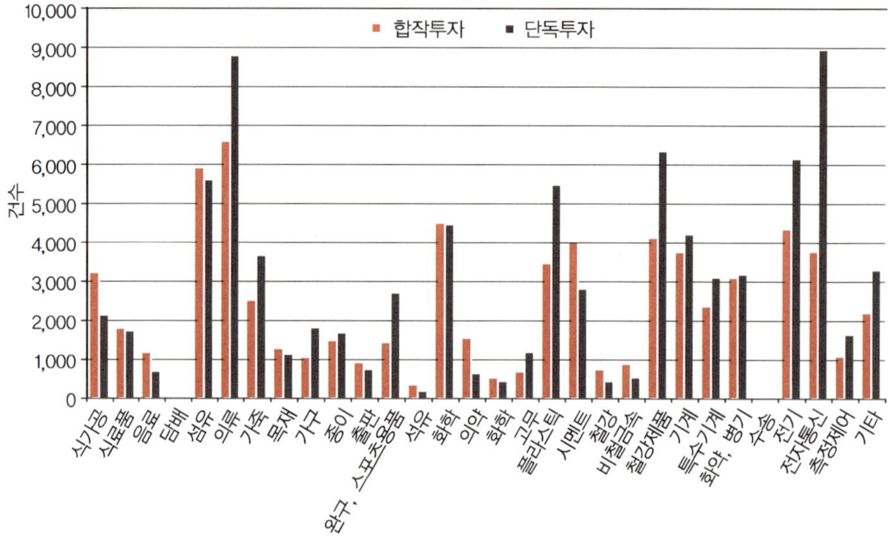

(b) 지역별

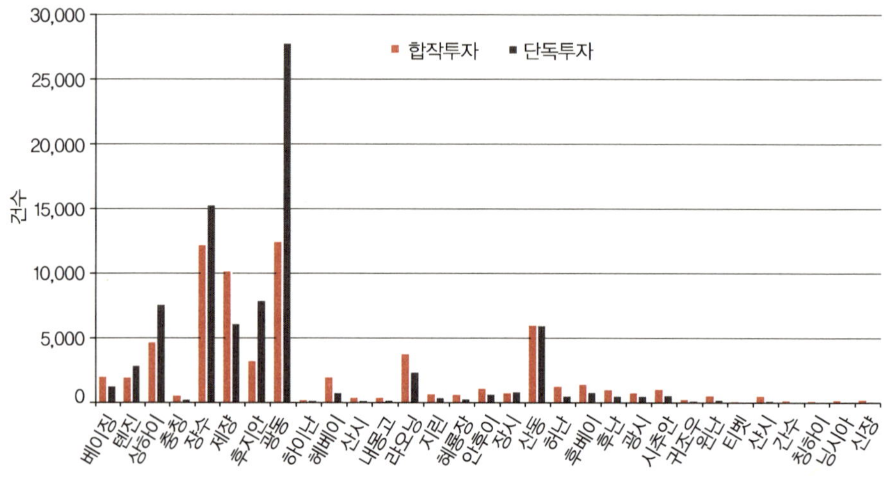

산업에서 합작투자 방식이 일찍 완화되었기 때문이라고 해석할 수 있다. 지리적으로 보면 해안지역은 독자소유 자회사 방식이 합작투자 방식보다 더 자주 채택되었는데, 이는 해안지역의 지방정부들의 규제가 일찍부터 완화되었기 때문이다.

부록 2는 어떠한 요인들이 독자소유 자회사와 합작투자기업간의 선택에 영향을 끼쳤는지를 분석하는 통계분석이다. 이 분석은 1998년부터 2009년까지의 연간 산업실태조사 자료를 사용한다. 즉, 이 분석은 소수의 전략적 산업을 제외하고, 중국의 합작투자 요구가 대부분 완화된 시기의 다국적기업의 진입방식에 대한 실증분석이다. 이 통계분석의 결과는 앞서 살펴본 산업들에 대한 사례연구에서 살펴본 논의를 재확인시켜준다. 연구결과에 따르면, 다국적기업들은 투자규모가 더 커지면서 독자소유 자회사를 더 선호하고 있으며, 이들의 거대한 투자에 대해 완전한 통제를 유지하기를 원한다. 최근 투자들 또한 정부의 합작투자 요구가 완화된 것을 반영하여, 독자소유 방식을 더 많이 채택하는 경향이 있다. 독자소유 자회사는 다국적기업들이 완전한 소유권 통제를 통해 그들의 무형자산들을 지켜낼 필요가 있는 기술집약산업에서 선호되며, 이러한 현상은 거래비용이론과 일관된다.

독자소유 자회사는 수출지향적인 산업에서 선호되는데, 이는 중국현지기업들이 제공할 수 있는 해당 지역에 대한 지식과 유통망이 필요치 않기 때문이다. 반대로, 합작투자기업은 내수시장지향적인 산업에서 선호된다. 합작투자기업은 소수 거대기업들이 과점하고 있거나 빠른 성장을 하고 있는 산업들에서도 선호된다. 아마도 합작투자기업들은 다국적기업들이 이러한 산업에서 성장하도록 도움을 주기 때문일 것이다. 또한 외국계 다국적기업들의 진입방식은 동일한 산업과 수직적으로 연계된 산업에서 다른 외국계 다국적기업들이 얼마나 존재하고 있는지에도 영향을 받는다. 동일한 산업에 이미 많은 다국적기업이 존재한다면, 다국적기업들은 경쟁자들의 움직임에 빠르게 대처하기 위해 독자소유 자회사를 택할 것이다. 마지막으로, 가치사슬에 있어서 상부에 위치한 부품시장과 하부에 위치한 시장에 다수의 해외 바이어와 판매자가 있을 때, 독자소유 방식을 선호한다. 이는 다국적기업들이 현지공급자나 합작투자파트너가 공급해 줄 수 있는 유통망을 불필요하게 느끼기 때문이다.

신규투자 대 인수

다음으로, 다국적기업은 신규투자 또는 인수 여부를 결정해야 한다. 인수 방식은 시장에 가장 빠르고 크게 진출할 수 있게 해준다. 그러나 인수는 프리미엄을 너무 많이 지불하는 위험이 있고, 취득자산의 가치를 완전히 가늠하기 힘들고, 문화적 통합과 같은 인수 후의 어려움을 극복해야 한다. 반대로, 신규투자는 현지법인에 대해 강력한 통제를 가능하게 해주지만 설립에 매우 오랜 시간이 필요하다.

앞서 언급한 거래비용이론transactions cost theory은 기존 경영자원의 활용과 새로운 경영자원 취득에 있어, 신규투자와 인수 중 어느 방법이 더 효율적인지에 따라 결정한다고 설명한다Hennart 1982. 그러나 Madhok1997은 거래비용과 파트너의 기회주의에 기반한 거래비용이론이 진입방식의 선택을 설명하기에는 설득력이 떨어진다고 주장한다. Madhok은 지식기반 관점에서 볼 때, 진입방식에 대한 선택은 단지 거래비용을 최소화하는 문제를 넘어 조직구조와 기업의 핵심역량을 고려해야 한다고 주장한다. 예를 들어 기업이 조직적, 기술적 지식과 같이 자신의 강력한 경쟁우위를 가진다면, 본국에서 현지계열사로 기술을 이전하는 데 있어, 손실을 최소화하는 구조를 만들 수 있는 신규투자가 가장 효율적인 진입방식이다. 한편, 인수방식은 서로 상충적인 기업업무방식, 상반적인 이해관계, 혹은 파트너나 인수기업들의 낮은 흡수능력 등의 문제로 인해 비효율적인 진입방식이 될 수 있다. 그러나, 다국적기업이 현지기술을 습득하거나 중국현지 판매, 유통망, 지식 등 경영자원을 활용하려는 경우에는 인수방식이 선호될 수 있다Madhok 1997; Barkema and Vermeulen 1998. 일본으로부터 미국에 대한 직접투자 관련 연구는 R&D 집약도가 높아질수록 인수방식보다는 신규투자방식으로 진입한다는 가설을 지지한다Hennart and Park 1993.[7]

예를 들어, 소비재 산업의 피앤지P&G와 유니레버Unilever는 판매망과 유통망의 확보를 위해 100% 인수나 인수방식의 합작투자를 선호하는 경향이 있었다. 이와 유사하게, 존슨앤존슨Johnson and Johnson도 저가시장을 공략하고, 소규모 도시나 시골 지역의 유통망에 접근하기 위해 현지브랜드 다바오大宝, Dabao를 인수하였다. 위의 세 기업은 현지 유통망을 완비하고 소비자들에게 브랜드를 충분히 인식시킨 후, 최근에는 신규투자의 형태로 시장에 진입하고 있다. 피앤지P&G, 유니레버Unilever, 존슨앤존슨Johnson and Johnson은 주로 독자소유 자회사의 형태로 새로운 공장을 지었고, 그들만의 세련된 브랜드를 내놓았다. 앞서 논의하였듯이, 이러한 고가 제품들은 모기업으로부터 특수기계나 생산공정 이전, 기술이전을 필요로 하기 때문에, 인수보다는 신규투자가 더 선호되었다. 한편 다국적 맥주기업은, 특히 새로운 지역에 진입할 때 인수방식을 선호하였는데, 그 이유는 이미 잘 갖추어진 유통망을 이용할 수 있었기 때문이다.

부록 2는 1998년부터 2009년까지의 연간 산업실태조사 자료에 기초하여 신규투자와 인수간의 선택에 대해 연구한 통계분석이다. 이 결과들은 앞서 살펴본 사례연구와 일맥상통한다. 일반적으로 다국적기업들은 투자규모가 클 때 신규투자를 선호한다. 최근에 진입한 기업들 또한 신규투자를 선호한다. 또한 수출집약적 산업에 진입할 때에도 신규투자를 선호한다. 신규투자는 다국적기업이 자국으로부터 기술이전을 하는 가장 효율적인 방법이며, 주로 막대한 투자를 동반한다. 이러한 막대한 규모의 신규투자는 최근에 일어난 현상으로, 이는 수출집약적인 산업에서 더 두드러진다. 한편 홍콩, 마카오, 타이완의 중국계 다국적기업들은 비중국계 다국적기업에 비해 인수를 더 선호한다. 이들 화교가 지배하는 국가들은 중국과의 문화적 유사성으로 기업인수 후 통합과정이 용이하다. 성숙산업에서도 인수방식을 선호한다. 이는 신규투자는 설비과잉 문제를 악화시킬 수 있기 때문이다.

투자입지선정

다국적기업들이 중국투자계획을 발표할 때, 대부분 사전에 정한 투자입지를 명시한다. 대부분의 나라들은 지역마다 임금, 인구, 기술수준, 인프라가 각각 다양하다. 다국적기업들은 그들의 전략적 목표에 가장 적합한 장소를 고르려 하기에, 상하이上海 대비 광저우广州의 선택과 같이 중국 안에서 장소를 선정하는 것이 중국 진출을 결정하는 것보다도 더 중요하다. 매우 다양한 특색을 가진 지역들로 이루어진 중국이기에, 다국적기업들의 투자입지선정을 연구하는 것은 이들의 시장진입전략을 이해하기 위해 중요하다.

그림 2-2(b)는 각 지역의 외국계 자회사의 수와 이를 독자소유 자회사와 합작투자기업들로 나눈 것을 보여준다. 구체적으로, 광둥성广东省과 푸젠성福建省, 상하이上海, 그리고 주변 지역인 장쑤성江苏省과 저장성浙江省, 이렇게 세 지역이 중국이 다국적기업의 진입을 허가한 이래로 다국적기업들이 가장 많이 진입한 곳

이었다. 이 지역들은 높은 소득수준과 지역의 급속한 성장을 무기로 다국적기업들을 유치하여, 입지선정에 있어서 시장매력도가 중요하다는 점을 잘 보여준다. 이 지역은 주변의 다른 지역들로도 접근이 용이하기 때문에 전략적인 지역이기도 하다. 예를 들어, 광둥성广东省에 기업을 설립한다면 중국 남부 내수시장을, 상하이上海에 설립한다면 중국 동부 내수시장을 아우를 수 있다.

더욱이, 다수의 경제특구经济特区, SEZ를 지정한 이 지역정부들은 보다 개방적이고 외국계 자본에 친화적이다. 그 예로, 광둥성广东省은 1980년 센젠深圳, 주하이珠海, 산터우汕头를 경제특구로 지정하였으며, 세금 및 관세 인센티브와 저렴한 부지를 제공하여 해외 투자자들을 끌어들였다. 광둥성广东省은 근거리에 위치한 홍콩香港과 마카오澳门로부터 많은 투자를 유치했다. 또한, 푸젠성福建省은 타이완台湾 투자자들을 끌어오기 위해 샤먼厦门을 경제특구经济特区로 지정했다. 푸젠성福建省 지방정부는 타이완 기업들이 R&D 시설을 세우도록 장려하고 본사를 푸젠성福建省에 설립하도록 특혜를 제공하는 등 기업설립의 절차를 간소화하였다. 장저우漳州와 취안저우泉州가 차후에 경제특구로 추가되어 푸젠성福建省의 '황금 삼각주黄金三角洲'가 탄생하였다. 상하이上海는 다국적기업들에게 인기 있는 또 하나의 지역이다. 상하이上海는 외국인직접투자가 가능한 14개의 해안 도시들 중의 하나였다. 상하이上海는 여러 세금 인센티브, 무료 부지, 우선적인 대출과 외환을 다국적기업들에게 제공해주었다. 상하이上海의 민항闵行, 홍차오虹桥, 차오허징漕河泾, 푸동浦东 지역은 경제기술개발구로 지정되어, 이와 비슷한 인센티브들을 제공해주었다. 증권거래소들도 센젠深圳과 상하이上海에 문을 열며, 이 두 지역에 경제적 특혜를 제공했다.

소비재 산업에서 피앤지P&G와 유니레버Unilever는 각각 광저우广州, 상하이上海를 최초의 투자지역으로 선정하였다. 피앤지P&G는 1988년 홍콩기업 허치슨 왐포아和记黄埔, Hutchison Whampoa와 함께 광저우广州에 합작투자기업을 설립하였다. 피앤지P&G의 대중화권 지역본부장인 Daniela Riccardi에 따르면,

> 피앤지P&G가 광저우广州에 들어온 1988년에, 광저우广州는 중국의 개혁 및 개방정책의 전면에 있었습니다. 광저우广州 정부의 정책, 아이디어, 스타일은 매우 실용적이었지요. 지난 19년 동안, 우리와 광저우广州 지방정부의 협력 관계는 매우 호의적이었습니다. 우리가 광저우广州에 정착한 것은 올바른 결정이었습니다. 피앤지P&G의 회장 Mr. Lafley雷富礼는 광둥성广东省 당 비서와 함께한 자리에서, 대중화권의 본부를 광저우广州에 세운 것은 재임 기간 중 그가 이룬 가장 합리적인 결정들 중 하나였다고 말한 바 있었습니다.[8]

피앤지P&G는 최근 광둥성广东省을 넘어, 베이징北京에 2010년 기업 사상 가장 큰 국제연구센터를 새로 시공하며 사업을 확장하였다. 피앤지P&G의 CTO, Bruce Brown鲁斯布朗은 인터뷰에서 진입 지역으로 베이징北京을 선정한 것은 중국 최고의 대학에서 최고의 과학자와 기술자들을 모집하기 위해서라고 설명하였다. 또한 베이징北京은 다른 국제 R&D 파트너들과 교류할 수 있는 기회들을 제공한다.[9] 이와 유사하게, 유니레버Unilever는 개혁적인 정부와 다수의 부유한 소비자를 보유하는 상하이上海에 진입한 바 있다.

앞서 말했듯, 입지선정에 있어 정부규제는 중요한 요인이다. 톈진天津은 특별히 1992년 독자소유 자회사의 설립을 허가하는 등 모토로라Motorola를 끌어들이기 위해 심혈을 기울였다.[10] 1984년, 상하이上海와 광저우广州의 지방정부들도 각각 폭스바겐Volkswagen과 푸조Peugeot에 택시와 관용차들의 계약권 같은 여러 혜택들을 제공하며 이들을 자신의 지방으로 들여오려는 시도를 하였다.

시장매력도와 정부규제에 더불어, 다국적기업들의 입지선정은 해당 지역의 다국적기업들의 존재여부에도 영향을 받는다. 흔히 이 현상을 집적효과agglomeration economies 혹은 네트워크 외부효과network externality라고 한다. 동일 지역 내 기존 다국적기업과 중국현지기업들은 모두 신규진입기업에게 보완적 자원이자 지식 이전의 원천이 된다. 반면, 이 다국적기업과 중국현지기업은 신규 진입기업에게 경쟁상대로 위협을 주기도 한다. 경제학자들은 네트워크 외부효과의 중요성을 오랫동안 강조해왔다Marshall 1920. Porter$_{1998}$는 집적화의 잠재적 이익을 다음과 같이 요약하였다: (1) 전문화된 요인과 인력에 대한 접근성 향상; (2) 시장과 기술의 트렌드에 대한 정보 접근의 향상; (3) 기업들간의 상호보완성과 협동력; (4) 인프라와 공공재에 대한 접근성 향상; (5) 기업들간의 경쟁 압박 증가.[11]

한 제품으로부터 얻는 이익이나 효용이 같은 종류의 제품을 사용하는 다른 경제주체의 숫자에 부분적으로 영향을 받을 때 이러한 네트워크 외부효과들이 발생한다Katz and Shapiro 1985; Arthur 1990; Liebowitz and Margolis 1995. 이는 상품이나 서비스를 이용하는 사람들 또는 기업들이 더 많아질수록, 이것들의 가치가 더 커진다는 것을 의미한다. 대부분의 집적화 이익은 경험에 기반한 지식의 흐름에서 기원한다. 기업은 전문인력들을 고용하고 다른 경영자원을 구입함으로써 이러한 경영자원에 녹아있는 기술을 습득할 수 있다. 또한 기업들은 시장과 기술 트렌드를 파악하고 협동을 장려하여 지식을 공유한다. 모든 기업들이 도로, 교통, 외국인용 거주지와 같은 인프라의 요소들을 공유하지만, 같은 산업 내에서 전문화된 부품공급자와 인력들과 같은 경영자원을 공유하는 것이 더 쉽다. 그러므로, 대부분의 네트워크 외부효과는 산업별로 구별된다. 여러 실증연구들은 다국적기업들간의 지역별 집적화패턴들이 존재한다는 증거를 찾아내었다.[12] Smith와 Florida$_{1994}$, Head, Reis, Swenson$_{1995}$은 일본기업들이 이미 다른 일본기업들이 위치한 지역에 제조시설들을 위치시켰음을 발견하였다. 이 연구자들은 기술이전, 전문화된 노동력, 다른 자원들과 같은 긍정적 네트워크 외부효과가 이 집적화패턴을 설명할 것이라고 주장한다. 이와 유사하게, Chung과 Alcacer2002는 연구집약적 산업의 기업들이 R&D에 투자를 많이 하는 지역에 위치하려 한다고 주장했다.

자동차 산업에서 상하이 지엠上海通用汽车은 주변 기업들에 비해 상하이 폭스바겐上海大众汽车으로부터 더 많은 혜택을 받았다.[13] 상하이 지엠上海通用汽车은 1997년 상하이자동차上海汽车와 합작투자기업을 세우면서, 상하이자동차上海汽车의 또 다른 합작투자파트너인 상하이 폭스바겐上海大众汽车이 1984년 초에 닦아놓은 뛰어난 관리자, 노동자, 공급자 등의 인프라를 활용하였다. 또한 다국적기업들은 기존 진입기업들의 경험을 토대로, 비슷한 실수를 되풀이하는 것을 방지했다. 1998년 혼다Honda와 광저우자동차广州汽车가 광둥성广东省에 합작투자기업을 설립한 후, 토요타Toyota, 닛산Nissan 같은 다른 일본 자동차기업들 또한 광둥성广东省에 합작투자기업을 설립하였다. 자동차생산기업들의 지역클러스터는 포스코POSCO와 티센크루프Thyssen Krupp까지 끌어들였다. 이들은 현재 상하이 지엠上海通用汽车과 상하이 폭스바겐上海大众汽车에 고급 스테인리스강을 납품한다. 이와 같이 집적화 효과는 특히 자동차 산업과 같이 수직적으로 연계된 산업들에서 상당한 효과를 발휘한다.

현지산업 클러스터의 존재는 통신산업과 같은 기술집약적 산업에서 특히 중요하다. 알카텔Alcatel, 에릭슨Ericsson, 노키아Nokia는 전략적으로 장비생산을 위한 최초 합작투자기업의 장소를 각각 숙련된 현지파트너가 있는 상하이上海, 난징南京, 베이징北京으로 선정하였다. 그들은 이 지역에 모여 있는 중국 최고의 대학 졸업생들을 모집할 수 있었다. 세금우대 조건 역시 많은 부품들이 수입되고, 합작투자기업이 생산한 제품들의 상당수가 수출되었기에 중요한 요인이었다. 실제로, 노키아Nokia는 수입, 수출관세가 없고, 값싼 노동력과 부지 가격을 고려하여, 쑤저우苏州와 둥관东莞에 공장을 설립하였다.

반면 집적효과는 부정적인 효과 또한 불러올 수 있다. 예를 들어, 기업들은 다른 기업들의 지식과 기술이전으로부터 이익을 얻을 수 있지만, 그들의 지식과 기술 또한 다른 기업들에게 이전당할 수 있다. 구체적으로, 상하이 지엠上海通用汽车이 초기 발전단계일 때에는 상하이 폭스바겐上海大众汽车으로부터 상대적으로 얻은 것이 잃은 것보다 더 많을 수 있었지만, 현재는 상하이 폭스바겐上海大众汽车과 상하이 지엠上海通用汽车은 서로에게서 기술이전의 혜택을 받고 있다. Appold1995는 미국 금속산업단지에서 집적화 효과가 경영성과에 부정적인 영향을 미치는 것을 발견하였다. 집적화는 가까이 모여 있는 기업들 사이에서 생산물시장과 요소시장 전체에 극심한 경쟁을 일으킬 수 있다. 집적화는 현지관리자, 기술자의 임금이나 외국인용 거주지와 같은 현지투입 생산요소비용을 인상시킨다. 예를 들어, 상하이上海에 진출한 다국적기업들은 현지관리자들을 끌어오기 위해 높은 임금을 지불해야 하며, 외국인파견근무자들을 위한 비싼 거주지를 제공해야 한다. 또한 집적화는 집단사고group think를 야기하여 혁신을 감소시킨다Porter 1998. 더욱이 집적화는 한 기업을 어느 지역적 클러스터에만 집중하게 해서, 다른 지역으로부터의 혁신을 거부하고 오직 내부지향적인 아이디어에 의존하게 할 수 있다. 디트로이트Detroit 산업계가 1970년대의 오일쇼크에도 불구하고, 연료소비가 높은 자동차에 대한 집착을 버리지 못했던 사건이 대표적인 사례이다. 정리하면, 이러한 집적화는 긍정적·부정적 네트워크 외부효과의 합으로 정의된다.

집적화는 또한 기업의 정체성 같은 요소들에 의해 달라질 수 있다. 유사한 배경을 가진 회사들은 서로가 가진 지식에 대한 흡수능력이 높기 때문에 이러한 회사들간의 기술이전은 더 쉽다. 저자의 중국시장에서의 한국기업들의 입지선정에 관한 실증연구는 네트워크 외부효과가 기업에 의존하는지 출신국가에 의존하는지, 또는 산업에 의존하는지를 조사한 것이었다Chang, Park 2005. 예를 들어, 삼성그룹은 계열사들간의 지식 공유를 촉진하기 위해 지역별 조직체를 만들었다. 삼성 차이나Samsung China는 중국에 있는 모든 계열사들의 자회사를 총괄하여 이들의 다양한 활동을 조정하는 역할을 한다. 이들 계열사들은 다른 지역으로 확장할 때, 다른 계열사들의 진출방식을 모방하곤 한다. 예를 들어, 만약 삼성전자가 톈진天津에 위치해 있다면, 삼성 SDI와 같은 다른 삼성그룹의 계열사들 또한 톈진天津에 위치하려 한다. 이는 그 지역에서 삼성전자의 경험을 배울 수 있기 때문이다. 또한 기업의 출신국가는 어느 기업이 다른 기업들로부터 끌어낼 수 있는 집적화 효과를 결정하는 데 중요한 역할을 한다. 각 나라들은 그들 고유의 문화가 있기에, 출신국가는 기업이 창출해내는 경험적 지식의 유형에 영향을 준다Hofstede 1980. 따라서, 어떠한 지식이나 경험은 국가별로 차이가 있다. 즉, 기업은 출신지역이 다른 국가의 기업으로부터의 경험보다, 같은 국가출신 기업이 가진 경험으로부터 더 많은 것을 배울 수 있다. 예를 들어, 본국에서 일반적으로 사용하는 노사관계를 이전하려는 일본기업은 외국에서 이와 유사한 시도를 한 다른 일본기업으로부터 배움을 얻는다. 유사하게, 한국기업은 다른 한국기업의 자회사에서 한국말을 구사할 줄 아는 현지관리자를 고용할 수 있다. 더욱이, 같은 국가출신 기업들간에 커다란 커뮤니티가 존재할 때, 이 기업들은 예를 들어 스웨덴 국외거주자들 자식들을 위한 스웨덴 학교와 같이 주로 국가별로 다른 인프라를 생성할 것이다. 그러므로, 집적화 효과는 가까운 기업들간에, 같은 국적의 기업들간에, 같은 산업의 기업들간에 강해지는 경향이 있다.

부록 3은 1998년부터 2009년까지 연간 산업실태조사에 기초한 입지선정에 관련된 통계분석을 보여준다. 다국적기업들은 중국시장에 진입할 때, 22개의 성省, 4개의 직할시直辖市, 5개의 자치구自治区라는 선택지 중 어떤 도시 혹은 지역으로 진입할지를 선택하게 된다. 이 분석은 다국적기업들이 왜, 어느 특정 지역을 선정하였는지를 조사한다. 이에 대한 결과들은 앞서 살펴본 사례연구와 일치한다. 다국적기업들은 시장매력도를 고려하여 인구가 많고 일인당 소득이 높은 지역을 선호하였다. 더하여 이들은 시장이 충분히 발달되어 있고 시장가격 메커니즘이 작동하는 지역을 선호하였다. 다국적기업들은 보조금이 적더라도 지방정부의 규모와 간섭이 적고 국영기업이 차지하는 비중이 낮은 지역에 진입하려는 경향을 보인다.

이 실증분석은 입지선정에 있어 집적화의 중요성을 확인시켜준다. 이는 경쟁효과가 기술이전효과를 상쇄시킬 수 있음을 보여준다. 예를 들어, 다국적기업이든 중국현지기업이든 같은 산업군 내의 기업간의 집적화는 입지선정에 큰 영향을 주지 않는다. 다국적기업들이 같은 지역에 위치한 다른 다국적기업이나 중국현지기업으로부터 긍정적인 기술이전효과로 이득을 얻을 수 있지만 동시에 그들 기업들과 결국 경쟁해야 한다. 그러므로, 다국적기업은 이미 같은 산업의 다국적기업들이나 중국현지기업들이 이미 많이 진입해 있는 지역을 피하여 진입하려는 경향을 보일 수 있다. 이와 같이 부정적인 경쟁효과가 긍정적인 기술이전효과를 상쇄한 후에는, 같은 산업 내의 집적화는 실제적으로 기업들의 입지선정에 아무런 영향력을 주지 않는다. 그러나, 특정 지역 내에서 다국적기업과 현지의 부품기업들이나 고객들이 위치하는 것은 향후 이 지역에 진입할 기업들에게 큰 긍정적인 영향을 제공한다. 즉, 다국적기업들은 이런 부품공급업체나 고객들과 경쟁의 위협이 없으며 지식 공유가 가능하므로, 안정된 공급자들과 구매자들이 위치한 지역에 진입하려는 경향이 있다.

진입 후 전략

지금까지의 논의는 다국적기업들이 해외시장에 진입할 때, 마치 한번에 모든 결정을 하는 것처럼 보이지만, 외국인직접투자의 의사결정은 각각 독립적인 것이 아니다. 대신, 이러한 결정들은 각 시점마다 국가간 자원의 흐름의 양과 방향을 결정하는 계속되는 의사결정들의 하나로 이해하는 것이 보다 정확하다 Johanson and Vahlne 1977; Davidson 1980; Kogut 1983. 예를 들어, 합작투자기업을 통해 초기 진입한 다국적기업들은 합작투자기업 파트너의 지분을 인수하여 독자소유 자회사로 전환할 수 있다. 반대로, 다국적기업들은 그들의 독자소유 자회사를 합작투자기업으로 전환할 수도 있다. 유사하게, 다국적기업들이 초기진입 당시에 어느 특정 지역을 선정하였다 하더라도 그들은 순차적인 투자를 통해 다른 지역이나 도시로 확장할 수 있다.

합작투자기업에서 독자소유 자회사로의 전환

앞서 논의하였듯, 중국의 합작투자 요구 정책은 중국이 세계무역기구에 가입하면서 완화되었다. 외국계 다국적기업들은 이제 소수의 '전략적' 산업을 제외하고는 독자소유 자회사를 운영할 수 있다. 결과적으로, 그림 1-4에서 보듯이, 최근 몇 년간 합작투자기업을 통한 외국인직접투자가 극적으로 감소한 반면, 독자소유 자회사를 통한 외국인직접투자의 유입은 대폭 증가하였다. 동시에, 많은 합작투자기업들이 독자소유 자회사로 전환하였다. 그림 2-3은 1998년과 2009년 사이 연간 산업실태조사 자료에 기초하여 볼 때, 총 9,365개의 합작투자기업

그림 2-3 합작투자에서 단독투자법인으로 전환

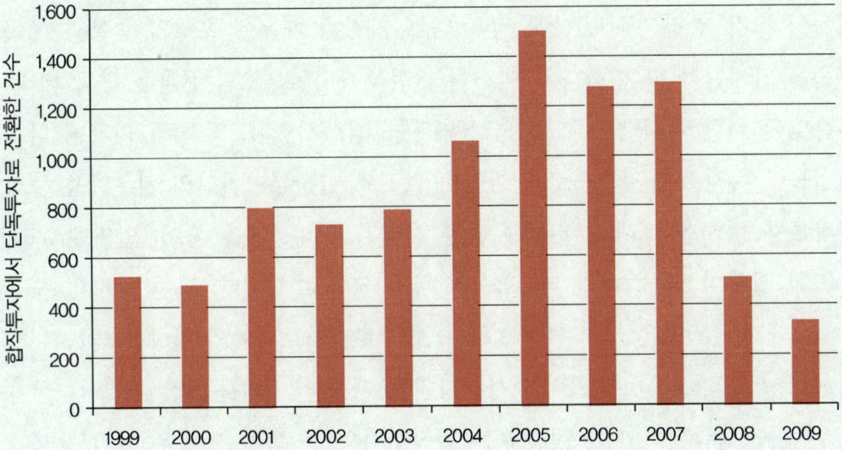

이 독자소유 자회사로 전환한 사실을 보여준다. 이러한 전환은 점진적으로 증가하여 2005년과 2007년 사이에 정점에 이르렀고, 그 후 한풀 꺾인 모습을 보였다.

아직도 자동차 산업이나 철강 산업과 같이 중국정부에 의해 규제가 심한 '전략적' 산업에서는 합작투자기업에서 독자소유자회사로의 전환이 일어나지 못했지만, 소비재, 맥주, 통신 산업과 같은 비전략적 산업에서는 이러한 전환의 예를 쉽게 찾을 수 있다. 예를 들어, 1988년 광저우广州에 설립되어 샴푸를 생산하던 피앤지P&G의 최초의 합작투자기업은 2003년에 독자소유 자회사로 전환되었다. 1993년 베이징北京에서 세제를 생산하던 합작투자기업 또한 2000년에 독자소유 자회사로 전환되었다. 유사하게, 유니레버Unilever는 설립한지 10년도 안 되어 광둥성广东省, 안후이성安徽省, 상하이上海에 있던 합작투자기업들을 1999년과 2004년 사이 모두 독자소유 자회사로 전환하였다. 유니레버 차이나Unilever China의 부회장 정시웬曾锡文은 인터뷰에서, "합작투자기업 협약에 의하면, 모든 경영에 관한 이슈들은 양측이 모두 승인하여야 하며, 합작투자기업은 합작투자파트너들이 각각 경영, 재무, 판매 팀을 따로 가졌기 때문에 운영의 중복과 조화의 부족을 가져왔다"고 말했다.[14] 이러한 단독투자법인으로의 전환은 중국 내의 사업운영에 대한 유니레버Unilever의 통제권을 강화시켰다. 동시에, 외국계 다국적기업들이 독자소유 자회사로 전환하지 않고도 합작투자기업의 지분만을 늘리며 합작투자 형태를 그대로 유지한 많은 사례가 있다. 예를 들어, 알카텔Alcatel은 2002년 상하이 벨上海贝尔의 지분을 31%에서 50%로 늘렸다. 또한 알카텔Alcatel은 50%보다 한 주 많은 지분을 확보하여, 합작투자파트너와의 협상이 막다른 골목에 이르렀을 때, 우선적으로 의사결정권을 행사할 권리를 얻었다.[15]

국제경영학에서의 기존 연구는 합작투자의 종료 혹은 넓은 의미로 불안정상태를 하나의 실패로 간주했다. 즉, 합작투자기업이 종료된 이유는 다국적기업의 모기업이 파트너와의 공동운영으로 그들의 생산포트폴리오를 조직화하는 데 어려움을 겪었기 때문이거나Killing 1983, 문화적 차이를 이겨내지 못했거나Barkema, Bell, Pennings 1996, 보다 강력한 중앙집중을 이루기 위해서라고 말한다Franko 1971. 이와 유사하게, 여러 연구자들은 사업의 정의, 파트너의 경영스타일이나 기대치 등을 포함하는 '초기 조건들' 때문에 합작투자에서 얻는 것들에서 차이가 생기고 이에 따라 좌절감이 만들어진다고 주장한다Doz 1996; Reuer, Zollo, Singh 2002. 예를 들어 푸조Peugeot의 합작투자기업은 불균형적인 소유권 구조와 합작투자기업 파트너들의 어긋난 기대로 인해 이러한 실패를 맛보았다. Blodgett1992는 불균형적인 소유구조가 합작투자기업을 자주 불안정하게 만드는 것을 보였다. 그러나 합작투자기업이 태생적으로 취약하다는 생각에 반하여, Hennart, Kim과 Zeng1998은 국제 합작투자기업의 불안정성이 기업의 연령과 규모를 통제한 뒤에는 독자소유 자회사의 실패율과 비슷하다는 것을 발견하였다. 최근 연구들은 합작투자기업의 종료가 실패로 해석되어서는 안 되며, 변화하는 환경 혹은 기업특유의 상황에 반응한 최선의 선택이라 강조한다. 이러한 시점에서 볼 때, 해외기업들은 불확실한 상황에서는 합작투자기업을 통해 신규시장에 진입하려는 경향이 있으나, 이 불확실성이 해소되면, 풋옵션을 행사하여 합작투자를 종료하거나 콜옵션을 행사하여 인수하는 것이다Kogut 1991.

기업들이 합작투자기업을 종료하였을 때, 즉 합작투자기업에서 독자소유 자회사로 전환하는 것이 어느 상황에서 실제로 회사의 경영성과를 향상시키는지 찾아내는 것이 중요하다. 거래비용이론에 따르면 기술과 브랜드와 같이 높은 수준의 무형자산이 특징적인 산업에서는 합작투자기업보다 독자소유 자회사를 더 선호한다고 말한다. 이전에 서술하였듯, 무형자산을 이전하는 다국적기업들은 합작투자파트너들이 그들의 기술을 유출하거나 명성을 남용하는 것을 막기 어렵다. 또한, 다국적기업들은 높은 수준의 '자산특유성'이 존재할 때, 합작투자를 꺼린다. 이는 자산특유성이 현지기업들이 기회주의적인 행동을 유발할 가능성이 높기 때문이다. 더욱이, 합작투자기업은 현지파트너로부터 사사건건 동의를 얻어야 하기 때문에 재빠른 의사결정이 어렵다. 정리하면, 무형 및 유형자산에 대한 많은 투자, 빠른 의사결정, 더 나은 통제를 원하는 기업에게는 독자소유 자회사로의 전환이 성과를 향상시킬 수 있다고 보여진다.

이러한 논리에 따르면, 독자소유기업으로의 전환은 중국정부가 강요한 합작투자를 바로잡기 위한 것으로 이해할 수 있다. 이러한 사례들은 다국적기업이 애당초 처음 진출할 때 합작투자가 최선의 선택이 아니었음을 암시하고 있다. 따라서, 합작투자에 대한 중국정부의 요구가 완화되었을 때, 많은 다국적기업들은 그들의 합작투자기업의 지분을 사들이면서 독자소유의 자회사로 전환하였다. 그러나 일부 기업은 합작투자 방식으로 계속 남아있었다. 이러한 상황은 합작투자기업에서 단독투자로의 전환이 얼마만큼의 경영성과를 바꾸는지 비교할 수 있다는 점에서 매우 흥미로운 상황을 제시해 준다. 거래비용이론은 특히 무형자산이 중요한 산업들에서 합작투자가 최선의 선택이 아니었던 사례들을 쉽게 찾을 수 있으리라고 시사하고 있다. 본 절에서는 외국계 자회사들이 합작투자기업 방식에서 독자소유 자회사로 전환한 후에, 경영성과를 향상시켰는지 여부를 관찰하도록 한다.

부록 4는 합작투자기업이 독자소유기업으로 전환되어 달라진 경영성과를 평가하기 위해 필요한, 두 단계로 이루어진 통계분석 절차를 설명하고 있다. 첫 번째로, 어떠한 요소들이 합작투자기업에서 독자소유 자회사로의 전환을 이끌었는지를 알기 위해, 전환에 대한 의사결정을 살펴보아야 한다. 그 통계분석 결과, 더 작고 젊은 기업, 수익률이 낮은 합작투자기업들이 독자소유 자회사로의 전환을 더욱 시도하는 경향이 있는 것으로 나타났다부록 4 참고. 아마도 더 크고, 오래된 합작투자기업들은 이미 입지를 굳혔기에, 전환에 대한 인센티브가 없을 것이다. 또 수익성 높은 합작투자기업들은 현지파트너의 지분을 사들이기에는 지분가치가 너무 높아 독자소유 자회사로의 전환이 힘들었을 것이다. 더욱이 만약 합작투자기업이 성공적으로 운영되어 수익성이 높다면, 왜 다국적기업이 굳이 이들을 독자소유 자회사로 전환하겠는가? 또한, 수출지향적인 합작투자기업들은 현지지식이나 현지파트너의 유통망이 필요하지 않기 때문에, 독자소유 자회사로의 전환을 하려는 경향을 보였다. 반대로, 내수시장에 초점을 둔 합작투자기업들은 독자소유 자회사로 전환하지 않으려는 경향이 있었다. 특히 거래비용이론에서 제시하듯이, R&D집약적 산업 내 기업들과 같이 높은 수준의 무형자산을 갖춘 합작투자기업들은 독자소유 자회사로의 전환을 하려는 경향이 강했다 Hennart 1982. 한편 고정자산비중이 높을수록 전환의 가능성은 높아지는 양의 상관관계를 가지는 것으로 나타났다. 이는 고정자산이 높을수록 다국적기업들이 완전한 통제를 갖는 것이 매력적이기 때문이다. 한편, 현지파트너들의 소유유형도 중요한 고려요인이었다. 중국정부가 보호하는 국영기업이나 집체기업을 파트너로 삼은 합작투자기업을 독자기업으로 전환하는 것은 일반적으로 굉장히 어려운 일이다. 피앤지P&G와 유니레버Unilever의 경험에 대해서는 이미 언급한 바 있다.

분석의 두 번째 단계에서는 Propensity score matching이라는 통계기법을 사용하여 독자소유 자회사로 전환한 기업들과 합작투자기업을 계속 유지하는 기업들간에 최대한 비슷한 조건의 기업들을 찾아 이들간의 성과를 비교하였다. 만약 비교할 기업들을 적합하게 찾아내지 못한다면, 이는 마치 사과와 오렌지를 비교하는 꼴이 될 것이므로, 거의 동일한 특징을 가진 기업 중, 독자소유 자회사로 전환한 기업과 합작투자기업을 계속 유지하는 기업을 찾아낸다면, 우리는 전환과 관련된 경영성과 향상 여부를 비교하여 분석할 수 있다. 이러한 분석 결과에 따르면, 독자소유 자회사로 전환한 기업들은 합작투자기업으로 유지하는 기업들에 비해 자산수익률ROA이 1.6% 포인트만큼 더 높이는 것으로 나타났다그림 2-4 참고. 또한, 이러한 수익성의 증가는 기술집약적, 브랜드집약적인 산업에서 더 크게 나타났다. 반면, 낮은 수준의 기술이나 브랜드를 필요로 하는 산업에서는 독자기업으로의 전환에 따른 수익성의 효과는 전혀 없었다. 이 결과들은 무형자산이 중요한 역할을 하는 기술집약적이거나 브랜드집약적인 산업들에 진입하거나 이 산업들 내에서 기업을 운영할 때, 독자소유 자회사 방식이 더 선호되리라는 거래비용이론과 일치한다.

이 통계분석결과를 해석하면 중국에 진입한 많은 합작투자기업들, 특히 기술집약적, 브랜드집약적 산업에서 합작투자는 최선의 선택이 아닌, 차선책이었

그림 2-4 합작투자에서 단독투자로 전환한 경영성과

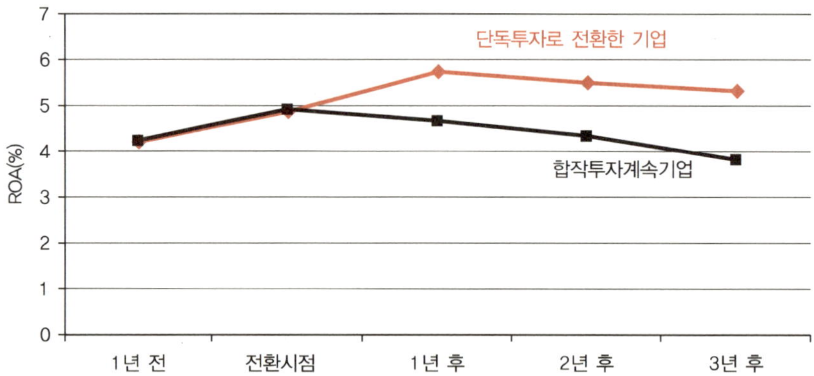

다는 점을 보여준다. 이 다국적기업들은 합작투자기업을 택하도록 강요받았고, 그들은 현지파트너들에게 빼앗길 우려가 있는 고도의 기술과 브랜드를 중국으로 가져오지 않는 방법으로 대응하였다. 독자소유 자회사로의 전환은 이러한 차선책을 바로잡기 위함이었고, 이로써 다국적기업들은 고도의 기술과 브랜드들을 중국으로 들여올 수 있었다. 제4장에서 자세히 다룰 경쟁다이나믹스는 다국적기업이 독자소유 자회사를 소유하는 것이 가능하게 된 것이 현지기업을 누르고 결국 시장점유율을 높이는 데 중요한 역할을 하는 것을 보여준다. 중국정부가 다국적기업들의 독자소유 자회사를 허용한 것은 다국적기업들이 중국현지경쟁자들에 맞서 경쟁우위를 점하기 위해 자신의 고도의 기술과 브랜드를 들여와 경쟁력을 높이는 결정적 기회를 제공하였다.

순차적 확장

다국적기업들은 종종 한 나라에서도 여러 건의 해외직접투자를 한다. 국제

경영학에서 외국인직접투자는 하나의 순차적 과정으로, 초기투자가 차후의 투자의 유형이나 타이밍에 영향을 준다고 보고 있다. Johanson과 Vahlne1997는 이러한 과정을 기업들이 해외시장에 수출을 통해 진입하며, 차후에 판매자회사를 설립하고, 종래엔 독자소유자회사를 창립하는 순차적 진입이라고 서술하였다. 해외시장에 대한 축적된 지식은 경영자들이 몰입도가 더 높은 투자, 즉 독자소유자회사 같은 투자를 가능하게 한다. Kogut1983은 다국적기업들이 주로 해외사업운영에서 창출된 수익을 그 나라 혹은 다른 해외자회사들의 신규 프로젝트에 재투자한다고 말했다. 이와 유사하게, 저자의 이전 연구들은 1980년대 후반과 1990년대 초, 일본기업들이 엔화의 가치상승에 힘입어 미국의 다수 지역에 새로운 사업들을 추가하는 순차적인 투자를 감행했다는 것을 발견하였다Chang 1995; Kogut, Chang 1996. 이런 의미에서, 순차적 확장은 현지에 대한 핵심역량을 축적하여, 기업의 진화를 가속화시키고 자회사들이 규모의 경제와 범위의 경제를 이용하여 보다 빠르게 이익을 창출시켜주는 것으로 이해할 수 있다Nelson, Winter 1982.

예를 들어, 소비재 산업에서 피앤지P&G는 첫 번째 투자로 1988년 광저우广州에 샴푸제조 회사를 설립했고, 1993년 베이징北京과 청두成都에 세제제조회사를, 같은 해 텐진天津에는 비누를 생산하는 회사를 설립하였다. 또한 피앤지P&G는 광저우广州의 기존 시설을 확충하여 생산량을 증가시켰고 2010년에는 베이징北京에 사상 최대의 국제연구센터를 착공하였다. 피앤지P&G는 2010년까지 중국에 15억 달러를 투자하였고, 더하여 향후 5년간 중국에 최소 10억 달러를 투자할 방침이라 밝혔다.[16] 마찬가지로, 유니레버Unilever는 1986년에 처음으로 상하이上海에 비누, 샤워젤, 샴푸, 스킨케어 제품을 생산하는 합작투자기업을 설립하였고, 1993년에는 베이징北京과 광둥성广东省에 각각 아이스크림과 홍차를 생산하는 기업을,

1995년에는 허페이合肥에 세제제조회사를 설립했다. 또한 유니레버Unilever는 생산량을 증대시키기 위해 상하이上海 지역에 수 차례의 투자를 하였으며, 2009년에는 과감히 1억 달러를 투자하여 국제R&D센터를 건설하였다.

이와 유사한 추세가 다른 산업에서도 나타났다. 첫째로, 최근의 외국인직접투자는 상대적으로 큰 투자규모를 보인다. 예를 들어, 모토로라Motorola는 1992년 톈진天津에 1억 2천만 달러를 투자하여 공장을 건설하였다. 모토로라Motorola는 차후에 이곳에 파이낸스 회사와 모바일기술센터를 추가로 세웠다. 2009년까지 모토로라Motorola가 중국에 투자한 누적 규모는 41억 달러에 달하며, 중국에 가장 많이 투자한 다국적기업들 중 하나가 되었다. 시스코Cisco는 2005년 상하이上海에 3억 2천만 달러를 투자하여 R&D센터를 설립하였다. 2010년에 지이GE는 에너지와 철도 산업 방면에 R&D센터 건설을 포함하여 20억 달러를 투자할 것이라 밝혔다.[17] 2006년 앤호이저-부시인베브(InBev)가 Anheuser-Busch를 추후 인수함가 56억 위안에 푸젠 세드린福建雪津을 인수한 사건은 중국 맥주 산업 역사상 최대 규모의 기업인수였다. 존슨앤존슨Johnson and Johnson은 1억 달러를 투자하여 2008년 의료장비공장을 완공하며, 세계역사상 가장 큰 공장을 설립하였다.

둘째로, 독자소유 자회사가 승인된 이후, 많은 다국적기업들이 합작투자기업보다는 독자소유 자회사의 형태로 중국시장에 진입하였다. 한 예로, 존슨앤존슨Johnson and Johnson은 초기에 합작투자기업의 형태로 제약산업에 진입하였다. 반면에 아기용품, 의료장비, 광학용품, 스킨케어 제품을 생산하는 회사들은 모두 독자소유 자회사의 형태로 최근 진입하였다. 맥주 산업에서는 앤호이저-부시Anheuser-Busch가 2006년 푸젠 세드린福建雪津과 2012년 다롄大连의 다슈에大雪啤酒를 인수한 것을 포함하여 최근에 일어나는 인수 대부분이 독자소유의 형태를 취하고 있다. 2007년 시스코Cisco는 중국에 160억 달러를 투자한다고 밝혔으며,

이 중 상당부분이 독자소유 생산자회사의 시설을 두 배로 확장하는 데 쓰여졌다.

셋째로, 최근 기업들의 시장진입지역은 해안지역에서 내륙과 중국 북부지역으로 다변화되고 있다. 이러한 추세는 내륙과 북부지역을 발전시키려는 중국정부의 계획을 반영하는 것이다. 자동차 산업에서 폭스바겐Volkswagen은 1984년 상하이上海에 상하이자동차上海汽车와 함께 합작투자기업을 설립하여 시장에 진입하였으나, 두 번째 투자로 1990년 FAW第一汽车와 합작투자기업을 북동부 도시인 창춘长春에 설립했다. 2012년 현재, 폭스바겐Volkswagen은 중국 내 다양한 지역에 걸쳐 13개의 생산시설을 운영하고 있다. 이와 유사하게, 지엠GM 역시 1997년 최초로 상하이上海에 상하이자동차上海汽车와 합작투자기업을 설립하여 시장에 진입하였으나, 2002년에는 내륙지역인 류저우柳州와 광시장족자치구广西壮族自治区에 각각 상하이자동차上海汽车, 우링자동차五菱汽车와 합작투자기업을 설립하여 미니밴minivans을 생산하고 있다. 지엠GM은 2002년 옌타이烟台에, 2004년 센양沈阳에, 2012년 우한武汉에 각각 조립공장을 설립하여 생산시설들을 북쪽과 서쪽지역으로 확장하였다. 또한, 2000년 상하이上海를 비롯한 해안지역에서 실패를 하여 퇴출위기를 겪었던 칼스버그Carlsberg는 이제 윈난성云南省, 티베트자치구西藏自治区, 간쑤성甘肃省, 칭하이성青海省과 같은 중국서부시장에 집중하고 있다. 이러한 흐름은 최근 수년간 다국적기업들이 경쟁이 치열해진 지역인 해안지역에서 벗어나 내륙지역과 북쪽지역의 성장시장을 찾는다는 것을 보여주며, 이는 실질적으로 중국시장 전역에 다국적기업들이 진입하고 있음을 시사한다.

본 장에서는 다국적기업들의 시장진입전략, 즉 진입방식과 입지선정과 진입 후 전략 즉, 운영방식의 전환과 순차적 확장에 대해 살펴보았다. 초기 다국적기업들은 합작투자기업으로 해안지역에 진입하기를 강요받았으나, 중국정부는 합작투자기업들이 독자소유 자회사로 전환하거나 신규로 진입할 수 있게 하면서, 동시에 다국적기업들이 내륙과 북부지방에까지 진입할 수 있도록 유도하였다. 이러한 일련의 과정을 통해 일부 다국적기업들은 중국에 튼튼한 토대를 마련했고, 이로써 강력한 중국현지기업들과 효과적으로 경쟁할 수 있었다. 다음 장에는 이에 대하여 자세히 설명한다.

03
중국현지경쟁자들의 등장

중국 경제개혁은 매우 점진적으로 진행되어 왔다. 제2장에서 살펴보았듯이, 중국정부는 점차적으로 합작투자기업에 대한 요구조건들을 완화시켜 더 많은 다국적기업들이 독자소유 자회사의 형태로 시장에 진입하도록 유도했고, 경제특구 이외의 지역에도 투자를 가능하게 하였다. 이러한 점진적인 개방은 중국현지기업들이 다국적기업들과 경쟁할 수 있도록 구조조정을 통해 경영성과를 높일 시간을 벌기 위해서였다. 본 장에서는 강력한 중국현지기업들이 어떠한 전략을 통해 경쟁에서 승리하게 되었는지 이해하기 위해 이들의 구조조정 과정을 살펴본다. 이러한 연구는 거대 다국적기업들과 경쟁하기 위하여 구조조정을 통해 재탄생하거나 신규로 진입한 소비재 산업의 중국현지기업들의 사례연구로 시작된다.

소비재 산업: 사례연구

1979년에 실시한 개혁과 개방정책 이전, 중앙정부는 경제활동을 엄격히 통제했었다. 공산주의 계획경제기간에 정부는 기업들에게 제품생산량을 할당했고 만들어진 산출물은 독점적인 국영유통업체들이 모두 사들였다. 정부는 소비자들에게 티켓을 주고 비누 같은 생필품들을 구매하게 하였다. 정부는 정확히 몇 개의 비누를 생산해야 하는지, 개인마다 몇 개의 비누를 나누어줄 것인지까지 세세히 계획했다. 그러나 비누 같은 소비재들은 정부의 우선고려대상이 아니었다. 샴푸는 사치품으로 구분되어 구할 수 조차 없었고, 사람들은 비누로 머리를 감아야 했지만, 그나마 부족하였다. 이러한 배급제도가 폐지된 후에야 중국의 소비재 산업은 발전하기 시작했다. 중국정부는 시민들이 자유롭게 소비재를 구매하도록 조치했고, 중국현지기업들과 다국적기업들이 시장에 진입하며 그 수요를 충족시키기 시작했다.

피앤지P&G, 유니레버Unilever, 존슨앤존슨Johnson and Johnson과 같은 다국적기업들이 자신들의 유명 브랜드제품을 가지고 중국시장에 진출하자 중국소비자들은 엄청난 충격을 받았다. 1988년, 피앤지P&G는 홍콩 무역기업인 허치슨 왐포아和记黄埔, Hutchison Whampoa와 함께 광둥성广东省에 합작투자기업을 설립했다. 피앤지P&G는 올레이玉兰油, Olay, 세이프가드舒肤佳, Safeguard, 팬틴潘婷, Pantene, 리조이스飘柔, Rejoice, 타이드汰渍, Tide, 팸퍼스帮宝适, Pampers 같은 유명브랜드를 들여왔다. 1988년 피앤지P&G가 광둥성广东省에 헤드앤숄더海飞丝, Head & Shoulders 브랜드를 들여왔을 때, 이 브랜드는 12달 만에 광둥성广东省 내 시장점유율의 15%를 확보했다. 피앤지P&G는 자신이 목표로 하는 구체적인 시장세그멘트를 타겟팅한 브랜드를 명확하게 설정하여, 자신의 브랜드들을 중국 소비자들에게 확실히 각인시켰다. 또한 피앤지P&G는 그들의 브랜드 관리시스템으로 현지에서 고용한 직원들을 교육시키기도 했다. 피앤지P&G는 1992년 아리엘 세제를 제조하여 판매하기 위해 허치슨 왐포아和记黃埔, Hutchison Whampoa와 합작투자를 이루어 광저우广州에 피앤지 세제회사宝洁洗涤用品公司, P&G Detergent를 설립했다. 이어 1993년 베이징北京에 합작투자기업 피앤지 팬더 세제회사北京熊猫宝洁洗涤用品公司, P&G Panda Detergent를, 첸두成都에 피앤지 첸두成都宝洁公司를 설립했고, 1994년에는 광저우广州에 피앤지 랑치广州浪奇宝洁公司, P&G Longkey를 설립했다. P&G 회장인 존페퍼John Pepper는 "우리 회사의 세계화 전략 중 하나는 우리의 강력한 브랜드를 이용하여 새로운 지역에 사업을 확장시키는 것입니다. 이들 합작투자는 그러한 전략을 추구하는 데 중요한 역할을 하고 있습니다"라고 언급했다.[1]

이와 유사하게, 유니레버Unilever 또한 1986년 비누, 샤워젤, 샴푸, 스킨케어 제품 같은 상품들을 생산하기 위해 상하이上海에 합작투자기업을 설립했다. 또한 1993년 아이스크림冰激凌과 차茶를 생산하기 위해 베이징北京과 광둥성广东省에, 1995년에는 세제를 생산하기 위해 안후이성安徽省에 사업을 확장했다. 그 당시 대중적인 소비자들의 구매력은 아직 낮았으므로, 이러한 다국적기업들은 고가시장에 먼저 진출했다. 이들은 점차 중국에서 원료를 구입하고 현지생산을 함으로써 비용을 절감하여 저렴한 상품을 개발해 중가시장이나 저가시장으로 진출했다. 피앤지P&G와 유니레버Unilever 모두 우선적으로 주요 도시들을 커버할 곳에 공장을 지었고 점차적으로 중국 내 주요 지역에 걸쳐 유통 및 물류센터를 확장했다. 피앤지P&G는 저가 제품을 생산하는 현지하청생산업체를 적극적으로 개발했고, 이들이 만든 제품들은 별개의 물류회사가 유통을 책임졌다. 같은 시기, 중국의 유통망은 점차 개인이 운영하는 소매점에 백화점, 슈퍼마켓, 편의점, 하이퍼마켓, 심지어 온라인 쇼핑 웹사이트가 추가되며 크게 바뀌었다. 피앤지P&G, 유니레버Unilever 등의 다국적기업들은 이러한 새로운 유통을 통해 손쉽게 중국시장에 진입할 수 있었다. 중국시장에서 하이퍼마켓은 1990년대 중반 대량생산을 통한 가격경쟁력과 선택의 다양성을 기반으로 극적인 성장을 이루었다. 이 시기에 까르푸Carrefour나 월마트Wal-Mart 같은 거대 다국적기업들도 중국에 진입하였다. 씨-본스C-bons나 메리케이MaryKay 같은 홍콩기반의 다국적기업들 또한 중국사업을 확장시켰다.

다국적기업들이 합작투자 방식으로 진입하고, 중국 경제개혁의 영향으로 배급제도가 폐지되었을 때, 중국현지기업들은 소비자의 수요를 충족시키거나 시장에서 경쟁할 준비가 미흡했다. 중국현지기업들은 대부분 작고 비효율적이며 기술적으로도 뒤쳐졌고 재무적으로도 건전하지 못했다. 이들은 중국의 이질적인 소비자들의 수요로 인해 지역시장에 국한된 군소사업자들이었다. 중국시장의 이질성을 나타내는 한 가지 예로, 전국적으로 같은 치약을 판매한다면, 여름에 남부지방에서는 녹고 겨울에 북부지방에서는 얼어버린다. 또한 해안지역 소비자들은 내륙지역의 소비자들보다 가처분소득이 높았다. 결과적으로, 중국 소비재시장은 상당수의 지역적 브랜드로 나누어졌고 전체시장을 아우르는 강력한 브랜드는 존재하지 않았다. 랑치浪奇그룹이 소유한 화이트캣白猫, 팬더熊猫, 가오풀리高富力 같은 유명한 지역브랜드들이 시장을 선도했지만, 국가적 차원의 브랜드는 부재했다. 나아가 이러한 오래된 브랜드들의 대다수는 자체적 개선이 힘들었다. 예를 들어, 상하이 화이트캣上海白猫은 무능한 경영진이 브랜드와 유통관리에 거의 투자를 하지 않았고, 이는 마케팅기법과 제품개선의 실패로 이어져 시장점유율이 급감했다.[2] 상하이 화이트캣上海白猫의 사장인 치앙은 "경쟁자들이 야수처럼 뛰어다닐 때, 우리는 늙어 졸고 있는 고양이였다"고 말했다.[3] 결국 상하이 화이트캣上海白猫은 2006년 허치슨 왐포아和记黄埔, Huchison Whampoa에게 인수되었다. 팬더熊猫, Panda와 랑치浪奇는 OEM 공급계약대로 피앤지P&G에게 납품하기로 한 피엔지와의 합작투자기업의 지위에 안주하여, 브랜드에 대한 투자를 간과했다. 피앤지P&G와의 합작투자기업이 해체되고, 치열한 경쟁에 직면하자 이들은 스스로 경쟁력을 가지지 못했다.

그러나 이 기간에 나이스纳爱斯, 상하이자화上海家化, 룽리치隆力奇 등 상당수의 성공적인 중국현지기업들이 생겨났다. 예를 들어, 나이스纳爱斯 그룹은 현재 중국 세제시장을 이끄는 중국현지기업이다.[4] 이 기업의 기원은 1968년 저장성浙江省에 설립된 국영기업이었던 리슈 57 화학공장丽水五七化工厂이었다. 1993년 기업법이 제정되면서 이 기업은 구조조정이 가능해졌고, 1994년 마침내 정부가 대주주가 된 주식회사 체제로 전환되었다. 민영화 당시, 리슈 57 화학공장丽水五七化工厂은 브랜드와 기술력이 부족했으나 꾸준히 자체 브랜드들을 개발하여 마침내 Diao雕牌와 회사이름으로도 쓰이는 나이스纳爱斯 같은 브랜드들을 탄생시켰다. 초기에 이 브랜드들은 저가시장을 공략했지만, 이제 "세계 최상급의 품질, 그러나 절반의 가격"이라는 슬로건을 걸고 품질좋은 상품들을 쏟아내고 있다. 나이스纳爱斯는 재무적으로 풍족하지 않았음에도 불구하고 광고에 대한 투자를 아끼지 않았다. 예를 들어 이들은 2001년 Diao 브랜드雕牌를 광고하기 위해 3억 위안을 투자했다. 직접적으로 소비자 피부에 닿는 비누나 샴푸 같은 개인생활용품들에서는 다국적기업들이 경쟁우위를 갖는 것과 다르게, 세제의 경우 중국소비자들은 더 합리적인 가격에 출시되는 중국 브랜드를 선호했다. 또한 나이스纳爱斯는 기술을 발전시켜 2003년 천연원료로 만든 Supra를 출시하는 등 신규제품들을 개발했다. 2012년 현재, 나이스纳爱斯는 중국 세제시장점유율의 40%, 비누시장점유율의 67%, 액체세제시장에서는 가장 큰 시장점유율을 차지하고 있다.[5] 또한 나이스纳

爱斯나 Diao雕牌 같은 중국현지브랜드들은 도시보다는 시골지역에서 더 큰 시장 점유율을 가지고 있다.

상하이자화上海家化 또한 중국현지에서 스킨케어제품을 생산하는 선도적인 기업이다. 1898년 홍콩香港에서 설립된 이후, 상하이上海에 위치했던 공장은 중국이 공산화되자 국유화되었다. 공산주의 정권에서 상하이자화上海家化는 다른 세 개의 공장들과 합병되어, 유의友谊, 야성雅霜, 맥삼美加净, 루비露美 같은 브랜드들을 가진 국영기업이 되었다. 이 기업은 1980년대에 맥삼美加净과 루비露美라는 브랜드로 수분크림과 샴푸를 판매했다. 1991년에는 상하이上海에 진출한 미국의 다국적 기업인 SC Johnson과 함께 합작투자기업을 설립하고, 맥삼美加净과 루비露美를 모두 합작투자기업으로 이전하였었다. 그러나 이 두 브랜드들이 제 역할을 못하고 방치되면서 합작투자기업은 제 성과를 내지 못했다. 결국1994년 말 합작투자기업은 해체되었고, 다시 독자적으로 맥삼美加净과 루비露美를 키우기 위한 투자를 하기 시작했다.

SC Johnson과의 합작투자가 종료된 후 이 기업은 주식회사로 전환되어 상하이자화上海家化라는 이름으로 재탄생하였다. 이는 나이스纳爱斯 그룹의 경우와 마찬가지로, 1993년 제정된 기업법을 통하여 국영기업을 국가가 주식을 소유하는 형태의 주식회사로 구조조정되었다. 구조조정 후 초기, 주주로서 상하이上海 지방정부는 맥삼美加净과 루비露美를 소생시키며 이들을 국가브랜드로 발전시키려 했다. 이러한 상하이자화上海家化의 귀환 결정이 널리 알려지며 CEO인 게웬야오葛文耀는 국가적 영웅이 되었다. 신문매체들이 상하이자화上海家化의 귀환을 보도하며 브랜드 인지도를 향상시키는 데 일조했고, 이는 일반 대중들의 국수주의 정서에 강력하게 어필하였다. 상하이자화上海家化는 합작투자 경험을 통해 브랜드 경영시스템을 강화해야 한다는 것을 깨달았다. 이들은 높은 연봉과 승진보장을 조건으로 다국적기업의 관리자들과 기술자들을 모집했고 그들의 마케팅 및 경영 노하우를 얻었다. 류선六神은 젊은 여성층을, 맥삼美加净은 중년 여성층을 각각 주요 타깃으로 재조정했다. 나아가 상하이자화上海家化는 전통적으로 내려오는 중국약재를 이용하여 1998년에 Herborist佰草集라는 브랜드를 탄생시켰다. 1999년, 상하이上海 지방정부는 생산라인의 확장을 위해 상하이자화上海家化가 상하이 일용화학품上海日用化学品을 인수하도록 하였고, 2001년에 상하이자화上海家化는 상해증권거래소上海证券交易所에 성공적으로 상장되었다. 이로써 상하이자화上海家化는 브랜드 개발에 투자할 자본을 확보하였다.

상하이자화上海家化는 Herborist佰草集 브랜드를 통해 야심차게 국제적인 사업 확장을 준비했다. 2005년 상하이자화上海家化는 프랑스 화장품 소매기업 Sephora와 함께 합작투자기업을 만들었다. 프랑스 디자이너들이 마지막 터치를 해 한층 디자인이 향상된 Herborist佰草集 제품을 만들면서, Sephora는 중국뿐만 아니라 해외상점에서도 Herborist佰草集를 판매하였다. Herborist佰草集는 서구지역에서도 판매된다는 점을 어필하며 중국으로 재수입되어 중국의 소비자들을 끌어들였다. 2012년 상하이上海 지방정부는 상하이자화上海家化의 지분을 중국 개인투자기업 핑안그룹中国平安集团에게 51억 위안에 매각하며 민영화를 완성했다. 상하이자화上海家化 회장 게웬야오葛文耀는 피앤지P&G, 유니레버Unilever 같은 거대 다국적기업과의 경쟁을 위해서는 완전한 민영화가 필요했다고 언급했다.[6] 상하이자화上海家化는 중국 내 30개의 주요 도시에 40개의 판매회사, 350개의 성省급 유통망, 그리고 400개 이상의 중급도시 유통망과 같은 광범위한 유통망을 가지고 있다.[7]

공산주의 사회에서도 존재했던 상하이자화上海家化나 나이스纳爱斯와는 다르게, 롱리치隆力奇는 중국의 개혁개방시기에 설립된 사기업이다. 롱리치隆力奇는 공식적으로 Jiangsu Longliqi Bioscience江苏隆力奇生物科技라는 영문상호를 가지고 있으며,

뱀 가루와 뱀 기름을 생산하는 기업가 수지웨이徐之伟가 1986년에 설립했다. 1999년대 말, 천연원료가 건강에 좋다고 믿는 중국소비자들은 뱀기름 세안제蛇毒酶洗面奶와 뱀기름 로션蛇油蜜에 대해 관심을 가졌고, 이에 따라 롱리치隆力奇는 화학원료를 사용한 다국적기업의 고가제품들과 차별화한 자신의 제품들을 대중시장에 출시했다. 그 결과 중국 소비자들은 뱀으로 만든 스킨케어 제품들을 꾸준히 사용하게 되었다. 롱리치隆力奇는 경영 및 생산과정을 향상시키기 위해, 제품의 결함을 줄이고 비용을 절감시키는 6시그마 전략을 채택했다. 롱리치隆力奇는 전 세계에 걸쳐 4개의 R&D 센터를 설립했고 각 센터들은 각기 다른 세부시장을 연구하였다. 구체적으로 장수江苏본사에서는 미용과 건강 제품, 베이징北京에서는 한방학과 생명공학, 뉴욕에서는 스킨케어, 일본 고베에서는 샴푸에 대한 연구를 진행하였다. 롱리치隆力奇는 또한 중국중앙방송CCTV에 광고캠페인을 하고 다양한 스포츠 이벤트를 후원하면서, 중국 전역에 걸친 유명 브랜드가 되었다.

그림 3-1은 연간 산업실태조사에서 3단위 표준산업분류로 정의한 소비재 산업의 주요 기업들의 시장점유율의 추세를 보여준다. 소비재의 예로는 화장품을 포함한 스킨케어 제품과 비누, 세제, 치약 같은 구강관리제품 등이 있다. 나이스纳爱斯, 상하이자화上海家化, 롱리치隆力奇의 성공에도 불구하고 다국적기업 브랜드들은 1998년에서 2009년까지 꾸준히 60%수준의 시장점유율을 유지하며 시장을 지배하고 있다.[8] 특히 2009년 현재, 피앤지P&G는 가장 높은 시장점유율인 16.3%를 기록했다. 화장품과 스킨케어 제품시장에서 롱리치隆力奇, Herborist佰草集, Liushen六神과 같은 여러 유명 중국현지브랜드들이 높은 성과를 보인 반면, 다른 중국현지기업들은 소규모로 대부분 저가 및 중가시장에 머물러 있었다. 성과가 좋지 못한 기업들은 파산과 함께 다국적기업들에게 인수되었다. 예를 들어, L'Oreal欧莱雅은 2003년 Mininurse小护士를, 2004년 Yeosai羽西를 인수했고, 존슨앤

그림 3-1 소비재 산업의 주요 기업들의 시장점유율 추세

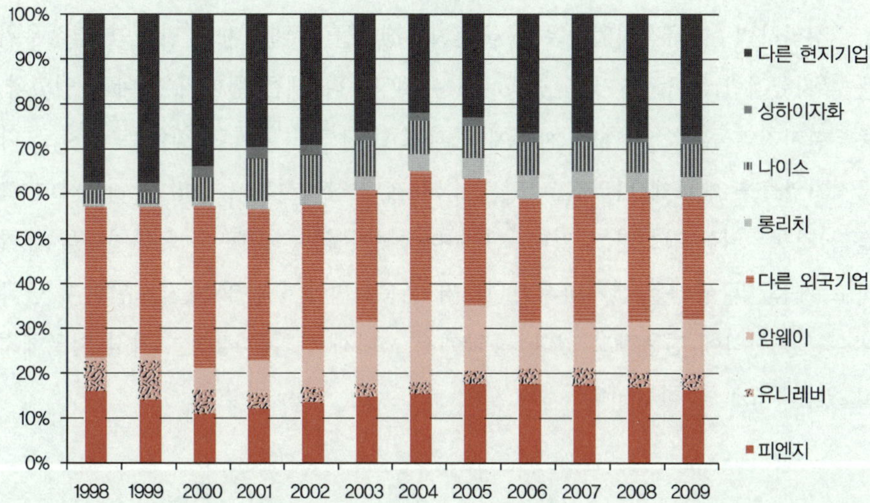

존슨Johnson and Johnson은 2008년에 Dabao大宝를 인수했다. 이러한 인수합병을 통해 다국적기업들은 저가시장에도 진입할 수 있게 되었다.[9]

반면 세제 시장의 경우, 나이스纳爱斯 그룹의 Diao雕牌나 광저우리바이그룹广州立白集团의 리바이立白와 같은 브랜드들의 국현지기업들이 시장을 선도하고 있다. 지역시장으로 나누어져 있던 소비자수요가 점차 전국적으로 통합되고 유통망의 역할이 브랜드 이름보다 더 중요해지면서, 중국현지기업들은 세제시장에서의 시장점유율을 늘려가고 있다. 중국현지기업들은 다국적기업들에 비해 시골지역에 있는 소비자들에게 쉽게 접근할 수 있다는 이점을 유지하고, 더하여 중국현지기업들은 다국적기업과의 기술격차를 좁혀나가고 있다. 예를 들어, 리바이立白는 기술개발을 위해 칭화대清华大学, 중산대中山大学와 협력관계를 갖고 있으며 5개의 공장과 20개 이상의 OEM 파트너들, 15개의 유통 센터를 활용하여, 제조와

유통 과정에서 가격경쟁력을 갖추고 있다.

정리하면, 다국적기업들은 중국현지경쟁자들에 대하여 일반적인 경쟁우위를 유지했지만, 이들이 가진 경쟁우위는 시장이나 제품에 따라 차이가 있었다. 중국현지기업들은 스킨케어 시장에서 자체 브랜드에 대한 아낌없는 투자로 다국적기업들을 빠르게 따라잡고 있으며, 세제 시장에서는 유통망을 이용하여 그들의 경쟁우위를 강화하고 있다. 반면 다국적기업들은 새로운 유통경로를 개발하고 제품 및 생산을 현지화시킴으로써 유통측면에서의 약점을 보완하며 중국 내수시장 전역에 진출하고 있다. 중국에서 소비재 산업은 경쟁이 가장 치열해지고 있는 시장 중 하나이다.

구조조정과정

제1장에서 살펴보았듯이, 개혁개방의 초기의 중국정부는 국영기업에 자율권과 인센티브를 제공하여 국영기업의 효율성을 높이려 했다. 그러나, 이러한 접근법이 효과적이지 못하다는 사실에 직면하자, 정부는 중국현지기업의 진정한 구조조정을 위해서는 소유권에 대한 근본적인 개혁이 필요하다는 사실을 깨달았다. 공산주의 사회에서 개인이 기업을 소유하는 것이 허용되지 않자 일부 사기업들은 정부규제를 교묘히 피해가며 성장하였고, 결국 정부의 정책까지 바꾸게 하였다. 중국 남부 지역, 특히 광둥성广东省의 일부 사기업들은 집체기업으로 가장하여 사업을 운영하였다. 1992년 덩샤오핑邓小平이 중국 남부지방을 방문했을 때, 그는 이렇게 불법적으로 운영되는 사기업의 존재가 이 지역의 경제성장의 근본적인 원인이라고 지적하였다. 이를 계기로 중국 전역에 국영기업의 민

영화에 대한 문제가 상기되었고 중국정부는 국영기업의 민영화를 가능하게 해 주는 가이지改制라 알려진 개혁정책을 시행하게 되었다.

중국정부는 이러한 개혁정책을 55개의 국영기업에 적용하기 시작하여, 1997년에는 상하이자동차上海汽车와 바오강宝钢을 포함한 120개의 국영기업에까지 확장했다.[10] 이와 동시에 중국정부는 1993년 기업법을 제정했다. 이러한 일련의 정책들은 민영화 과정을 통해 국영기업이 현대적인 기업으로 바뀔 수 있는 법적 틀을 마련했다. 그 결과 수천 개의 국영기업들이 국가소유권을 지분으로 바꾸며 유한책임회사나 주식회사 형태로 변모했다. 초기에 중국정부는 국영기업들간에만 지분교환을 통해 주식회사형태로 전환하는 것을 허용하였으나, 곧 사기업들도 합법적으로 이런 구조조정과정에 참여할 수 있었다. 최초로 법인화된 거대 국영기업은 1988년 센양진베이자동차沈阳金杯汽车였다Garnaut et al. 2005. 이후 1990년과 1991년, 센젠深圳과 상하이上海에 증권거래소를 개관하면서 개인투자자들을 상대로 지분발행이 가능해졌다. 국영기업이 법인화되면 국가가 소유한 지분은 사실상 민영화를 원하는 개인투자자들에게 매각하거나, 중앙정부와 지방정부의 국유자산관리감독위원회SASAC를 통해 소유권을 유지할 수 있었다.[11] SASAC은 무기한으로 소유지분을 유지하거나, 민영화의 일환으로서 자신의 지분을 투자자에게 매각할 수 있었다.

예를 들어 홍콩香港과 센젠深圳 거래소에 상장중인 ZTE中兴通讯은 원래 중국군소속공장으로부터 시작한 국영기업이다. ZTE中兴通讯은 여러 단계를 거쳐 소유구조를 바꾸어왔다. 마침내 SASAC을 주요 주주로 하여 증권거래소에 상장하게 된 ZTE中兴通讯은 국가소유의 법인체 형태로 확정되었다. 실제로 중국정부는 높은 소유지분을 가지고 SASAC과 같은 국가소유의 법인체를 통해 이들 기업을 소유하고 통제하였지만, 이들 회사가 증권거래소에서 지분을 사는 개인투자자들에 의해 운영되는 사기업처럼 보이게 하였다. ZTE中兴通讯은 "국가가 소유하고 사기업처럼 운영한다国有民营"는 슬로건의 전형적인 예로, 중국의 초기 개혁정책 결과의 대표적인 회사이다.[12] 소비재 산업에서, 국영기업이었던 나이스纳爱斯와 상하이자화上海家化 모두 이 시기에 주식회사로 전환하였다. 앞서 언급한 상하이자화上海家化의 사례를 보면, 상하이上海 지방정부는 남은 지분을 개인투자자인 핑안그룹平安集团에게 판매하며 민영화 과정을 완성시켰다.

이와 동시에 중국정부는 부실한 국영기업들의 파산을 촉진했다. 1990년대 초 국영기업들은 큰 적자를 보았고, 많은 누적 채무까지 지고 있었다. 1995년에 중국정부는 "거대 기업들만 남기고 작은 것들은 매각하라抓大放小"는 슬로건으로 대표되는 정책을 채택했다.[13] "거대 기업들만 남기고"가 뜻하는 바는 원자재나 공익, 에너지사업처럼 전략적으로 중요한 산업에서 국가가 기업의 소유와 통제를 계속하겠다는 것이었다. 1997년 기준으로, 대부분 중앙정부로부터 통제를 받는 500여 개의 거대 국영기업들은 산업자산의 37%를 차지하고 전체 세금의 46%를 부담했으며 수익의 63%를 기록했다Garnaut et al. 2005:3. 연간 산업실태조사 자료에 의하면, 그림 1－2와 같이, 국영기업들은 1998년 산업전체의 43%의 자산을 소유했다. 국가소유 이동통신서비스 기업인 중국이동통신中国移动通信이나 국영석유기업인 Sinopec中国石化으로 불리는 중국석유화학공사中国石油化工集团公司 같이 법적, 기술적 진입장벽을 가진 독점기업들은 엄청난 이익을 창출했다. 개혁정책의 결과로, 이러한 기업들은 정부가 다량의 지분을 소유한 주식회사 형태로 거듭났다. 이러한 기업들이 법적으로 주식회사로 법인화되었다고는 하지만 정부는 SASAC을 통해 직·간접적인 통제를 가했다. 그러나 현대적인 기업의 소유권구조에도 불구하고, 이러한 법인기업들은 사실상 국영기업이었다. 앞서 말했듯, 상하이자화上海家化는 정부가 정부의 지분을 개인투자자들에게 모두 매각한

이후에야 진정한 사기업이 되었다.[14]

이와 같이 구조조정과정에서 생존한 국영기업들은 개혁정책이 목표한 바대로 더욱 성장하며 높은 수익률을 냈다. 그림 1-1과 그림 1-2에서 보듯, 국영기업의 수는 1998년 47,958개에서 2009년 5,118개로 감소했다. 국영기업들은 2009년 중국 내 모든 기업자산의 8.2%, 전체 기업의 약 1.3%를 차지하며 남은 국영기업들은 적은 숫자지만 큰 자산을 소유하고 있다. 한편, 법인기업의 숫자는 1998년 10,656개에서 2009년 61,218개로 늘어났으며, 이 동안 이들이 차지하는 중국 내 산업자산의 비율은 17%에서 36%로 늘어났다. 정리하면, 개혁과 개방정책 이후 30년이 흘렀지만 민영화 과정은 아직도 진행중이라고 평가할 수 있다.

반면에, "작은 것은 매각하라"는 말은 작은 규모의 국영기업들이 파산 혹은 즉각적인 매각에 직면했음을 뜻한다. 이들 대부분은 수익률이 낮아서 이 기업들의 소유주인 지방정부는 이들의 구조조정을 위해 강력한 인센티브를 제공하였다. Garnaut et al.2005:47에 따르면, 이 정책에 기반하여, 몇 년 동안 3,377개 기업의 파산과 2,238억 위안의 부채 탕감, 6천 2백만명의 해고가 진행되었다. 구조조정은 경영자주도 기업인수management buyout를 포함하여 채무의 주식전환이나 소유권의 다각화, 종업원 지주제 형태로 나타나기도 했다.

예를 들어, 건룡강철建龙钢铁은 민영화 과정이 없었다면 존재하지 못할 중국의 선도적인 민간 철강기업이다. 그 이전에 존재했던 준화강철遵化钢铁은 1998년 당시 파산직전의 국영기업이었다. 영업직원이었던 장지샹张志祥은 50,000위안을 빌려 준화강철遵化钢铁의 자산을 5년간 임대했다. 2000년에 준화강철遵化钢铁은 건룡강철建龙钢铁로 상호를 변경하였고, 차후 9년 동안 건룡建龙은 열 건 이상의 인수와 구조조정을 거쳤다. 예를 들어, 2002년 건룡建龙은 밍청철강明城钢铁이라는 파산위기의 국영기업을 인수했다. 인수 당시, 미지급된 임금으로 불만에 찬 직원들은 지방정부를 상대로 시위를 벌이기도 했던 이 회사는 인수 후 2년 만에 판매량이 30배가량 증가했다. 건룡建龙은 닝보철강宁波钢铁과 헤룽장철강黑龙江钢铁에게도 이러한 구조조정 전략을 시행했다. 건룡建龙의 총 자산은 320억 위안으로, 중국에서 가장 큰 민간 철강기업 중 하나로 떠올랐다.

가전제품 분야의 선도적인 중국현지기업인 TCL 또한 경영자기업인수management buyout를 통한 민영화의 대표적인 사례가 되었다. 광둥성广东省지역 내의 후이저우惠州시 정부가 대부분의 자산을 소유하고 있는 국영기업이었던 TCL 그룹의 경영자들은 1997년 후이저우惠州 정부와 5년의 계약을 맺었다. 계약에 따르면, 1996년 현재의 모든 TCL의 자산은 후이저우惠州 정부에 속했다. 그러나 10% 이상의 순 자산성장의 일정 부분은 경영자들에게 인센티브로써 소유권이 주어졌다. 7년간의 급속한 성장 이후, TCL 그룹에 대한 정부의 소유권은 과거 100%에서 2004년에는 경영진들에게 25%, 다른 전략적 해외투자가들에게 18%, 이 이외의 사람들에게 16%를 내주며, 정부소유권이 41%까지 감소했다.[15] TCL의 변화는 개혁 이전에는 존재하지 않았던 개인인센티브가 얼마나 또 어떻게 경영능력을 촉진시키는가를 보여준다.

한편, 많은 집체기업 역시 사기업이나 법인기업으로 전환하였다. 엄밀히 따지면, 지역사회의 모든 주민들이 집체기업을 공동으로 소유하였으나, 실제로 지방정부는 이러한 집체기업들을 통제했다. 집체기업은 국영기업에 비해 비교적 효율적으로 운영되었고 특히 향진기업乡镇企业으로 알려져 있는 지방에 운영되던 집체기업들은 수익성이 높았다. 그러나 모호한 재산권으로 인해 집체기업의 소유권과 지배구조는 불안정했다. 요컨대, 가전제품의 선두 중국현지기업인 하이얼海尔, Haier은 지방정부를 포함하여 직원들과 다른 지역의 이해관계자들이 소유권을 가진 집체기업이었다. 하이얼海尔은 점차 성장하면서 상장을 통해 증자를 하였다. 하이얼海尔은 하이얼그룹海尔集团, Haier Group이라는 지주회사로 전환했으나, 그 소유형태는 여전히 집체기업으로 남아있었다. 하이얼그룹海尔集团 지주회사 아래에서, Qingdao Haier青岛海尔와 Haier Electronics海尔电子, 이 두 기업은 상하이上海와 홍콩香港의 증권거래소에 상장되었다. 다른 한편으로, 공산주의시대에 불법이었던 많은 사기업들이 집체기업으로 위장했었던 이른바 'Red hat红帽子' 기업으로 알려진 이러한 가짜 집체기업들은 1998년 사기업이 완전히 합법화되어서야 '빨간 모자红帽子'를 벗고 그들의 정체성을 보일 수 있었다Gregory, Tenav and Wagle 2000.

제1장의 그림 1-1은 1998년에서 2009년까지의 민영화 추세를 보여준다. 연간 산업실태조사에서 전체 기업 대비 국영기업과 집체기업의 비율은 이 기간 동안 68%에서 고작 5% 미만으로 줄었다. 이러한 급격한 변화는 대부분의 국영기업과 집체기업이 시장에서 퇴출되었거나 민영화되었다는 사실을 반영한다. 또한 그림 3-2는 1998년에서 2009에 실시한 조사에서 사라진 기업들의 수를 소유권 유형에 따라 보여준다. 일부 기업들이 단순히 그들의 매출이 5백만 위안을 넘지 못해 사라졌으나, 그림 3-2는 국영기업과 집체기업의 퇴출이 1990년대 말과 2000년대 초 구조조정 시기에 집중되어 있다는 것을 보인다.[16] 한편, 근래에 퇴출된 기업들을 살펴보면 사기업, 해외기업, 법인기업을 포함하여 앞선 구조조정과 달리 운영상 실패한 기업이었음을 보여준다.

이런 국영기업이나 집체기업의 퇴출과정은 다른 국영기업과 집체기업의 민영화와 함께 동시에 이루어졌다. 그림 3-3은 1998년 2009년 사이에 44,403개의 국영기업과 집체기업이 민영화되거나 법인화되었다는 것을 보여준다. 동시에 새롭게 민영화, 법인화된 기업들이 시장에 진입했는데, 이에 대해서는 본 장의 뒷부분에서 세부적으로 다룬다. 민영화 및 기업들의 퇴출에 대한 결과로, 연간 산업실태조사의 총 기업의 수와 비교해보았을 때 민영화, 법인화된 기업들이 차지하는 비율은 1998년 14%에서 2009년 76%로 늘어났다. 현재 사기업과 법인기업으로 이루어진 중국현지기업들과 다국적기업들의 현지법인들은 중국경제의 큰 부분을 차지한다. 그러나, 기업들이 민영화, 법인화되었다는 것이 정부로부터 자유로워짐을 의미하는 것이 아니며, 차후에도 정부의 직접적 혹은 SASAC 등을 통한 간접적인 주식보유로 기업에 통제를 가할 수 있다는 점은 강조되어야 한다. 즉, 아직도 민영화는 진행 중이라는 것이다. 다음으로, 우리는 중국현지기업들의 경영성과를 평가하여 민영화 및 신규진입기업의 진입과정을 더 자세히 알아본다.

그림 3-2 산업실태조사에 나타난 소유권유형별 퇴출기업 현황

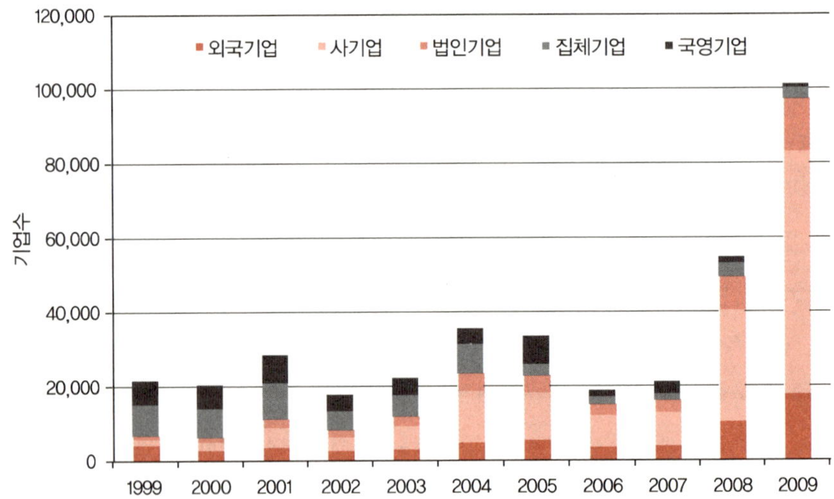

민영화와 경영성과

그림 3-3은 연간 산업실태조사에 기반하여 1998년에서 2009년 사이의 민영화 추세를 보여준다. 본서에서는 민영화를 국영기업과 집체기업이 사기업이나 법인기업으로 전환한 것이라고 정의한다. 그림 3-3과 같이, 이 기간 동안 전체 44,403개의 국영기업과 집체기업이 사기업이나 법인기업으로 전환되었다.

소비재산업에서 나이스纳爱斯와 상하이자화上海家化의 사례는 민영화에 대한 두 가지 중요한 질문을 던지게 한다. 첫째, 다른 기업들과 달리 왜 나이스纳爱斯와 상하이자화上海家化만 민영화되었는가? 다시 말해, 민영화를 위해 어떤 기업이 선택되었고 왜 선택되었는가? 둘째, 민영화가 이 두 개 기업의 사례처럼 항상 기업의 성과를 향상시켰는가? 다시 말해, 이러한 두 가지 사례를 일반화시킬 수

그림 3-3 국영기업이나 집체기업에서 사기업이나 법인기업으로 전환한 기업수

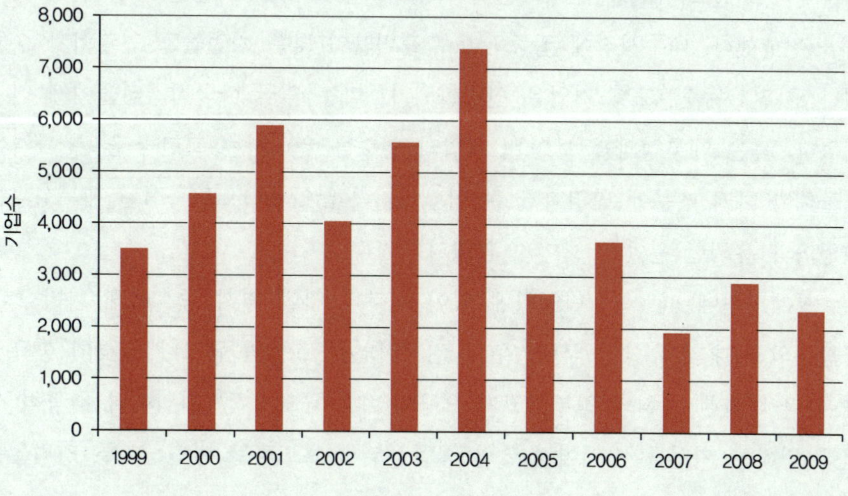

있는가? 부록 5는 이러한 질문에 대답하기 위해 실시한 실증분석을 보여준다. 이를 위해 저자는 부록 4에서 설명된 두 단계 통계기법을 사용했다.

첫 단계로, 잠재적 민영화 대상인 모든 국영기업과 집체기업 중 과연 어떤 기업이 민영화될 것인지를 조사하였다. 이 질문에 대답하기 위하여 1998년과 2009년 사이에 민영화된 모든 국영기업과 집체기업과, 소유권구조를 국영기업들과 집체기업 그대로 유지한 기업들을 포함한 데이터를 만들었다. 실증분석의 결과, 기업규모가 크고, 설립 후 오래되지 않은 기업들이 더 많이 민영화되는 것으로 나타났다. 반면 규모가 작은 국영기업이나 집체기업들은 구매자들의 관심을 사로잡기가 힘들어 시장에서 퇴출당하는 비율이 높았다. 설립연도가 오래된 기업은 상대적으로 변화에 더 큰 저항을 보였고 따라서 구매자들에게 매력적이지 못했다. 그러나 잠재적 구매자들에게 기업의 생산성은 확실한 매력요인이어서, 생산성이 높은 기업들은 쉽게 민영화되었다. 부채가 적거나 재무적으로 건전한 기업들 역시 비교적 쉽게 잠재적 구매자들을 끌어왔다. 이와 유사하게, 기술이나 브랜드와 같은 무형자산과 고정자산을 소유한 기업들 또한 쉽게 민영화를 진행했다. 내수시장에 집중하여 수출비율이 낮은 기업들도 민영화가 수월했다. 한편, 수출주도형 기업은 민영화되기보다는 외국 다국적기업들에게 인수되었다. 높은 재무성과를 보이는 기업의 인수를 위해서는 그만큼 높은 가격을 지불해야 하기 때문에 민영화가 잘 이루어지지 않아 ROA로 측정된 재무성과는 민영화와 유의한 관계를 보이지 않았다.

통계분석에 따르면, 민영화에 있어 정부의 역할 역시 중요하게 나타났다. 공산주의 시대의 유산인 국영기업과 집체기업은 그들의 규모나 전략의 중요성에 따라 다양한 차원의 정부보고가 요구되었다. 규모가 큰 기업이나 전략적 산업에 위치한 기업들은 베이징北京의 중앙정부에 보고하는 반면, 다른 기업들은 지방이나 도시, 마을 단위의 정부에 보고하여야 했다. 결과적으로 국영기업과 집체기업이 보고하는 정부의 수준이 낮을수록, 민영화되기 쉬웠다. 다시 말해, 중앙정부나 성 단위의 정부에 보고하는 국영기업이나 집체기업은 가장 민영화되기 어려웠다. 만약 국영기업과 집체기업을 비교한다면, 국영기업보다는 집체기업이 더 민영화되기 쉬웠다. 이는 집체기업들이 국영기업보다 상대적으로 비전략적인 부문에 위치해 있는 사실에 기인한다.

두 번째 질문은 민영화에 따른 경영성과에 대한 것이다. 다시 말해 사기업이 국영기업과 집체기업으로 남아있는 기업들보다 좋은 성과를 내는지에 대한 문제이다. 상식적으로 생각해보면, 당연히 그래야 할 것이다. 그렇지 않으면 민영화의 의미가 없기 때문이다. 그러나 현실은 보다 복잡했다. 민영화는 종종 많은 저항을 겪었다. 요컨대 이전에 성공사례로 언급한 건룡강철建龙钢铁마저 어려움을 겪은 적이 있었다. 건룡강철建龙钢铁은 2005년 지린성吉林省 지역의 가장 큰 국유철강업체인 통화강철通化钢铁의 지분 36%를 인수했다. 건룡建龙은 많은 종업원들을 해고하고 경영진들을 교체했다. 이에 종업원들은 과거 국영기업에서 누려온 복지혜택이 사기업으로 전환되며 사라졌다고 느끼며 불안해하였다. 2009년에 지방정부는 지분율을 높여 대주주가 되려는 건룡建龙의 제안을 받아들였으나, 이러한 결정에 반발한 종업원들은 난폭한 시위를 벌여 건룡建龙에서 파견한 경영자가 살해당하는 사건이 생겼고 정부는 건룡建龙을 퇴출시킴으로써 이러한 소요를 잠재울 수 있었다.[17]

이러한 가정을 검증하기 위해, 민영화 후 3년간의 수익률을 계산하고자 저자는 부록 5에 설명되어 있는 propensity score matching 기법을 사용하여 기업의 경영성과를 조사하였다. 이러한 수익률을 기준으로, 국영기업 혹은 집체기업으로 남아있는 기업들과 민영화된 기업들의 경영성과를 difference-in-

그림 3-4 민영화의 경영성과

(a) 수익성

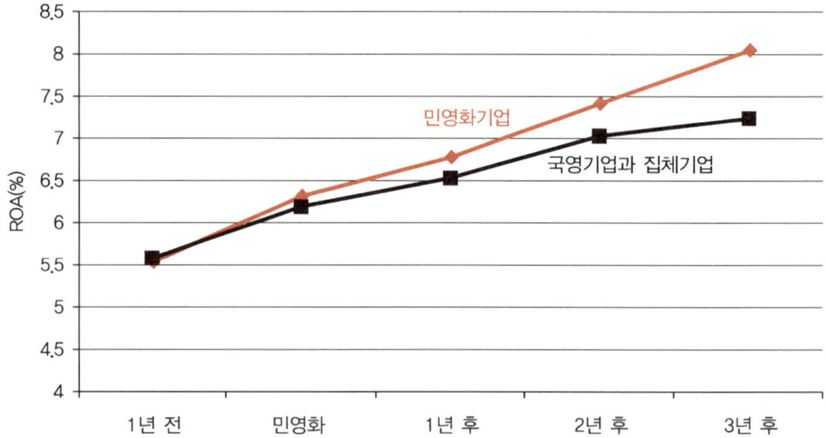

(b) 생산성

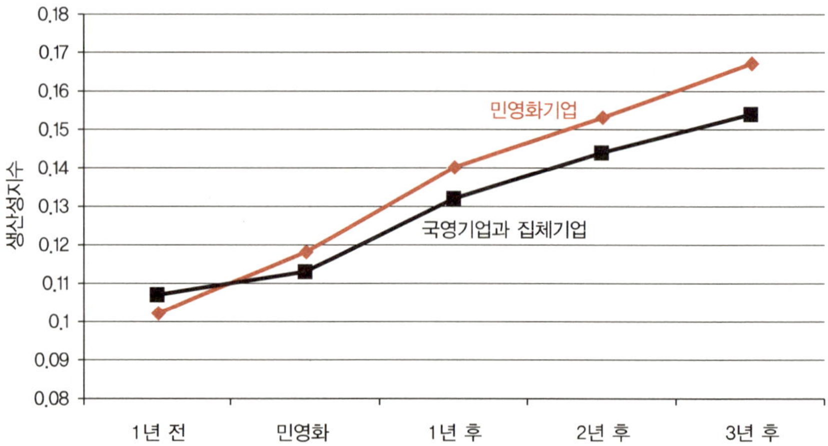

difference 기법을 사용하여 민영화가 이루어진 후의 변화를 조사하였다.

그림 3-4와 같이 민영화 이후 3년간 민영화된 기업의 자산수익률ROA은 국

영기업과 집체기업으로 남은 기업들보다 꾸준히 1% 정도 높아졌다. 또한 민영화된 기업의 생산성은 국영기업이나 집체기업으로 남아있는 기업들과 비교했을 때 평균 1.9% 가량 높아졌다. 이러한 결과는 소유권개혁이 과거 국영기업과 집체기업들이었던 기업들의 경영성과를 향상시켜 다국적기업들과의 효율적인 경쟁을 가능하게 만든 중요한 역할을 해냈다는 것을 입증했다. 이는 국영기업과 집체기업을 사기업이나 법인기업으로 구조조정한 것이 기업의 경영성과에 긍정적인 영향을 보였다는 것을 명백히 보여준다.

더 나아가 민영화의 경영성과에 기업의 매출, 고정자산, 무형자산, 수출비율, 부채비율이 미치는 역할에 대해 살펴보면 다음과 같다. 부록 5에서 보듯, 민영화된 기업은 매출성장률과 수출비중, 고정자산의 성장률, 무형자산의 성장률에서 모두 국영기업과 집체기업보다 높은 경향을 보였다. 더하여 민영화된 기업은 부채비율이 낮아졌다. 이러한 결과는 민영화의 결과, 기업들이 공장이나 기계 같은 고정자산 혹은 기술이나 브랜드 같은 무형자산에 더 많이 투자하였다는 것을 보여준다. 이것은 곧 매출 및 수출의 증가로 이어져 국영기업이나 집체기업과는 달리 높은 수익성과 생산성을 가져와 이들의 부채비율을 줄여주었다. 따라서 이러한 통계분석은 나이스纳爱斯나 상하이자화上海家化 같은 민영화된 기업의 성공사례가 일반화될 수 있다는 것을 보여준다. 분석결과, 민영화는 중국현지기업들의 경영성과를 크게 향상시키는 것으로 나타났다.

생산성 높은 신규진입기업

그림 3-5는 연간 산업실태조사에 기반하여 소유권 유형에 따라 1998년부

그림 3-5 산업실태조사에 나타난 소유권 유형별 신규진입기업 현황

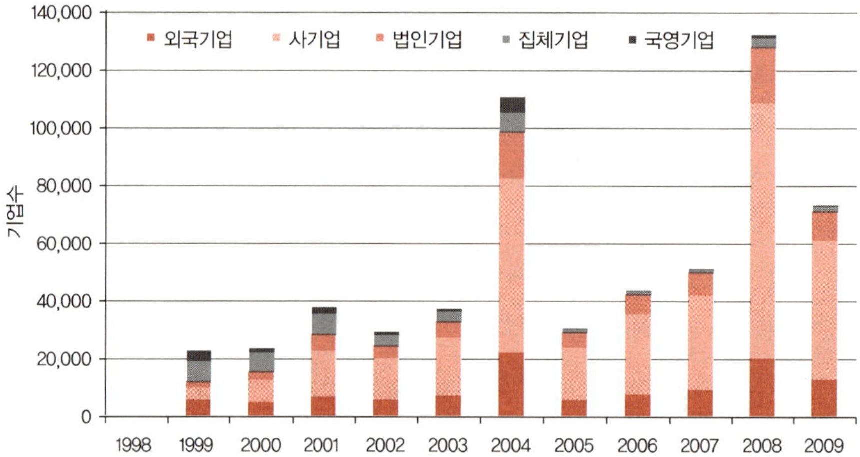

터 2009년 사이의 신규로 진입한 기업들을 보여주고 있다. 사기업이 진입기업의 가장 큰 비중을 차지했고 그 다음으로 법인기업과 다국적기업이 뒤를 이었다. 한편, 국영기업이나 집체기업 형태의 새로운 진입기업의 숫자는 적은 데다가 시간이 지남에 따라 계속 감소하는 추세를 보인다. 이것은 중국경제의 개혁으로 공산주의식 소유구조를 가진 기업들이 다른 소유유형의 기업들에 비해 급속하게 뒤쳐지게 되었음을 시사한다. 이러한 신규진입기업들은 다국적기업과 기존의 중국현지기업들과의 경쟁의 구도를 완전히 바꾸어놓았다.

예를 들어, 소비재산업의 룽리치隆力奇는 개혁과 함께 신규로 진입한 기업들이 기존 기업들에게 어떻게 도전했는가를 보여준다. 다국적기업들의 상품들을 모방했던 여느 기업들과는 다르게, 룽리치隆力奇는 전통적인 방식을 이용하여 뱀기름 같은 천연재료를 사용함으로써 자신들의 제품을 차별화했다. 다국적합작투자기업들, 즉 폭스바겐Volkswagen, 지엠GM, 토요타Toyota, 혼다Honda가 중국 자

동차 산업을 지배하고 있었으나, 새롭게 시장에 진입한 중국현지기업들, 예를 들어 BYD比亚迪, 체리자동차奇瑞汽车, 질리자동차吉利汽车는 다국적기업과 본격적인 경쟁을 시작했다. BYD比亚迪는 충전지생산기업으로 왕찬푸王传福가 센젠深圳에 설립한 기업이다. 사기업 소유형태를 가진 BYD比亚迪는 풀하이브리드 자동차를 대량생산하여 판매하고 아프리카와 남아메리카, 중동 지역에 수출하고 있다. 이와 유사하게, 질리자동차吉利汽车는 1986년 항저우杭州에서 리슈푸李书福에 의해 설립되었다. 냉장고 부품을 생산했던 질리자동차吉利汽车는 파산된 국영기업을 인수하면서 1994년 오토바이를 생산하기 시작하여 1998년에는 미니밴minivans을, 2001년에는 자동차를 생산하며 사업을 확장하였다. 한편, 체리자동차奇瑞汽车는 1997년 국영기업으로 자동차 산업에 진입했다. 체리자동차奇瑞汽车는 정부의 공식적인 생산허가도 없이 1999년 자동차를 생산하기 시작했던 기업가적 정신이 높은 회사였다. 이 회사는 국가가 일부 지분을 소유했음에도 불구하고 기업가적인 정신을 가진 경영진들에 의해 운영되었다. 때문에 체리자동차奇瑞汽车는 국영기업도 적절한 인센티브와 함께 사기업과 마찬가지로 운영될 수 있다는 것을 증명하며 "국가가 소유하고, 사기업처럼 운영한다国有民营"는 모토의 예가 되었다.

앞서 설명한 신생기업들의 성공에도 불구하고, 기존에 있는 기업들보다 신규진입기업들이 더 생산적인가에 대해서는 다양한 이론들의 주장과 실증적 증거들이 존재한다. Schumpeter1934는 얼마나 많은 신규진입기업이 효율적으로 기존 기업을 대체할지를 설명하기 위해 '창조적 파괴creative destruction'라는 용어를 사용했다. 여러 연구들이 신규진입기업들이 기존 기업들보다 더 높은 생산성을 보인다는 것을 실증적으로 보여주었다. 이들 경제이론 및 여러 실증적 연구들에 의하면, 새로 설립된 기업들은 최신의 기술이나 혁신적 아이디어를 가지고 시장에 진입하기에, 구식 기술에 의존하는 기존 기업들을 능가할 수 있다고 말한다Caballero, Hammour 1994; Foster et al. 2008. 기존 기업들 또한 나름대로 기술을 개선시키는 것이 가능했으나, 기존에 투자해 놓은 것으로 인해 발생하는 조정비용으로 인해, 기존 기업들이 구조적, 파괴적 혁신을 다루는 데에는 어려움이 있었고 따라서 기존 기업들이 새로운 기술을 도입하기는 어려웠다Henderson, Clark 1990. 파괴적 혁신이란 성과가 다소 떨어지더라도 현 소비자들에게는 각광받지 못하는 새로운 속성을 제공하는 혁신을 말한다. Christensen1997은 기존 기업들이 이러한 파괴적 혁신을 간과하여 위험을 겪을 때가 많다고 말한다. 신규 진입기업들은 이러한 새로운 속성들을 활용하여 완전히 새로운 시장을 창조하곤 했다. 예를 들어 미니컴퓨터나 데스크톱을 사용하는 소비자들에게 중요한 것은 큰 용량이기에 기존의 하드디스크드라이브 생산업체들은 용량과 크기가 작은 하드디스크에 관심이 없었지만, 신규진입기업들은 파괴적 혁신을 통해 용량이 작지만 작고 휴대성이 좋은 노트북용 하드디스크를 개발하여, 새로운 시장을 창조할 수 있었다.

기존 기업들이 스스로를 개선하는 데 실패하고 신규진입기업들보다 낮은 생산성을 보일 가능성은 중국에서 유독 높았는데, 그 이유는 기존 기업들이 조직효율성이 낮거나 인센티브가 부재했기 때문이었다. 이는 조직학자들이 '각인효과imprinting effect'라고 부르는 현상이다Stinchcombe 1965; Hannan, Freeman 1977. 예를 들어, 공산주의 정권하에서 설립된 국영기업의 직원들은 업무개선에 대한 인센티브가 적었다. 더하여 경영진들은 예산제약이 엄격하지 않았고 구제금융과 같은 정부지원에 의존했기에 적응에 필요한 능력이 부족했다. 비록 국영기업들이 주식회사로 전환되긴 했지만 경영진들과 직원들은 이러한 변화를 따라갈 능력이 부족했다. 따라서 신규진입기업들이 최신 기술과 강력한 경영 팀을 가지고 시장에 진입하는 동안, 오래된 기존 기업들은 그들의 기술이나 생산성을 개선시키는 데 어려움을 겪었다.

반면, 기존 기업들이 신규진입기업들보다 더 큰 생산성을 보인다는 주장도 있다. 비효율적인 기존기업들이 시장에서 퇴출되는 상황에서Hopenhayn 1992; Jovanovic 1982, 오랜 기간 동안 퇴출되지 않고 살아남아 운영되는 기업들은 학습을 통해 효율성을 높이는 것이 가능하다는 것을 보여준다Baldwin, Rafiquzaaman 1995.[18] 기존 기업들은 또한 유통부문에서의 경영자원mitchell 1989; Tripsas 1997, 시장에 대한 지식Sosa 2009, 보완적 기술Helfat 1997, 상업화 능력Lee 2009 같이 경험으로 축적될 수 있는 보완적 자원들을 개발할 수 있다. 또한 기존 기업들은 중국과 같은 신흥경제에서 경쟁우위를 제공할 수 있는 정부와의 정치적 로비능력도 갖고 있다. 신규진입기업들은 빠른 시일 내에 이러한 정치적 로비능력이나 정치적, 사회적 자산political capital을 개발할 수 없기 때문에 이러한 보완적 자원을 쉽게 얻을 수 없었다Dierickx & Cool 1989. 이러한 논리에 따르면, 기존 기업들은 신규진입기업들에 비해 높은 생산성을 보일 수 있다.

중국의 신규진입기업들이 현존 기업들에 비해 생산성이 높은지 혹은 낮은지를 살펴보기 위해 생산성 지수를 종속변수로, 설립연도가 같은 기업들을 나타내는 설립연도 더미변수, 3자리수 산업더미변수, 2자리수 지역더미변수, 연도더미변수를 독립변수로 사용하여 단순 회귀모델을 추정하여 보았다. 그림 3-6은 이 회귀분석을 통해 추정한 설립연도별 변수의 추정계수를 보여주고 있다. 이는 설립연도가 같은 기업들과 설립연도가 다른 기업들과의 생산성의 차이를 보여준다. 이 그림은 새로 설립된 기업들이 설립연도가 오래된 기업들보다 더 높은 생산성을 갖는 추세를 명백하게 보여준다. 특히, 1998년 이후 진입한 기업들, 즉 자유화 이후 시장에 진입한 회사들에게서 더욱 확실하게 나타난다. 단지 2007년과 2009년 사이 진입한 기업들은, 즉 진입한지 얼마 되지 않은 기업들은 아직

그림 3-6 기업의 설립연도별 생산성지수

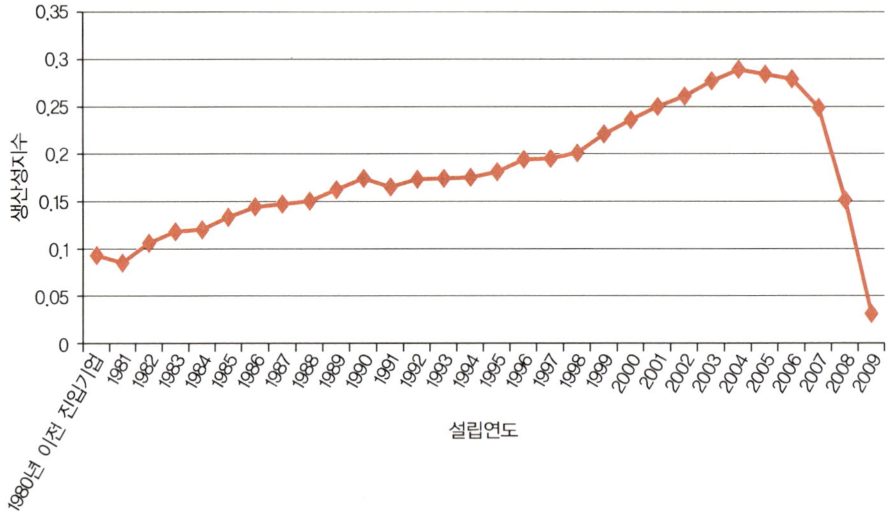

공장운영이 자리잡지 못하여, 사업개시 첫 해 혹은 둘째 해까지의 생산성이 다소 낮게 나타나고 있다. 이러한 결과는 중국 내의 신규진입기업들이 최신의 기술이나 혁신적인 아이디어를 가지고 시장에 침투하여 극심한 경쟁을 야기시키고 기술적 변화에 취약한 기존기업들은 생존이 위협받게 된다는 이론을 뒷받침한다.[19]

다국적기업에서 중국현지기업으로의 기술이전효과

민영화와 신규진입기업들로 인해 중국현지기업들의 생산성과 수익성이 크게 향상되는 동안 중국 내의 다국적기업들 또한 이러한 추세에 공헌했다. 그림

1-1은 연간 산업실태조사에서 다국적기업의 숫자가 1998년 26,093개에서 2009년 68,223개로 161% 증가했다는 것을 보여준다. 수천 개의 새로운 해외의 다국적기업들이 이기간 동안 신규로 진입했고, 동시에 수천 개의 중국현지기업들이 해외투자자들에 의해 인수되었다.

제1장에서 언급했듯이, 외국인직접투자Foreign Direct Investment는 오랫동안 개발도상국에서 경제성장의 촉진제로 알려졌다. 특히, 정책입안자들의 일반적인 생각은 외국인직접투자가 중국현지기업에게 기술을 이전하는 긍정적인 기술이전효과가 있으리라는 것이었다. 이러한 기술이전효과에 대한 낙관적인 이유로 인해 많은 지역에서 외국인직접투자를 끌어들이기 위한 정부의 우호적인 정책이 있었다. 이러한 다양한 정책의 예로 정부는 수입세를 면해주거나, 소득세유예, 또는 직접적인 보조금을 지급했다. 중국은 외국인직접투자를 유입하기 위해 우대정책을 사용한 대표적인 국가이다. 또한 중국정부는 다국적기업에서 중국현지기업으로의 기술이전을 촉진시키겠다는 것을 목적으로, 개혁개방정책의 초기에는 합작투자의 형태로 외국인직접투자를 장려했다. 중국정부는 다국적기업에게 특별대우를 제공하는 여러 경제특구를 제정하였다. 합작투자회사라는 제약이 있었지만, 초기 진입기업들은 저렴한 부지와 은행대출의 형태로 정부보조를 받았다.

외국인직접투자는 두 가지 방법을 통해 중국현지기업들의 생산성에 긍정적인 영향을 미쳤다. 첫째, 중국현지기업은 단지 다국적기업을 관찰함으로써도 그들의 기술이나 제품을 모방하여 생산성을 높일 수 있다. 이러한 외국인직접투자의 기술이전효과spillover effect를 '전시효과demonstration effects'라 한다Blomstrom, Kokko 1998. 예를 들어 팬틴 샴푸나 럭스 비누, 콜게이트 치약과 같은 유명 다국적기업들의 제품이 등장하자 중국현지기업들은 이들 제품을 통해 상품디자인이나 포장을 모방할 수 있는 기회를 가졌다. 합작투자는 중국현지기업이 파트너 자격으로 기업운영에 참여하는 것을 가능하게 했기에 이러한 전시효과를 극대화시켰다. 둘째, 외국인직접투자에 기반한 기술이전효과는 또한 다국적기업의 현지직원들이 외국기업의 노하우와 기술을 배운 뒤, 중국현지기업들에게 옮겨가는 형태로 나타난다Fosfuri, Motta, Ronde 2001.[20] 저자와의 인터뷰에서 어느 다국적 소비재기업의 경영자는 상하이上海에서의 이직률이 연 20%에 육박한다며 불만을 토로했다. 다국적기업들이 대학 졸업생들을 채용하여 몇 년 동안 교육을 시켜놓으면 좀 더 높은 임금과 빠른 승진을 보장하는 회사로 떠나간다는 것이다. 중국현지기업들은 이들을 채용하여 이들로부터 경영과 마케팅 노하우를 얻을 수 있었다. 그러므로 다국적기업에서부터 중국현지기업으로의 기술이전은 자발적이기도 했지만, 중국현지기업들이 모방을 통해 습득할 수도 있었기에 비자발적이기도 했다.

자발적 혹은 비자발적 기술이전효과는 둘 다 자동차 산업에서 명백히 보여진다. 예를 들어, 폭스바겐Volkswagen은 1984년 상하이자동차上海汽车와 함께 만든 합작투자회사인 상하이 폭스바겐上海大众汽车에 자발적으로 기술을 전수했다. 제2장에서 언급했듯이, 폭스바겐Volkswagen은 유럽에 있는 부품조달업체가 중국현지 부품조달업체에게 기술에 대한 라이선스를 제공하거나, 이들과 합작투자회사를 만들어 중국으로 진출하도록 장려했다. 합작투자는 다국적기업이 중국현지기업에게 기술을 전수하는 유용한 방법이 되었다. 후난발린그룹湖南华菱集团의 회장 리샤오웨이李效伟는 인터뷰에서 그의 합작투자 파트너인 미탈Mittal이 기술자를 합작투자회사로 파견하여, 조선용 강판이나 규소강 제품 같이 새로운 제품을 개발하는 것을 도왔다고 말한다. 또한 합작투자의 결과, 발린华菱은 미탈Mittal의 글로벌 조달시스템의 일부분이 되어, 원자재의 가격을 낮추는 데 큰 도움을 받

았다.[21]

비자발적인 기술이전 사례 또한 많이 찾아볼 수 있다. 앞서 언급했듯이, 체리奇瑞汽车와 BYD比亚迪의 자동차 모델은 일반적으로 다국적기업들의 브랜드들을 모방해왔다. 이러한 카피캣 디자인의 확실한 이점은 모방하는 과정에서 학습할 수 있다는 사실이었다. 다시 말해, 모방을 통해 중국현지기업들은 어떻게 제품을 디자인하고, 시장조사를 하고, 어떻게 교체가능한 부품들이나 부속품들을 확보하는지를 배웠다. 그러나 남을 모방하는 카피캣 디자인은 제4장에 다룰 지식재산권에 대한 위반이 될 수 있는 것이었다.

지금까지의 논의는 다국적기업이 중국현지기업에게 긍정적인 효과를 가져왔다는 점을 강조했지만, 반드시 그런 것만은 아니었다. 사실, 중국현지기업들은 생산성이 높은 다국적기업들과 경쟁을 하게 됨으로써, 경쟁에서 이기기 위해서는 필히 이들의 경영성과를 향상시켜야 한다는 면에서 '경쟁효과competition effect'를 야기하기도 했다. 긍정적인 전시효과와는 다르게, 경쟁효과는 긍정적일 수도, 부정적일 수도 있다. 해외 진입기업들과의 경쟁이 장기간으로 볼 때는 효율성을 높여줄 수도 있었지만, 단기적으로는 다국적기업에게 고객을 뺏겨 중국현지기업들은 매출 및 생산감소를 감수해야 할 수도 있었다. 때에 따라서 수요의 감소와 높은 고정비용은 중국현지기업의 생산성을 악화시킬 수도 있었다. 극단적으로 바라보면, 중국현지기업들은 긍정적인 경쟁효과를 얻기 전에 시장에서 퇴출될 수 있는 위험까지 감수할 수밖에 없었다Aitken, Harrison 1999.

이전효과와 경쟁효과에 대한 상대적인 크기에 대해서는 상반된 실증결과가 존재한다. 투자대상국가가 선진국일 때에는 해외 다국적기업들과 현지기업들 사이에 기술격차가 작기 때문에 종종 긍정적인 실증결과가 나오곤 한다Blomstrom 1986; Caves 1974, Keller, Yeaple 2009; Haskel et al. 2007; Liu et al. 2000. 반면 베네수엘라나

리투아니아 같은 개발도상국 내의 다국적기업이 차지하는 비중이 현지기업의 생산성에 부정적인 영향을 끼친다는 것을 밝혀내기도 했다Aitken, Harrison 1999; Javorcik 2004. Buckley, Clegg, Wang2002는 중국에 투자한 다국적기업들이 중국 현지기업들에게 긍정적인 기술이전효과가 있다는 결과를 도출하기도 했다.

기술이전효과에 대한 보다 긍정적인 실증적 결과들이 개발도상국에 비해 선진국에서 더 많이 발견되는 현상은 투자대상국이 중요한 역할을 한다는 점을 시사한다. 구체적으로, 외국인직접투자의 이전효과 크기는 투자대상국 기업들의 흡수능력이나 동기부여에 달려있다. Cohen, Levinthal1990은 기업의 흡수능력absorptive capacity 즉, 가치있는 외부의 지식을 인식, 습득하고 상업적으로 응용하는 기업의 능력은 과거의 관련 지식이나 경험에 의해 발생한다고 보았다. 이는 기술적으로 낙후된 중국현지기업들이 다국적기업과 단순하게 접촉하는 것으로 새로운 지식을 습득할 수 없다는 것을 의미한다Blalock, Simon 2009; Buckley, Clegg, Wang 2007; Cantwell 1989; Liu et al. 2009; Meyer 2004. 그러므로 기술이전효과의 혜택을 받기 위해서 기술적인 흡수능력은 꼭 필요한 요소이다. 국영기업들은 경영자원의 집중과 특혜적 대우를 받았지만, 사기업들은 효율성을 높이고 이익을 얻기 위한 강력한 동기부여가 있었다. 본 장은 ZTE中兴通讯, 나이스纳爱斯, 상하이자화上海家化, BYD比亚迪, 체리奇瑞汽车, 질리吉利汽车, 건룡강철建龙钢铁의 여러 사례를 연구했다. 이로써 우리는 사기업이나 법인기업들이 강한 동기부여가 되어 있기 때문에, 외국인직접투자로부터 이전효과를 얻어내어, 아직은 다국적기업보다는 못하지만, 그들의 기술을 큰 폭으로 향상시키게 되었다는 사실을 알게 되었다.

본 장에서 우리는 민영화 과정에서 중국현지기업들이 얼마나 강력하게 부상했는지를 살펴보았다. 또한 우리는 높은 생산성을 가진 새로운 사업가적 기업들이 진입하여, 기존 중국현지기업들이나 다국적기업들에게 도전하는 현상도 살펴보았다. 이러한 중국현지기업들은 다국적기업들과 경쟁하기도 했지만, 동시에 그들로부터의 이전효과를 통해 혜택을 받기도 했다. 제4장과 제5장에서는 다국적기업으로부터 중국현지기업에게 주어지는 이전효과와 경쟁효과를 더 자세히 연구한다. 동시에, 반대로 중국현지기업으로부터 다국적기업에게 주어지는 이전효과와 경쟁효과에 대해서도 알아본다.

MULTINATIONAL FIRMS IN CHINA

04 다국적기업과 중국현지기업간의 경쟁

앞서 제2장에서는 외국계 다국적기업들의 중국 진입과정 및 확장과정을, 제3장에서는 현지기업들의 구조조정 및 신규진입 과정을 살펴보았다. 다국적기업과 중국현지기업 둘 다 시간이 지남에 따라 점점 더 경쟁력을 갖추게 되었고, 서로 치열하게 경쟁하게 되었다. 본 장에서는 다국적기업들과 중국현지기업들간의 경쟁다이나믹스에 관해 알아본다. 먼저, 중국통신산업의 사례연구를 통해 휴대전화시장과 통신장비산업간에 다국적기업과 중국현지기업의 극명한 차이를 보여줄 것이다. 즉, 다국적기업이 휴대전화시장을 장악하는 사이 중국현지기업은 통신장비시장을 지배하게 되었다. 더하여 본 장은 다국적기업들과 현지기업들간의 상대적 경쟁우위를 결정하는 여러 요인에 대해서 알아본다.

통신 산업: 사례연구

통신 산업의 특징은 급속한 기술의 변화이다. 지난 20년간 비약적인 기술의 발달로, 휴대전화, 인터넷, 모바일 인터넷과 같은 신규서비스들이 물밀듯이 등장하였다. 상당수의 기존 기업들은 이러한 변화에 적응하지 못하여 차세대 시장을 이끌지 못했다Christensen 1997. 때문에 신규진입기업들은 기존의 선두기업들을 몰아내기 위해 파괴적 혁신을 시도해볼 수 있었다.

중국이 외국인직접투자를 받아들일 당시, 세계 통신 산업을 주도하던 기업들은 알카텔Alcatel, 루슨트Lucent, 지멘스Siemens, 에릭슨Ericsson 같은 거대 다국적 기업이었다. 개혁 직후 중국의 우편정보통신부邮电部는 기존의 통신관련 현지제조공장들을 통합하기 위해, 1980년 지주회사인 중국우편통신공사中国邮电工业总公司, China Posts and Telecom Industry Corporation를 설립하였다. 그러나 발달되지 못한 중국의 통신 인프라로 인하여, 중국우편정보통신공사는 현대적인 디지털 교환 및 송신장비와 같은 장비와 기술을 수입해야만 했다. 초기에 중국우편통신공사는 다국적기업들의 합작투자를 장려했다. 1983년 중국우편통신공사中国邮电工业总公司가 60%의 지분을 갖고, 알카텔Alcatel과 벨기에통신Belgian Bell이 나머지 지분을 소유하며 최초의 합작투자기업인 상하이벨上海贝尔이 설립되었다. 소유주인 중국우편통신공사中国邮电工业总公司가 고객의 역할까지 겸하여 여러 장비를 구입한 덕분에 상하이벨上海贝尔은 엄청난 성공을 거두었다. 이에 따라 상당수의 다른 합작투자기업들이 같은 길을 걸었다. 지멘스Siemens는 베이징국제전화北京国际交换系统公司, Beijing International Switching Systems Corporation, 상하이이동통신上海移动通信, Shanghai Mobile Communications과 함께 합작투자기업을 만들어, 1990년에 시장에 진입하였다. 일본의 NEC 또한 1990년 톈진天津에서 합작투자기업인 톈진 NEC天津NEC를 설립하였다. 다국적기업들은 높은 생산, 수입 비용과 긴 배송기간, 현지수요와 해외공급간의 큰 격차 등의 문제를 깨닫고 현지조달 및 생산을 시작하였다. 예를 들어, 상하이벨上海贝尔은 현지제조부품 비중을 늘리기 위해 1988년 집적회로를 생산하는 자회사를 설립하였다. 중국정부는 수입의 감소, 기술이전의 증가와 같은 이점을 인지하고 이러한 활동을 독려하였다. 이러한 초기 외국계 합작투자기업은 중국의 통신체계가 디지털 교환기와 디지털 송신기로 현대화될 수 있게 도왔다.

중국의 구식 유선전화시스템은 외국계 합작투자기업들을 통해 개선되었고, 1990년대 초에 시작된 이동통신서비스는 예상보다 훨씬 급격하게 성장했다. 많은 개발도상국에서 종종 최신 기술을 도입할 때 구세대들을 뛰어넘는 현상이 발생한다. 예를 들어, 중국 가전제품산업은 영상카세트녹화기VCR 시장을 건너뛰고 바로 DVD 시장으로 넘어갔다. 이와 유사하게, 일반전화망보다는 가정집끼리 유선으로 연결할 필요가 없는 이동통신망을 구축하는 것이 더 쉽고 저렴하였다. 이동통신서비스에서 세계선두주자를 달리는 모토로라Motorola는 1992년 톈진天津에 독자소유 자회사를 설립하여 휴대전화, 반도체, 이동통신장비를 생산하였다. 1993년, 모토로라Motorola는 중국우편통신공사中国邮电工业总公司가 소유하고 있는 항저우杭州의 동방통신그룹东方通信集团으로부터 휴대전화 생산라이선스를 취득했다. 비록 모토로라Motorola가 다른 유럽계 다국적기업들보다 중국에 늦게 진출했지만, 아날로그 모바일기술analog mobile technology을 앞세워 빠르게 시장을 주도해나갔다. 모토로라Motorola의 1세대 기술1G인 아날로그 모바일기술의 성공을 본 노키아Nokia와 에릭슨Ericsson은 2세대 기술2G인 디지털 모바일기술로 사업을 확장해나갔다. 예를 들어, 에릭슨Ericsson은 1992년 난징팬더전자南京熊猫电子, 푸티

안통신普天移动通信과의 합작투자로 디지털 이동통신시스템과 디지털 교환기를 생산하는 삼자간의 합작투자기업을 설립하였다. 에릭슨Ericsson은 1995년 중국우편통신공사中国邮电工业总公司와 함께 휴대전화와 이동통신장비를 생산하는 합작투자기업인 베이징에릭슨이동통신北京爱立信移动通信을 설립했다. 더하여 1995년 노키아Nokia는 중국우편통신공사中国邮电工业总公司의 계열사와 함께 합작투자기업 베이징노키아이동통신北京诺基亚移动通信을 설립하였다. 1990년대 후반, 차이나텔레콤中国电信이 2세대 모바일기술로 유럽의 GSM 표준을 도입하면서, 에릭슨Ericsson과 노키아Nokia는 빠르게 성장하여 모토로라Motorola의 시장점유율을 빼앗아 올 수 있었다.

중국정부는 이와 같이 외국계 다국적기업들과의 합작투자를 장려하는 동시에 중국현지기업들을 발전시키려 노력했다. Great Dragon Group巨龙集团으로 알려진 주룽巨龙은 1989년 중국인민해방군中国人民解放军 소속 연구소를 모태로 시작했다. 다국적기업 경쟁자들에 비해 주룽巨龙은 정부의 보조금을 받아 교환기를 거의 반값에 판매할 수 있었다. 중국정부는 주룽巨龙에 여러 국영기업들을 통합하여, 1995년에는 주룽巨龙이 상하이벨上海贝尔에 이어 중국 통신산업 내 두 번째로 큰 제조기업이 되었다. 한편, 다탕이동大唐移动은 1998년 중국의 통신기술연구소가 설립한 국영기업이다. 다탕大唐이 설립되었을 때, 세계통신산업은 3세대 이동통신시스템을 준비하고 있었다. 3세대 기술은 음성 및 데이터의 무선송신에 최적화된 기술이다. 국제전기통신연합ITU은 유럽의 GSM 표준 기반 W-CDMA 기술과 미국의 CDMA2000 기술을 두 개의 새로운 세계표준으로 채택했다. 더하여 중국정부는 다탕大唐이 지멘스Siemens와 함께 공동 개발한 TD-SCDMA 기술을 세 번째 세계표준으로 강력히 밀어붙였다. 기술적으로 증명되진 못하였으나, TD-SCDMA는 잠재적으로 통화용량이 훨씬 컸었다. 중국정부의 지원 아래, 국제전기통신연합ITU은 TD-SCDMA를 세 번째 표준으로 채택했다. 그러나 다탕大唐은

TD－SCDMA를 신속히 상업화하는 데 실패하며, 3세대 시장을 점유하지 못했다.

주룽巨龙과 다탕大唐은 결국 중국의 사기업, 특히 화웨이华为와 ZTE中兴通讯로 인해 그 지위를 잃게 되었다. 군 관계자였던 런칭페이任正非가 1988년에 설립한 화웨이华为는 창립 이래 줄곧 사기업으로 운영되었다. 화웨이华为는 대부분의 지분을 직원들이 소유한 주식회사 형태의 사기업이었기 때문에, 주룽巨龙이나 다탕大唐移动이 정부에게서 받았던 여러 지원들을 받지 못했다. 그러나 화웨이华为는 오늘날 연매출 320억 달러를 자랑하며 시스코Cisco에 이어 세계에서 둘째가는 통신장비 제조기업이 되었다. ZTE中兴通讯의 사례는 보다 복잡하다. 지방정부, ZTE中兴通讯의 모기업인 ZTEHoldings中兴新, 일반 주식투자자들은 주식시장을 통해 ZTE中兴通讯의 지분을 세 등분하여 각각 소유하였다. 여기서 모기업 ZTEHoldings中兴新의 지분은 ZTE中兴通讯 창립자들 소유의 다른 기업들이 소유하고 있다. 따라서 사실상 국가의 소유였지만, ZTE中兴通讯는 사기업처럼 운영되었다.

설립 초기에 화웨이华为와 ZTE中兴通讯 모두는 낙후된 기술력으로 다국적기업들의 기술과 상품을 모방하기에 급급했다. 초기의 화웨이华为와 ZTE中兴通讯는 해외시장에서 성공하기에는 기술적 우위를 가지지 못했기 때문에, 먼저 중국 내수시장에 주력하였다. 화웨이华为는 1997년 홍콩香港으로부터 첫 해외 계약을 성사시켰다. 이 당시, 화웨이华为는 교환기를 판매했으나, 곧 광전송과 모바일시장으로 사업을 확장하였다. 또한 화웨이华为는 다른 다국적기업들보다 먼저 3세대 기술에 투자하였다. 급변하는 기술환경 속에서의 이러한 집중투자는 3세대 시장에서 다른 다국적기업들과의 경쟁에서 승리할 수 있었던 원동력이 되었다. 화웨이华为는 공격적인 가격정책으로 해외시장에 진출하여, 2011년 해외매출이 총매출의 68%를 차지하기도 했다. 화웨이华为는 총 140,000여 명의 직원 중 62,000명의 직원이 R&D 직원일 정도로 R&D분야에 상당한 투자를 했다. 유능하고 숙련된 기술자들을 낮은 임금으로 고용함으로써 얻은 화웨이华为의 경쟁우위는 중국기업이었기에 가능했던 일이다. 화웨이华为는 해외의 유능한 기술자들을 영입하기 위해, 1999년 벵갈로어에, 2001년 스톡홀름과 미국을 포함하여 많은 지역에 R&D 센터들을 설립하였다. 화웨이华为는 자체 기술의 개발을 위해 아이비엠IBM과 같은 거대 기업에서도 전문인력들을 데려왔다. 2012년 현재, 화웨이华为는 전세계에 걸쳐 23개의 R&D 센터를 운영하고 있다. 더하여 화웨이华为는 미국에 합작투자기업을 설립하였다. 쓰리콤3Com과는 기업데이터네트워크에 대한 합작투자를, 시만텍Symantec과는 데이터저장과 보안기기를 개발하였으며, 글로벌마린Global Marine과는 해저통신망에 대한 솔루션을 개발하는 합작투자를 하였다. 화웨이华为는 2011년 36,000개의 특허를 보유했다. ZTE中兴通讯는 화웨이华为와 거의 동일한 길을 걸었다. ZTE中兴通讯는 1998년 파키스탄으로부터 첫 대형 해외계약을 따냈다. 1998년 ZTE中兴通讯는 미국에 R&D 센터를 설립하였고, 새로운 인재모집을 위해 대학들 주변에 사무실을 위치하였다.[1] ZTE中兴通讯는 2011년 8천6백만 위안의 매출을 기록했으며, 이 중 54%를 해외에서 창출했다.

주룽巨龙, 다탕大唐의 쇠퇴와 화웨이华为, ZTE中兴通讯의 성장은 국영기업이 사기업에게 시장을 빼앗기는 전형적인 예이다. 국영기업인 주룽巨龙과 다탕大唐은 정부 지원 프로젝트에 의지하며 현실에 안주한 반면, 사기업인 화웨이华为와 ZTE中兴通讯는 부단한 노력으로 많은 사업을 유치했다. 더욱이, 주룽巨龙과 다탕大唐은 경영난을 겪던 국영기업들을 합병하여 설립되었기 때문에 운영과 경영을 통합하는 데 많은 어려움을 겪었다. 즉, 두 기업 모두 경영이 안정되지 못했다. 다탕大唐은 다른 모든 것들을 제쳐두고 오직 TD-SCDMA에 주력했고 이 기술개발이 늦어지게 되자 쇠락하게 되었다. 더욱이, 주룽巨龙과 다탕大唐이 내수시장에 의지할 동안, 화웨이华为와 ZTE中兴通讯은 세계시장으로 사업을 넓혀갔다.

반면, 통신 산업에서 휴대단말기 시장은 교환기나 송신장비 시장보다도 더 크다. 다국적기업들은 모토로라Motorola와 노키아Nokia를 선두로, 차후에는 에릭슨Ericsson, 지멘스Siemens, 알카텔Alcatel까지 합류하여 초기 휴대전화 시장을 장악했다. 중국현지기업들은 1998년까지 휴대전화 시장에서 존재감조차 없었다. 1998년 즈음, 휴대전화의 유통에 관한 규제가 철폐되고 여러 제품들을 취급하는 골목의 상점들이 우후죽순처럼 생겨나면서, 치열한 가격경쟁이 시작되었다. 저렴한 휴대전화가 나오면서, 모바일서비스에 대한 소비자 수요가 폭발적으로 증가했고, 닝보버드宁波波导, TCL, 하이얼海尔, 레노버联想, 크지안科健, 콩카康佳 등 수많은 현지기업들이 시장에 난입했다. 국가의 공식적인 생산라이선스를 받지 못한 다른 현지기업들은 중고핸드폰을 밀반입하거나 다국적기업의 브랜드를 위조하는 방법으로 제품을 판매했다. 다국적기업의 브랜드가 더 우수하고 세련되었지만, 현지브랜드들은 훨씬 저렴했고 다국적기업이 접근하기 힘든 시골지역까지 광범위하게 침투할 수 있었다. 2003년, 중국현지브랜드들은 불법적인 사업활동을 제외하고도 전체 휴대전화매출의 17% 이상을 차지했다. 그러나 다국적기업들이 저가모델을 도입하고 유통망을 확장하면서 현지기업들의 시장점유율은 2003년을 정점으로 점차 감소하게 되었다.

그림 4-1은 1998년부터 2009년간 연간 산업실태조사에 따라 휴대전화를 포함한 통신장비와 단말기분야 주요 생산기업들의 시장점유율의 추세를 보여준다. 첫째, 중국현지기업들은 통신장비 시장에서 이 기간에 다국적기업들의 시장점유율을 잠식하며 점차적으로 점유율을 증가시켰다. 예를 들어, 화웨이华为의 통신장비 시장점유율은 1998년 12.9%에 불과했지만, 2009년에 48.9%까지 급증했다. ZTE中兴通讯의 시장점유율 또한 3.6%에서 16.9%까지 증가했다. 한편, 같은 기간 동안 한때 시장을 지배하던 다국적기업들의 시장점유율은 바닥으로 곤두

그림 4-1 통신 산업 주요기업들의 시장점유율

(a) 통신기기

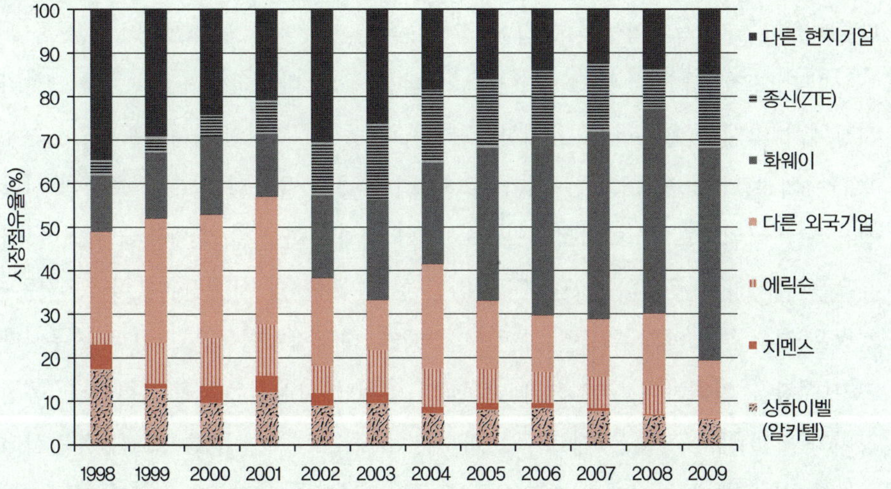

(b) 통신단말기

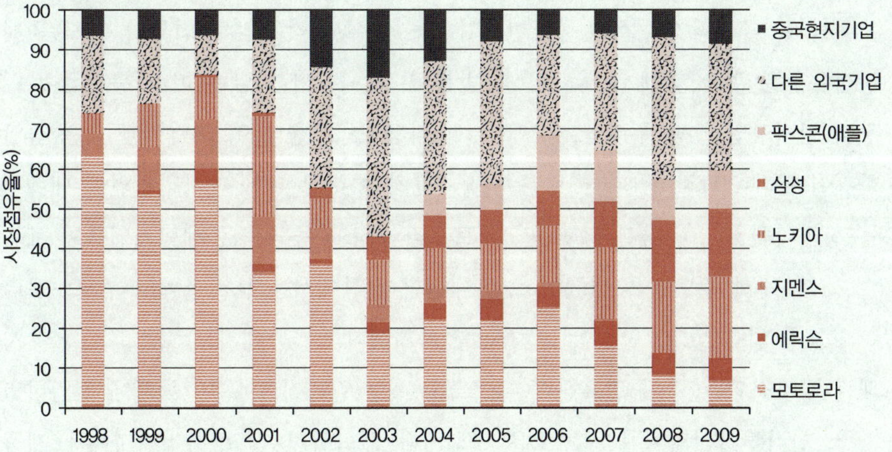

박질쳤다. 예를 들어, 알카텔Alcatel과 합작투자를 이룬 상하이벨上海贝尔은 같은 기간 동안 시장점유율이 17.3%에서 5.8%까지 급락하며 시장의 주도권을 잃었다. 2009년 다국적기업들의 통합 시장점유율은 19.3%에 불과했다.

한편, 모토로라Motorola, 노키아Nokia, 삼성 등의 다국적기업들은 통신단말기 시장에서 막대한 점유율을 유지하여 왔다. 그동안, 푸티안普天, 닝보버드宁波波导, TCL 등의 여러 현지기업들은 저가 휴대전화와 넓은 유통망 덕분에 조금씩 시장점유율을 키워왔으나, 다국적기업들이 저가 휴대전화를 출시하면서 이러한 점유율을 유지하지 못했다. 그림 4-1(b)는 현지기업들의 시장점유율이 2003년에 정점을 찍고 감소하는 추세를 보여준다. 한편, 다국적기업들은 그야말로 통신단말기 시장을 지배하며, 2009년에 91.4%의 엄청난 시장점유율을 기록했다. 통신장비와 달리, 휴대전화는 빠르게 변화하는 유행으로 패션 상품으로까지 인식되며, 소비자들에게는 이제 브랜드이름이 중요해졌다. 이로써 다국적기업들은 통신장비와는 반대로 휴대전화 시장에서 손쉽게 시장점유율을 유지할 수 있었다.

둘째, 다국적기업들과 중국현지기업들 내에서 각각의 기업들이 가지는 시장점유율은 위 기간에 걸쳐 증감을 반복했다. 시간이 지남에 따라 통신장비 시장의 현지기업들 중 푸티안普天, 팬더熊猫, 다탕大唐, 주롱巨龙이 하락세를 걷는 동안 화웨이华为와 ZTE中兴通讯가 새로운 시장지배자로 부상했다. 다국적기업들 내에서는 상하이벨上海贝尔, 지멘스Siemens, 모토로라Motorola 등의 기존세력기업들이 에릭슨Ericsson에게 주도권을 내줬었고, 휴대전화 시장에서는 노키아Nokia와 모토로라Motorola가 힘을 잃고, 삼성이 그 자리를 차지했다. 그 중에서도 시스코Cisco의 사례는 부가적인 설명이 필요하다. 시스코Cisco는 일찍이 1994년 중국에 진입하였지만, 합작투자기업이나 독자소유 자회사를 설립하지 않고 하청업자에게 제품생산을 맡겼다. 하청업자가 생산한 시스코Cisco 제품의 생산량이 하청업자의 매출로 반영되었기 때문에, 연간 산업실태조사에서의 시스코Cisco의 시장점유율은 실제 중국에서의 경영활동에 비례하는 만큼 크게 나타나지는 않는다. 시스코Cisco 중국법인은 생산이 아닌, 고가시장에서의 서비스 제공과 트레이닝에 초점을 맞추어 운영되고 있다.

앞서 언급했듯이, 통신 산업에서의 강력한 중국현지경쟁기업들의 갑작스런 부상과 다국적기업들의 쇠락은 급속한 기술적 변화에 일부 기인하고 있다. 음성통신 사업에 집중하던 다국적기업들은 급격하게 경쟁우위를 잃었고, 결과적으로, 노키아-지멘스Nokia-Siemens, 알카텔-루슨트Alcatel-Lucent, 에릭슨-마르코니Ericsson-Marconi와 같은 다국적기업들로 인수합병을 통해 구조조정되었다. 반면, 시스코Cisco, 화웨이华为, ZTE中兴通讯 등의 새로운 다국적기업들은 지배적인 사업자로 자리잡았다. 화웨이华为와 ZTE中兴通讯의 급격한 성장은 이들이 사기업이었던 것에 크게 기인한다. 사기업들은 빠르게 혁신하고, 다른 다국적기업들보다 한발 앞서 기술개발을 할 수 있었기 때문이다. 반면, 주룽巨龙이나 다탕大唐 같은 국영기업들은 이러한 사기업들의 민첩함을 따라가지 못했다. 결국, 다탕大唐과 주룽巨龙이 적절한 세대교체에 실패한 반면, 화웨이华为와 ZTE中兴通讯는 빠른 변화를 이루어냈다. 특히 통신 산업에서는 한 세대 기술만 놓쳐도 다음 세대를 위한 혁신을 제때 이루어내는 것이 힘들었다. 본서가 집중하는 1998~2009년 동안 통신 산업은 음성에서 데이터로, 또 유선에서 무선으로 급격히 변화했다. 더하여, R&D 투자비용이 갈수록 증가했다.

그러나, 중국 통신장비 시장에서 현지기업들의 부상과 다국적기업들의 퇴보는 기술적 변화만으로는 충분히 설명되지 않는다. 사실 더 근본적인 쇠퇴원인은 중국에서 보호가 어려운 지적재산권에 있었다. 예를 들어, 2003년 시스코Cisco는 특허권의 침해와, 라우터router와 교환기의 핵심기술인 소스코드, 사용자인터페이스, 매뉴얼을 불법으로 도용했다는 명목으로 화웨이华为를 고소하였다. 시스코Cisco는 법원에 화웨이华为가 해당 제품들을 판매하지 못하도록 요구했다. 화웨이华为는 소송에 패소하며 관련 코드와 매뉴얼, 명령어 인터페이스를 삭제하여야 했다.[2] 그 후 모토로라Motorola 역시 기업기밀을 훔쳤다는 혐의로 화웨이华为를 고소했다.[3] 이와 유사하게 ZTE中兴通讯도 2011년 에릭슨Ericsson에게 그들의 GSM과 3G/UMTS 무선기술을 침해했다는 이유로 고소를 당하는 등, 지적재산권과 관련된 여러 가지 문제에 직면하였다. 이에 ZTE中兴通讯는 에릭슨Ericsson 또한 중국에서 특허를 침해했다며 맞고소하기도 했다. 두 기업은 2012년 상호 특허 사용계약을 맺으며, ZTE中兴通讯가 에릭슨Ericsson에게 사용료를 지불하기로 합의하고 일단락 맺었다.[4] 일련의 사태 후에 2008년 화웨이华为는 미국에서 쓰리콤3Com을 인수하려 했으나, 중국산 통신장비가 중국군의 스파이용으로 사용될 수 있다는 이유로 무산되었다.[5, 6] 이와 유사하게 2012년 호주정부 역시 보안상의 문제를 이유로 화웨이华为를 국영미디어기업의 입찰대상자에서 제외시켰다. 화웨이华为와 ZTE中兴通讯는 세계시장으로 진출하였기에, 이와 같이 그들은 자신들의 영역을 보호하려는 다국적기업들의 지적재산권 침해소송에 직면하게 되었다.

산업 경쟁다이나믹스

통신 산업의 사례는 다국적기업의 진입과 중국현지기업의 신규진입 혹은 구조조정이 중국을 포함한 세계시장 전체의 경쟁상황을 극적으로 변화시켰음을 보여준다. 공산주의정권 당시, 국영기업들은 기술혁신에 대한 동기부족으로, 낮은 품질의 제품들을 비효율적으로 생산했었다. 이러한 국영기업들은 사실상 다국적기업들에 맞서 경쟁할 수 없었다. 결국, 시장을 개방한 직후 중국정부는 다국적기업들의 진입을 규제하여 상하이벨上海贝尔과 같이 합작투자의 형태로 진입하도록 했다. 그러나 점진적인 개혁의 결과, 다국적기업의 독자소유 자회사가 허가되었다. 모토로라Motorola는 100% 독자소유로 중국통신 산업에 진입한 첫 다국적기업이다. 개혁이 이루어지는 동안, 중국현지기업들의 민영화가 진행되면서 비효율적인 기업들은 시장에서 강제로 퇴출당하기도 했다. 동시에, 효율적인 신규현지기업들이 산업에 진입했다. 신규진입과 결부된 도태과정은 상당수의 강력한 현지기업들을 다국적기업들과 맞설 수 있게 발전시켰다.

초기에 중국에 진입하던 해외 다국적기업들은 완성품을 수입하거나, 부품들을 수입해 현지에서 조립하는 방식을 통해 고가시장을 공략했다. 그 당시 해외 다국적기업들의 경쟁기반은 기술과 브랜드였다. 한편, 통신장비산업에서의 주롱巨龙과 같이, 대부분 전통적인 국영기업과 집체기업으로 구성된 중국현지기업들은 저가시장을 공략했다. 초기 다국적기업들과 현지기업들은 서로의 목표시장이 전혀 달랐기에 서로 심하게 경쟁하지 않았다. 그러나 본서의 연구기간인 1998년과 2009년 사이, 두 집단간에 또 각 집단 내에서 경쟁이 심화되었다. 이에 따라 여러 다국적기업들은 생산, 구매, 경영을 현지화하는 방법으로 중국법인을 발전시켰다. 예를 들어, 상하이벨上海贝尔과 모토로라Motorola는 진입 초기에는 수입부품에 의존했으나, 점차 성장해나가며, 반도체 칩 등의 핵심 부품들을 현지에서 생산했다.

이와 유사하게, 소비재 산업의 다국적기업들 또한 신규현지기업들과 다른 다국적기업들과 경쟁하기 위해 현지화를 추구했다. 1990년대 중반에 이르기까지, 피앤지P&G와 유니레버Unilever는 서로 극심한 경쟁을 보이지 않았다. 지리적으로 피앤지P&G는 광저우广州에 기점을 두고 중국 남부시장에 집중한 반면, 유니레버Unilever는 상하이上海에 기점을 두고 중국 동부시장을 공략하였기 때문이다. 이로써 피앤지P&G는 타이드汰渍, Tide와 리조이스飘柔, Rejoice, 유니레버Unilever는 오모奥妙, OMO와 선실크夏士莲, Sunsilk로 서로 유사한 제품을 유사한 가격에 판매하였음에도 불구하고, 이들의 목표시장은 거의 겹치지 않았다. 그러나, 나이스纳爱斯, 상하이자화上海家化 등의 중국현지기업들이 가격경쟁력을 바탕으로 피앤지P&G, 유니레버Unilever와 경쟁을 시작하자, 유니레버Unilever가 먼저 가격을 과감하게 낮추면서 중국현지기업들과 피앤지P&G에 대해 동시에 가격전쟁을 선포하였다. 예를 들어, 1999년 오모OMO는 기본 패키지로 구성된 세제 가격을 3.5위안으로 낮추었다. 동시에, 유니레버Unilever는 피앤지P&G의 텃밭이었던 중국 남부시장에 판매촉진활동을 개시하였다. 이에 피앤지P&G는 2001년 타이드Tide의 가격을 6위안에서 3.5위안으로 낮추며 반격했다. 유니레버Unilever와 피앤지P&G는 세제뿐만 아니라, 선실크夏士莲, Sunsilk 대 에클레어롤伊卡璐, Eclairol, 럭스力士, Lux 대 팬틴潘婷, Pantene, 럭스力士, Lux 대 세이프가드舒肤佳, Safeguard, 종화中华, Zhonghua 대 크레스트佳洁士, Crest, 폰즈旁氏, Ponds 대 올레이玉兰油, Olay 등 다른 여러 상품시장에서도 치열하게 경쟁했다. 피앤지P&G는 시장점유율을 높이기 위해 일시적으로 수익을 포기하는 공격적인 가격전략을 취하였다. 더하여 피앤지P&G는 '빅브랜드big brand 전략'을 취하여, 여러 세부시장을 포괄하는 브랜드제품들을 출시하여 생산, 마케팅, 광고에서 규모의 경제를 통한 이익을 얻을 수 있었다. 예를 들어, 팬틴潘婷, Pantene 브랜드에는 10개의 제품들이 각각 다른 틈새시장에 특화되어 있었다. 또한 피앤지P&G는 전통적인 브랜드관리시스템을 카테고리관리시스템으로 전환하여, 내부경쟁을 줄이고, 자원을 잘 배분하고 최대한 활용하여, 경쟁우위를 증가시키도록 하였다.[7]

유니레버Unilever는 피앤지P&G의 도전에 대응하기 위해, 2002년 상하이의 모든 공장의 문을 닫고, 임금이 낮고 지방정부가 보조금을 지원하는 안후이성安徽省의 허페이合肥 산업단지로 이전하였다. 이로서 유니레버Unilever는 공장이전을 통해 생산비용의 47%을 절감할 수 있으리라 전망했다. 2010년, 유니레버Unilever는 허페이合肥와의 추가 투자계약을 성사시키며, 두 번째 산업단지를 건설하였다.[8] 또한 중국 소비자들에 특화된 제품을 생산하기 위해 현지화를 진행하였다. 예를 들어, 유니레버Unilever는 상하이치약회사와 매출의 2.5%를 로열티로 지불하는 조건으로 치약브랜드인 종화中华, Zhonghua의 라이선스 계약을 하였다. 또한 칼슘과 불소가 들어간 신규제품을 적절한 가격에 출시하여, 엄청난 성공을 거두었다.

한편, 소비재 산업에서 나이스纳爱斯, 상하이자화上海家化, 룽리치隆力奇 등의 중국현지기업들은 다국적기업들에게 위협적인 경쟁자로 성장했다. 경쟁대상으로 떠오른 신규현지기업들은 이전에 합작투자기업이었거나 개인기업가가 설립한 신생기업이었다. 또한 예전에 국영기업들과 집체기업들이었던 많은 회사들이 주식회사로 전환하였고, 이 과정에서 상장을 통해 필요한 자본을 얻었다. 통신산업에서는 ZTE中兴通讯와 화웨이华为가 각각 민영화와 신규진입의 성공적인 사례가 되었다. ZTE中兴通讯는 국영기업이었지만 정부가 지분의 3분의 1만을 소유하는 주식회사로 전환되었다. ZTE中兴通讯는 그 유래가 중국군소속 연구소이고 아직도 국가의 지분이 있음에도 불구하고, 증권거래소에 상장되며 사기업처럼 운영되었다. 화웨이华为는 강력한 신생기업이었다. 이러한 신생 중국현지기업들은 해외 다국적기업들을 벤치마킹하고 이들의 기술자들과 관리자들을 영입하며 기술적 역량을 쌓아나갔다. 또한 이들은 서비스의 범위를 확장하여 저가시장에서 고가시장으로 이동했다. 그러나 모든 중국현지기업들이 모방만 하는 것은 아니었다. 몇몇 기업들은 최첨단 기술을 개발해 냈다. 앞서 언급했듯이, 화웨이华为는 전세계에 23개의 R&D센터를 설립하여 36,000개 이상의 특허를 취득했다. 강력한 중국현지기업들은 혁신과 월등한 기술에 더하여, 광범위한 유통망까지 가지고 있었다. 휴대전화시장에서 대부분의 다국적기업들이 주요 해안도시의 유통망만을 가졌던 반면, 닝보버드宁波波导나 TCL 같은 현지기업들은 시골지역에까지 확장된 촘촘한 유통망을 갖추었다. 현지기업들은 현지시장에 대한 깊이 있는 이해와 넓게 퍼져있는 유통망을 통해, 예측 불가능한 시장의 변화와 기회에 수월하게 대처하였다.

현지화된 다국적기업들과 신규현지기업들로 구성된 새로운 두 종류의 기업들은 계속해서 시장을 확장해 나갔고, 이러한 두 종류의 기업들은 중가시장에서 만나 중국 전역에 걸쳐 치열한 경쟁을 시작하였다. 심화된 경쟁은 수입에만 의존하던 종래의 다국적기업들과 핵심역량을 쌓지 못한 종래의 중국현지기업들을 시장에서 밀어냈다. 제1장의 그림 1–8은 이러한 변화를 보여주고 있다.

이러한 경쟁다이나믹스는 산업에 따라 그 정도와 특성이 다양하다. 특히, 해외 다국적기업과 중국현지기업의 상대적 시장점유율은 서로 다르다. 신규진입한 중국현지기업들은 다국적기업들의 기술, 디자인, 제품을 모방하며 그들을 따라잡기 위해 노력했으나, 그 성공여부는 그들이 속한 산업에서 필요로 하는 무형자산의 특성에 따라 달라졌다. Kogut과 Zander1993는 지식은 문서화하기 어렵고 이전하기 어려우며 복잡할수록 경쟁기업들이 이러한 기술을 모방할 가능성이 적다고 주장한다. 즉, 기술 혹은 브랜드와 같은 무형자산이 매뉴얼에 성문화하기 어렵거나, 무형자산과 다른 변수들간의 인과관계가 복잡하다면, 경쟁기업들은 이를 모방하는 데 굉장히 오랜 시간이 걸릴 것이라는 이론이다.

저자의 연구에 따르면, 마케팅 노하우와 기술적 복합성이 다국적기업과 현지기업간의 상대적 경쟁력을 결정짓는 두 가지 무형자산으로 나타났다Chang, Park 2012. 다시 말해, 중국현지기업들은 고도의 기술이나 마케팅 노하우를 요구할수록, 다국적기업의 기술을 모방하거나 이들의 제품이 가진 장점을 따라잡기가 힘들다는 것이다. 산업용기기를 생산하는 기업의 관리자는 다음과 같이 말한다.

> 중국 노동자들은 산업용기기 산업에서의 성공에 필수적인, 복잡한 문제를 해결하는 능력이 부족합니다. 복잡한 문제를 해결하기 위해서는 높은 수준의 추상적 사고와 협동심이 요구되지요. 중국현지경쟁기업들은 하나의 제품을 복제할 수는 있겠지만, 다국적기업이 가진 시스템을 복제할 순 없어요. 우리는 소비자들에게 해결책을 제공해줄 수 있지만, 경쟁기업들은 그러기 힘들 것입니다Chang, Park 2012: 5.

예를 들어, 자동차 산업은 20,000개 이상의 부품들이 최적화를 이루어야 한다. 합작투자가 생겨난 지 30년 가까이 되었지만, 중국현지기업들은 아직도 스스로 자체브랜드의 차를 디자인하고 생산하는 데 어려움을 겪고 있다.

또한, 중국현지기업들은 강력한 마케팅 노하우의 부재로 인해 다국적기업들을 따라잡는 데 어려움을 겪는다. 예를 들어, 소비재 산업에서는 나이, 임금, 지역 등의 많은 특징들에 따라 소비자의 성향이 나누어지기 때문에, 높은 수준의 마케팅 노하우가 필요하다. 피앤지P&G나 유니레버Unilever 같은 다국적기업들은 소비자의 수요를 분석하고 다양한 세분시장에 따른 맞춤 브랜드를 만드는 데 있어서 풍부한 경험을 지니고 있었다. 이러한 노하우는 주로 그들의 기업문화 혹은 경영시스템에 녹아있었기 때문에, 이를 현지기업들이 모방하기가 힘들었다. 다국적기업들이 마케팅노하우와 기술적 복잡성을 가진 무형자산이 중요한 산업에 진출해 있다면, 이들은 중국현지기업들의 공세에 대해 자신의 시장점유율을 유지할 수 있을 것이다. 그 이유는 중국현지기업들이 다국적기업을 모방하기 어렵고, 이들이 다양한 소비자의 수요와 시장구조 속에서 고도의 기술을 다룰 수 있는 다국적기업과 경쟁하기에는 그 장벽이 너무나도 높았기 때문이다.

그림 4-2는 본서에서 사례연구로 소개되고 있는 5가지 산업들, 즉 자동차, 소비재, 통신, 맥주, 철강 산업에서 다국적기업들이 가지는 시장점유율의 추세를 보여준다. 각 산업들은 광고집약도 및 R&D집약도에 따라 마케팅노하우와 기술적 복잡성에서 차이를 보였다제1장 그림 1-9 참고. 브랜드와 유통망의 확보가 핵심인 소비재 산업에서 광고지출비용이 가장 컸고, 맥주 산업이 그 뒤를 이었다. R&D 지출의 경우 통신 산업이 가장 컸으며 자동차 산업이 뒤따랐다. Kogut과 Zander1993의 주장에 따르면, 다국적기업들과 현지기업들간의 시장점유율 차이가 맥주 산업보다는 소비재 산업에서, 자동차 산업보다는 통신 산업에서 더 클 것으로 예측된다. 기술과 마케팅에서 모두 낮은 수준을 보이는 철강 산업의 경우, 다국적기업의 점유율이 가장 낮아야 한다. 그림 4-2는 다국적기업들이

그림 4-2 다국적기업들의 총시장점유율 추세

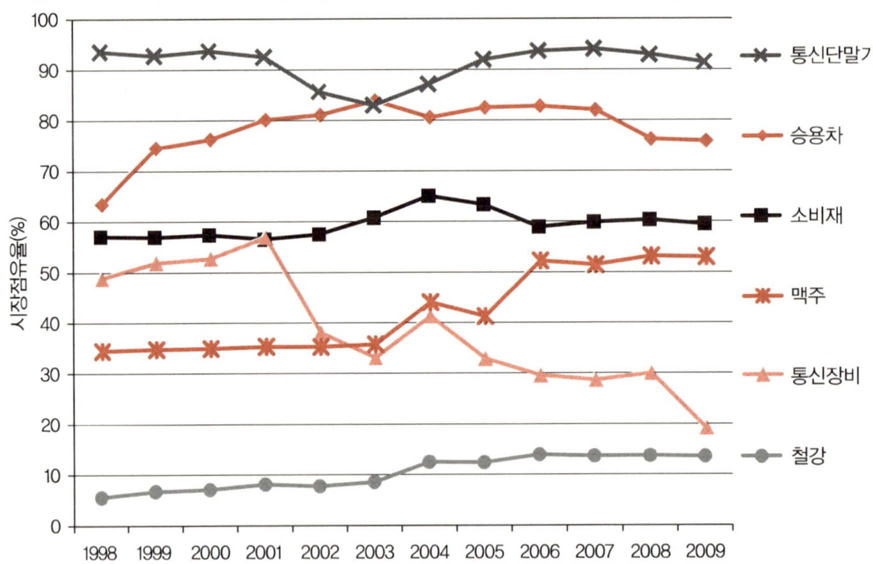

1998년부터 2009년까지 5개의 모든 산업에서 시장점유율을 늘린 것을 확인할 수 있다. 다만, 산업마다 그 정도의 차이가 크게 나타난다. 즉 기술과 마케팅 노하우의 중요도가 높을수록 다국적기업의 점유율도 높았다. 통신장비 산업과 단말기 산업간에는 경쟁다이나믹스의 차이가 있으므로 통신 산업을 이 두 가지 세부산업으로 분석한 결과, 다국적기업의 시장점유율이 통신단말기 산업에서 가장 높다는 것을 알 수 있었다. 자동차 산업에서 다국적기업의 시장점유율 또한 2009년 75.9%를 기록하며 매우 높은 수치를 보였다. 소비재 산업은 60%로 그 뒤를 이었다. 한편, 맥주 산업에서는 이들의 시장점유율이 1998년 30%에서 2009년 50%까지 증가했다. 반면, 정부규제가 높은 철강 산업은 2009년 시장점유율이 13.6%에 불과하고 있다.

그러나 그림 4-2에서 주목할 만한 이상현상은 통신장비 산업에서 다국적기업의 점유율이 점차 감소했다는 것이다. 이는 화웨이华为와 ZTE中兴通讯가 다국적기업들을 몰아내고 있음을 시사한다. 마케팅, 브랜드, 기술이 핵심으로 작용하는 휴대전화 시장과는 달리, 통신장비 시장의 주요 고객은 차이나텔레콤中国电信이나 차이나유니콤中国联通 같은 정부소유의 거대 통신서비스회사다. 이 통신서비스기업들은 국영기업으로, 중국현지기업들을 돕기 위해 자신이 가진 조달측면에서의 지배적인 위치를 활용했다. 더욱이, 다국적기업들의 통신장비의 제품디자인이나 소프트웨어 소스코드가 반드시 이 통신서비스기업들과 공유되어야 했기에 이들은 지적재산권을 보호하기가 어려웠다. 2000년대에 발생한 화웨이华为와 시스코Cisco, ZTE中兴通讯와 에릭슨Ericsson간의 소송은 다국적기업들이 중국시장에서의 지적재산권의 보호가 얼마나 힘들었는가를 보여준다.

앞서 살펴본 사례들에서 발견된 현상을 일반화시키기 위하여, 저자는 부록 7의 통계분석을 통해 자세히 살펴보았다. 기술이나 마케팅노하우와 같은 무형자산이 중요한 역할을 할 때 다국적기업의 시장점유율이 더 높은가를 알아보기 위해, 다국적기업들의 시장점유율을 종속변수로 제조업 분야 3단위 산업을 기준으로 단순회귀분석을 하였다. 어느 산업에서 높은 수준의 R&D집약도와 광고집약도로 측정되는 고도의 기술이나 마케팅 노하우를 요구할 때, 부상하는 중국현지기업이 다국적기업을 따라잡기 위해서는 이들의 기술, 디자인, 제품을 모방하는 것만으로는 부족하게 된다. 그러므로, R&D집약도와 광고집약도가 높을수록 다국적기업들의 시장점유율은 더 높을 것이며, 반대로 기술이나 마케팅노하우가 많이 필요하지 않은 산업에서는, 중국현지기업들이 큰 시장점유율을 가질 것이라고 예상할 수 있다.

그러나, 통계분석의 결과는 예상과는 달리, 산업의 R&D집약도가 모든 회귀분석에서 시장점유율과 음의 상관관계를 보였다. 즉, 기술집약적 산업 내에서 다국적기업의 시장점유율은 오히려 더 낮은 경향을 보였다. 반면, 산업의 광고집약도는 예상대로 양의 상관관계를 보였다. 즉, 광고집약적 산업 내에서 다국적기업의 시장점유율이 더 높게 나타났다. 이와 같은 결과는 통신 산업의 사례와 일관된 결론을 보인다. 예상과 달리 다국적기업의 시장점유율이 기술집약적 산업에서 상대적으로 낮았던 것은 기술에 대한 지적재산권 보호가 힘든 중국의 환경이 주된 이유일 것이다. 따라서 다음 절에서는 중국에서의 지적재산권 보호 현황에 대해 알아본다.

중국에서의 지적재산권 보호

중국에서 다국적기업들은 지적재산권 보호에 대한 많은 어려움을 겪고 있다. 시스코Cisco와 화웨이华为, 에릭슨Ericsson과 ZTE中兴通讯간의 소송은 무수히 많은 사례들 중 일부에 불과하다. 자동차 산업에서 중국현지 자동차모델들은 다국적기업들의 것들과 디자인이 매우 흡사하다. 예를 들어, BYD쿠페比亚迪, Coupe는 메르세데스CLKMercedes CLK 모델의 전면과 크라이슬러 세브링 컨버터블Chrysler Sebring convertible 모델의 후면과 굉장히 유사하다. 또한 BYD比亚迪의 F3 모델은 혼다Honda 특유의 차체와 함께, 토요타Toyota의 코롤라Corolla를 닮았다.[9] 체리奇瑞의 큐큐QQ 모델은 중국에서 스파크雪佛兰, Spark라는 브랜드로 출시된 지엠-대우GM Daewoo의 컴팩트카 마티즈Matiz와 흡사하며, 2004년 두 기업은 소송에 휘말리기도 했다.[10] 지엠-대우GM Daewoo의 대외협력 부회장 Rob Leggat은 "큐큐QQ 모델은 비슷하다고 할 수도 없습니다 … 이건 거의 복제 수준입니다. 귀여운 들창코도, 동그란 눈의 헤드라이트, 둥그렇고 높은 등도 같아요. 큐큐QQ 모델의 대부분 부품들이 스파크雪佛兰, Spark의 부품들과 교체해도 딱 들어맞는 수준입니다"[11,12]라고 언급했다. 이와 유사하게 2005년에 혼다Honda가 상환자동차双环汽车의 라이바오SRV来宝SRV가 CR-V의 디자인을 복제했다며 고소했다.

중국에서 다국적기업 브랜드의 제품들을 위조하는 것은 매우 흔한 현상이다. 표절한 DVD와 가짜 명품가방은 위조의 첫 번째 시대를 열었다. 피앤지P&G는 2000년 한 해에만 670번 이상의 단속을 벌였고, 총 790,000개의 위조품을 몰수했다. 당시 그 위조품들의 가치는 2억 3천만 위안에 달했다. 같은 시기에, 피앤지P&G는 광저우广州의 야만화장품雅曼化妆品이 등록한 브랜드 후스바오沪士宝가 이들의 대표 브랜드인 위스퍼沪舒宝, 중국발음: 후수바오와 발음이 비슷하다며 제소했지만 패소했다.[13] 소프트웨어는 저작권보다도 더 보호하기 어려웠다. 2010년 중국에서 판매된 소프트웨어의 78%가 모조품이었으며, 이에 대한 가치는 90억 달러에 육박한다. 반면 합법적인 소프트웨어 시장의 수익은 26.5억 달러에 불과했다.[14]

통신장비 시장에서는, 시스코Cisco와 화웨이华为의 소송 사례와 같이 소프트웨어가 제품의 가치에 상당 부분을 차지했다. 그러므로, 만약 한 기업이 다국적경쟁기업의 소프트웨어를 복제한다면, 그 기업은 제품을 반값에도 판매할 수 있었다. 한편 2009년 중국 휴대전화의 약 30%가 모조품인 것으로 밝혀졌다.[15] 모조품들은 아이폰iPhone을 Hiphone으로, 삼성Samsung을 Sumsung으로, 노키아Nokia를 Nckia로 비슷하게 이름을 지어 쏟아져 나왔다. 몇몇 모조품들은 원래의 브랜드와 상호를 똑같이 카피하여 출시되기도 하였다.[16] 대부분의 모조 휴대전화 제조기업들은 작은 규모로, 주로 센젠深圳에 위치해 있다. 이들은 직원이 10여 명밖에 되지 않았으나, 모든 종류의 휴대전화의 위조가 가능했다. 휴대전화의 핵심 기능들이 여러 개의 반도체 칩에 집중되어 있었고, 타이완 반도체기업인 미디어텍联发科, MediaTek은 이런 여러 반도체 칩을 쉽게 통합해주는 회로판을 생산했기에 복제에 그다지 어려운 기술이 필요하지 않았다. 이러한 기업들은 생산라이선스의 취득이나 R&D에 대한 투자, 납세 등의 번거로운 일을 할 필요가 없었다. 이러한 위조 휴대전화는 중동과 아프리카의 국가들에 수출되기도 하였다. 중국에서는 위조 휴대전화를 만드는 회사를 흔히 산자이山寨라 부르는데, 즉 산적이라는 의미이다. 흥미롭게도, 이 산자이山寨란 단어는 중국의 일반 대중들에게는 부정적인 의미뿐만 아니라, 부자로부터 재물을 훔쳐 가난한 사람들을 도와주는 로빈 후드Robin Hood 같은 긍정적인 의미 또한 가졌다. 전반적으로 이러한 산자이山寨 제품에 대한 일반적인 수용은 현재의 중국의 지적재산권 보호에 대한 중국국민들의 의식수준을 반영하고 있다.

중국정부는 오랫동안 지적재산권의 보호를 약속했지만, 실제로 이를 엄격히 이행하지는 않았다. 중국은 1980년에 세계지적재산권기구WIPO에 가입하며, 1982년에 상표권법을, 1984년에 특허법을 시행하겠다고 약속했다. 그러나 미국

국제무역위원회ITC가 작성한 보고서에 따르면, 중국정부의 시행이 이를 위한 자원을 지원하지도 않았고, 현지 보호무역주의, 사법권 독립의 부재로 인해 실제로 법적용은 불충분하였다ITC 2020: xiii. 간헐적인 현장급습과 압수가 이러한 지적재산권 침해 행위를 일시적으로 둔화시켰지만, 완전히 없애기에는 처벌이 충분하지 않았다. 그 예로, 1992년 센젠深圳 지역의 현지기업이 마이크로소프트 Microsoft 제품의 저작권을 침해한 엄청난 사건이 있었지만, 중국정부는 솜방망이 처벌을 내렸다Gregory 2003. 일반 대중은 적절한 교육을 받지 못하여 저작권침해가 범죄라는 것을 인지하지 못할 정도로 지적재산권에 대한 의식 수준이 낮았다. 그러나, 중국이 세계무역기구WTO에 가입하면서, 지적재산 보호에 대한 수요가 증가하기 시작하였다. 중국정부는 1998년에 주요 도시 및 지방에 있는 법정들을 특화시켜 지적재산권보호를 강화하기 위해 국가지식산권국SIPO을 설립했다. 더하여 중국 내 다국적기업들은 저작권 침해에 맞서기 위하여 조직을 만들기도 하였다. 중국외상투자기업협회China Association of Enterprises with Foreign Investment 산하 품질브랜드보호위원회QBPC는 중앙정부 및 지방정부와 함께 지적재산권 보호 방안을 연구하고 있다. 2012년 현재, 품질브랜드보호위원회에서 219개의 기업들이 회원으로 활동하고 있다.

중국에서 지적재산권 보호가 전반적으로 심각한 상황이었지만, 최근 여러 가지 긍정적 변화가 일어나고 있는 중이다. 첫째, 중국 소비자들이 점차 부유해지면서 모조 제품들을 기피하기 시작하는 경향이 있다. 실제로, 고급브랜드를 가장 많이 구매하는 소비자들이 바로 중국 소비자들이다. 중국인 관광객들은 단체로 값비싼 브랜드 제품들을 구매하기 때문에, 해외관광지에는 브랜드 제품들을 판매하는 화려한 가게들이 즐비하다. 그러나, 시간이 지남에 따라 중국 소비자들은 점차 부유해질 것이고, 위조품 혹은 저렴한 모조품에 대한 수요는 결국 감소할 것이다. 또한, 모조품 사용의 잠재적 위험을 환기시키는 사례들이 여러 차례 발생하여 세간의 이목을 끌었다. 예를 들어, 모조 휴대전화가 폭발하면서 부상자가 생긴 일이 여러 차례 발생했다. 잠재적 위험에 대한 소비자들의 의식이 점차 증가하면서, 장차 이 또한 모조품의 수요를 감소시킬 것이라 기대할 수 있다.

또한, 일부 중국현지기업들이 자신 고유의 브랜드와 기술을 갖게 되면서, 자신이 스스로 지적재산권 보호를 위한 개혁을 촉구하기 시작했다. 예를 들어 많은 중국현지기업들 또한 R&D에 투자하고 정부에 세금을 납부하기 때문에 모조휴대전화는 다국적기업과 현지기업 모두에게 타격을 주는 것이었다. 한편 중국정부는 R&D와 특허 출원에 강력한 인센티브를 제공하고 있다. 로이터Reuter에 따르면, 중국이 미국과 일본을 제치고 최근 세계 최다 특허보유국이 되었다고 한다.[17] 중국의 특허국에 등록된 특허출원은 2011년 300,000개에 육박했으며, 2015년에는 500,000개에 이를 것으로 예상된다. 그림 4-3은 이러한 추세를 보여준다. 2010년 ZTE中兴通讯와 화웨이华为는 파나소닉Panasonic과 퀄컴Qualcomm에 이어 각각 두 번째와 네 번째 최다 특허 보유기업으로 기록되고 있다. 따라서 중국현지기업들은 이제 그들 고유의 브랜드와 기술을 지켜내야 할 필요성을 느끼고 지적재산권의 보다 강력한 보호를 위해 협력할 것이다. 이를 반증하듯이, 중국에서의 지적재산권에 대한 소송건수는 날로 증가하고 있다. 2009년에는 총 30,000건의 지적재산권 관련 소송이 있었고, 그 중 96%는 중국현지기업들간의 분쟁이었다. 2011년 대법원에서 공개한 문헌에 따르면, 2010년 지적재산권과 관련된 신규사례는 42,931개를 기록하며, 전년보다 40.18% 증가했다. 다국적기업뿐만 아니라 현지기업들 또한 지적재산권의 보호를 촉진시킬 수 있다는 것을 중국정부가 깨달았기에 지적재산권에 대한 집행은 향후 보다 철저히 이루어질 것으로 기대할 수 있다.

그림 4-3 중국의 특허출원 추이

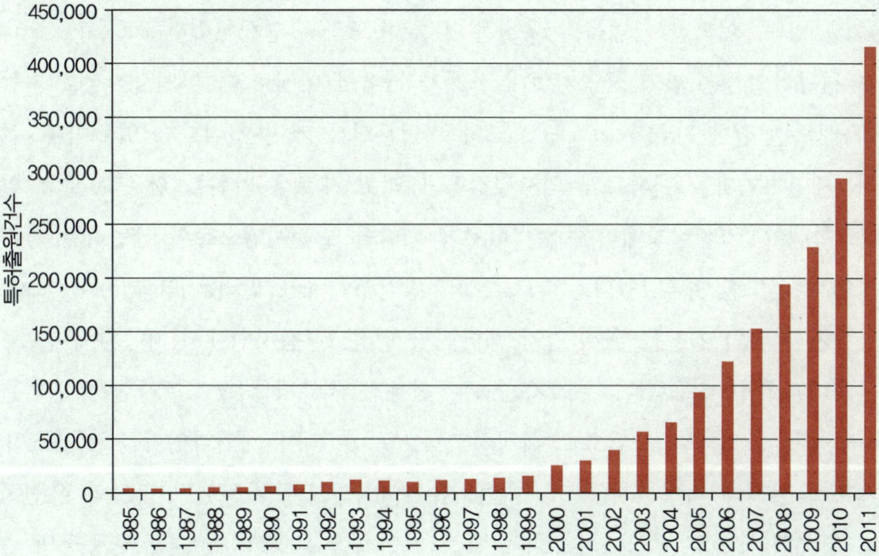

경쟁의 승자들

현지 챔피언들의 부상

본서의 사례연구는 현지 및 다국적기업 중에 분명한 승자와 패자가 있음을 보여준다. 여러 산업에서 다국적기업에 성공적으로 맞선 현지기업에게는 공통적인 특징들이 존재한다. 첫째, 이들은 모두 기업가가 운영하는 사기업이거나 지방정부가 궁극적인 소유권을 가져도 사기업처럼 운영되는 법인기업이었다. 예를 들어, 자동차 산업에서는 BYD比亚迪, 체리奇瑞, 질리吉利, 소비재 산업에서는 롱리치隆力奇, 나이스纳爱斯, 상하이자화上海家化, 통신 산업에서는 화웨이华为, ZTE中兴通讯가 있다. 이러한 기업들의 특징은 빠른 속도와 유연성이었다Chang, Park 2012. 이 신규기업들은 과거 국영기업의 잔재가 없어서 대체로 빠른 의사결정을 가능케 해주는 실행중심execution-oriented의 기업문화를 가진 견실한 기업들이다. 특히, 개인기업가들은 빠르게 의사결정을 내리고 새로운 기회를 활용할 줄 알았다. 화웨이华为의 런칭페이任正非는 빠르게 기술을 발전시킴으로써 급변하는 통신산업을 선도할 수 있었다. BYD比亚迪의 왕찬푸王传福와 질리吉利의 리슈푸李书福는 자동차 제국의 건설을 위해 각각 배터리와 냉장고부품사업에서 자동차사업으로 사업다각화를 추구했다. 롱리치隆力奇는 전통적 치료방법을 도입하면서 뱀기름 사업에서 스킨케어 사업으로 확장하였다. 즉, 이러한 개인기업가들은 구조적, 제도적 관성에 속박되지 않고, 개인소유기업이었기에 가능했던 속도와 유연성을 활용했다. 한편, "국가가 소유하고 사기업처럼 운영한다国有民营"는 중국의 슬로건과 같이, 국영기업에서 법인기업으로 전환된 기업들은 사기업처럼 운영되었다. 체리奇瑞는 사실상 정부 소유였음에도 불구하고 시장환경에 빠르게 대처할 수 있는 기업 중 하나이다. 반면, 주롱巨龙이나 다탕大唐 같은 국영기업들은 빠르게 발전하는 통신산업을 따라가지 못하고 결국 낙오되었다.

둘째, 성공한 중국현지기업들은 학습능력이 뛰어났다. 상하이자화上海家化는 SC Johnson과의 합작투자로부터 얻은 지식과 노하우를 통해 마케팅 지식을 개선하였다. 특히, 상하이자화上海家化는 브랜드 경영시스템을 배움으로써 차후에 그들만의 고유 브랜드를 창설하는 데 활용했다. 2012년 자화家化가 국유지분을 개인투자자들에게 매각했을 때, 상하이자화上海家化 회장 게웬야오葛文耀는 "바로 어제까지도 자화家化는 국영기업이었지만, 이제는 아닙니다. 그러나 국영기업이었을 때에도, 우리는 남들과 달랐습니다"라고 언급했다.[18] 이 인용문은 상하이

자화上海家化가 거대 다국적기업들과 경쟁하기 위해 학습하고자 했던 강력한 열망과 능력을 소유했음을 시사한다. 이와 유사하게, 체리奇瑞, 질리吉利, BYD比亚迪는 리버스엔지니어링逆向工程, reverse engineering 방식으로 중국 자동차제조 산업에 뛰어들었다. 물론 이들 기업들에는 항상 카피캣이라는 꼬리표가 따라다녔지만, 최근에 이러한 자동차제조기업들은 기술향상을 위해 자체 R&D센터를 건립하고 다국적기업들을 인수합병하는 방식으로 기술을 습득하고 있다. 2010년, 질리吉利는 볼보沃尔沃, Volvo를 18억 달러에 인수하여 브랜드를 얻고 기술을 발전시켰다. 또한 이 사기업들은 대부분 개발도상국에 위치한 수출시장을 활발히 물색하고 있다. 더욱이 이들은 해외 전문자동차부품기업, 엔진디자인회사들과 함께 제품을 개발하였으며, 이러한 협력과정을 통해 현지기술자들을 양성하였다. 그러므로, 모든 중국기업을 모방기업으로 폄하하기에는 문제가 있다. 2011년 현재, 화웨이华为는 중국에서 36,000개 이상의 특허를 보유 중이며, 이 중의 3분의 1이 해외에 기반하였다. 화웨이华为의 총 직원 수는 약 140,000명으로, 이 중의 44%가 R&D 분야에 종사한다. 2010년 중국의 대학졸업자 수는 매년 6백만 명을 넘었다. 화웨이华为는 이러한 중국의 유능한 기술자들의 대부분을 저렴한 비용으로 모집할 수 있었기에, 저비용 혁신을 이루어낼 수 있었으며, 결국 저렴한 가격에 정교한 기술이 탑재된 좋은 제품들을 소비자에게 제공할 수 있었다Zeng, Williamson 2007. 한편, BYD比亚迪는 경쟁에 앞서기 위해서 전기자동차와 같은 파괴적 혁신에도 투자하였다. 더하여, 성공한 중국현지기업들은 학습한 것을 적용하여 중국현지 소비자들에게 적합한 제품을 개발했다. 이에 대한 좋은 사례로, 중국전통 약초치료법에 기반하여 만든 샴푸가 있다. 이와 같은 방법으로, 중국 기업들은 일본, 한국, 타이완 기업들의 발자취를 따라, 모방기업에서 진정한 혁신기업으로 탈바꿈하며 크게 진보하였다Kim 1996.

셋째, 중국현지기업들은 가격경쟁력에 더하여 광대한 유통망까지 갖추고 있다. 중국의 인건비가 오르자, 많은 중국현지기업들은 인건비가 낮은 노동자들이 많은 시골지역으로 이전하였다. 더욱이, 다국적기업들은 세계안전보건기준을 통과하기 위해 상당한 비용을 지출해야 하는 반면에, 현지기업들은 이에 얽매일 필요가 없었다. 또한, 다국적기업들과 다르게 중국현지기업들은 다국적기업의 본사와 같은 간접비용으로부터도 자유로웠다. 몇몇 지방정부들은 중국현지기업에 값싼 부지나 행정적 지원을 통해 보조금을 지원해주었다. 더욱이, 중국기업들은 종종 소비자들에게 고등기술을 저비용에 제공하게 해주는 비용혁신을 이루어냈다Zeng, Williamson 2007. 예를 들어, 하이얼海尔은 와인냉장고를 경쟁 모델의 반값도 안 되는 가격에 판매하며 거대한 시장을 만들어냈다. 중국현지 휴대전화 제조기업은 다국적기업이 진출하기 힘든 시골지역에 저렴한 휴대전화를 공급하며 소비자들을 끌어들였다. 이러한 중국현지기업들은 외딴 지역까지 현지유통망을 구축할 수 있었다. 이와 유사하게, 소비재 산업에서 중국현지기업들은 다수의 건실한 현지브랜드들을 성공적으로 만들었다. 중국전통약재를 이용한 샴푸브랜드인 바왕霸王은 탈모방지기능을 갖춘 샴푸를 출시하자마자 대성공을 거두었다.[19] 마찬가지로 중국전통약재로 만드는 치약인 윈난바이야오云南白药 또한 큰 성공을 거두었다.[20]

다국적기업 챔피언들의 부상

성공한 다국적기업들의 공통점과 성공한 중국현지기업들의 공통점에는 차이가 있다. 첫째, 성공한 다수의 다국적기업들은 중국에서의 기업운영에 있어 경영통제를 강화하는 추세를 보인다. 제2장에서 말한 바와 같이 이를 위해 여러 다국적기업들이 이들의 합작투자기업을 독자소유 자회사로 전환했으며, 최근에는 피앤지P&G나 유니레버Unilever처럼 독자소유 자회사를 설립하는 기업들도 많아졌다. 현지지식이 부족한 다국적기업에게 합작투자 방식이 투자초기에는 도움이 되었던 반면, 독자소유 자회사는 운영상의 통제를 강화하고 빠른 의사결정을 가능하게 해주므로, 중국현지파트너에게 유출당할 위험 없이 고도의 기술과 브랜드를 중국에 들여오게 해주었다. 그림 4-4는 독자소유 자회사가 허용되었을 때, 이러한 독자소유 자회사들이 소비재, 통신, 맥주 산업 등에서 다국적기업들의 성장을 이끌었음을 보여준다. 저자의 연구결과에 따르면, 다국적기업이 중국현지기업의 속도와 유연성을 단순히 모방하는 것은 바람직하지 않다. 중국현지기업들은 속도는 빠를 수 있지만 정밀함이 부족하기 때문이다. 그러므로, 다국적기업은 오히려 경영프로세스를 강화하여, 정밀함에 초점을 두는 것이 더 성공적일 수 있다Chang, Park 2012. 속도와 유연성으로 승부하는 현지기업들과 경쟁하기 위해, 다국적기업은 강력한 운영상의 통제를 통해 의사결정에 있어서 정확성을 추구해야 한다.

둘째, 성공한 중국현지기업과 유사하게, 성공한 다국적기업들 또한 뛰어난 학습능력을 보였다. 이는 경영, 생산, 조달의 현지화 과정에서 진가를 드러냈다. 성공한 다국적기업들은 가격경쟁력을 갖추기 위해 생산을 현지화하고 중국현지조달의 비중을 증가시켰다. 2007년 시스코Cisco는 중국에서의 생산량을 두 배로 늘리기로 결정하였고, 이러한 가치는 대략 140억 달러에 이르렀다. 이를 통해, 시스코Cisco는 중국현지기업인 화웨이华为, ZTE中兴通讯와 유사한 비용구조를 가지게 되었다. 더욱이, 이러한 움직임은 현지에서의 의사결정권을 강화시키며, 빠른 의사결정, 유연한 수행, 재빠른 대처를 가능케 하였다. 이와 같이 다국적기업들은 전세계에 걸친 판매를 위한 제품을 조달하기 위한 생산기지로 중국을 선

그림 4-4 주요 산업에서의 단독투자와 합작투자의 비중

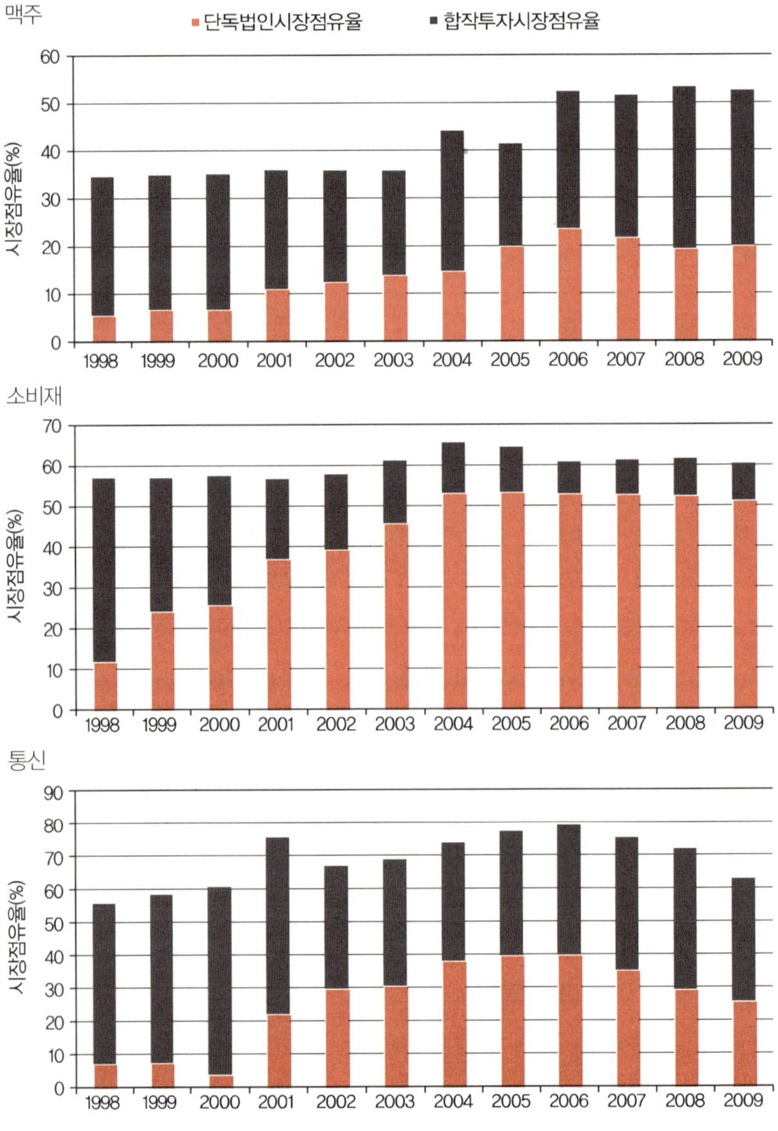

택하고 있다. 지이GE의 한 임원은, "현지에 있는 공급사를 이용하면, 마치 자신이 현지기업처럼 운영할 수 있습니다. 지이GE가 50,000개의 저렴한 중국현지 백열전구 제조회사들을 상대로 경쟁할 순 없지만, 이들을 공급회사로 이용하면, 세계수준의 가격경쟁력을 갖출 수 있습니다"라고 말한 바 있다Chang, Park 2012. 또한 이러한 기업들은 특히 대형슈퍼나 온라인쇼핑과 같은 새로운 유통채널에 납품하는 등 현지유통망을 구축하는 데 상당한 투자를 하였다. 앞서 논의했듯이, 소비재 산업에서 피앤지P&G는 현지공급회사, OEM, 기술혁신, 공정의 최적화, 규모의 경제를 이용하여 고가시장에서 저가시장으로 서서히 사업을 확장해 나갔다. 중가 및 저가시장에서 내수경쟁기업들과 경쟁하기 위해, 피앤지P&G와 유니레버Unilever는 중국현지의 공급기업을 이용하여 현지생산을 늘림으로써 비용을 줄였다.

셋째, 중국현지기업들이 저비용의 혁신을 이루어내자, 다국적기업들 또한 이와 유사하게 제품을 중국소비자들의 입맛에 맞추는 제품을 출시하고 있다. 존슨앤존슨Johnson and Johnson은 고급 생리대 브랜드인 스테이프리娇爽, Stay Free의 저가 버전을 출시했다. 이들은 중가시장을 목표로, 품질은 크게 낮아지지 않으나 가격은 싼 원료를 사용하여, 스테이프리娇爽, Stay Free를 기존 고급제품의 절반 가격에 판매할 수 있었다. 이로 인해 자사의 고급브랜드가 시장에서 밀려나는 것은 감수하였지만 값싼 현지브랜드에 맞서 시장점유율을 지켜낼 수가 있었다. 다른 다국적기업들 또한 앞선 사례를 따랐다. 지이GE와 지멘스Siemens는 중국시장을 위하여 주요 기능과 구성요소만을 탑재시킨 저가의 CT스캐너를 개발했던 바 있다.

이와 같이 성공한 중국현지기업들이 가진 속도, 유연성, 학습능력, 가격경쟁력, 그리고 강력한 유통망과 같은 특징들은 성공한 다국적기업들이 가진 특징들, 즉 통제와 실행능력, 뛰어난 학습능력, 그리고 현지화와 일치한다. 다국적기업들과 중국현지기업들은 서로의 장점에 대응하기 위해 그들만의 방식을 사용하여 서로를 모방하였다. 성공한 다국적기업들과 중국현지기업들은 시장에 엄청난 경쟁압력을 만들어내며 성공적이지 못한 다른 다국적기업 및 중국현지기업들을 몰아내었다. 다음 제5장에서는 중국현지기업과 다국적기업 각각의 핵심 성과지표생산성, 수익성, 생존가능성 등에 대해 자세히 알아보기로 한다.

05
다국적기업의 경영성과

제4장에서는 성공적인 중국현지기업과 다국적기업들의 공통적인 특징을 알아보기 위해 이들간의 경쟁다이나믹스를 조사하였다. 이에 기반하여 본 장에서는 다국적기업과 중국현지기업간의 경영성과를 비교한다. 최근 현지화된 다국적기업들과 부상하는 중국현지기업들간의 경쟁이 심화되어, 산업의 전체적인 수익률이 감소하고 부실한 기업들이 퇴출당하는 현상이 일어나고 있다. 본 장은 맥주 산업을 분석하여, 어떤 기업들이 어떤 전략을 이용하여 다른 기업들에 비해 더 좋은 경영성과를 냈는지 알아본다. 또한, 기업의 생존과 수익성에 관한 상세한 통계분석을 기반으로, 다국적기업들의 경영성과를 평가하도록 한다.

맥주 산업: 사례연구

본서에서 사례연구대상으로 선택한 중국의 다섯 가지 산업들 중, 맥주 산업은 다국적기업과 중국현지기업 사이의 경쟁 구도와 이러한 경쟁이 각 기업의 경영성과에 미치는 영향을 자세히 연구할 수 있는 좋은 환경을 제공한다. 예로부터 중국의 맥주 산업은 매우 지역적으로 영세화된 시장이었다. 1998년까지 400개 이상의 소규모 맥주회사들이 중국의 지역적인 시장을 이끌었다. 맥주시장이 영세화되었던 것은 다음과 같은 요인들에 기인한다. 첫째, 계획경제 기간 동안 각 지역 맥주공장은 지방정부의 소유였기에 이러한 지역 맥주공장을 보호하고자 이들은 다양한 무역장벽을 형성하였다. 예를 들어, 옌징맥주燕京啤酒는 베이징北京에서 병당 18센트에 판매되지만 쓰촨성四川省에서는 각종 세금과 공과금이 추가되어 병당 1달러에 판매되었다Gilley 2001. 둘째, 낙후된 기반시설로 인해 지역간에 제품을 운반하는 데 엄청난 비용이 들었다. 더하여 소비자의 수요 또한 굉장히 이질적이었다. 해안지역이나 동부지역에서는 고가의 맥주 브랜드를 선호하는 반면, 맥주의 가격이 높았다. 반면 지방에서는 그 지역 내에서 만들어진 값싼 맥주가 선호되었다. 셋째, 담배 및 주류전문 유통국영기업이나 집체기업이 지배하고 있는 도매유통시장 또한 영세화되었다. 맥주업체들은 각 지역에서 20개 이상의 대규모 1차 도매상들뿐만 아니라 2차 및 3차의 소규모 도매상과 작은 소매점까지 상대하여야 했다Slocum et al., 2005. 그 결과, 중국현지맥주기업과 다국적맥주기업은 규모의 경제를 활용하지 못해 운영의 효율성이 극히 낮았다. 중국현지맥주기업들은 굉장히 비효율적이었고, 낮은 품질의 저렴한 맥주를 비닐봉지에 넣어 판매하는 수준이었다. 각 지역마다 그 지역을 선도하는 브랜드는 있었지만 국가적인 브랜드는 없었다. 이러한 열악한 공급환경에도 불구하고, 최근 중국소비자들의 입맛이 독한 술에서 차츰 낮은 알코올이 첨가된 음료로 변하며 맥주에 대한 수요가 증가하는 추세를 보인다.

중국의 맥주 산업은 여러 단계를 거쳐 진화해왔다. 초기 단계의 특징은 다국적기업들의 공격적인 진입이었다. 중국정부가 지정한 '전략'산업에 맥주 산업이 포함되지 않았기 때문에, 맥주 산업은 다른 산업들에 비해 정부규제가 적었다. 이러한 이유로 앤호이저부시Anheuser-Bush, 아사히Asahi, 기린Kirin, 베이스Bass, 칼스버그Carlsberg, 포스터스Foster's, 하이네켄Heineken, 산미구엘San Miguel, SAB 같은 다국적 맥주업체들은 대도시를 목표로 1990년대 초기부터 그들의 프리미엄 브랜드를 중국에 들여왔다. 발전된 보틀링, 광고, 유통기술을 보여준 이러한 다국적기업들은 현지기업들에게 엄청난 기술이전효과를 제공했다. 그러나 그 중 상당수의 다국적기업들이 중국시장진입에 어려움을 겪었다. 중국소비자들의 낮은 가처분소득으로 인하여 다국적기업들은 마케팅과 판매비를 충당할 만큼 충분히 프리미엄 맥주를 판매하지 못했다. 이들은 곧 중국맥주시장에서 필요한 것이 광고가 아니라는 것을 깨달았다. 많은 다국적기업들이 해안지역의 호텔과 레스토랑에서 많은 광고비를 들여 국제적 브랜드 제품을 소개했으나, 큰 손해를 입었다. 오히려 대중시장에서 주로 고려해야 할 요소는 가격과 유통이었다. 어느 맥주시장 분석가는 다음과 같이 언급했다.

> 옌징燕京은 베이징北京 시장의 85%를 점유하고 있습니다. 페달을 밟아 움직이는 삼륜차를 타고 맥주를 판매하는 행상인들을 이용하여 이루어낸 실적입니다. 문제는 광고가 아닙니다. 제품을 적절한 시간, 적절한 장소에 배달해서 소비자에게 접근하는 것이 중요합니다. 분명 광고가 도움은 되겠지만 주된 요소는 아닙니다.[1]

더하여, 기업들은 기반지역이 아닌 지역에 맥주를 다량으로 공급하는 것이 버거웠기에, 전국적으로 광고캠페인을 벌일 수가 없었다. 그러나, 다국적기업들은 판매기반을 다른 지역까지 넓혀서 비용을 절감할 인센티브를 갖고 있었다. 예를 들어, TV광고를 전국적으로 내보내려면, 맥주기업들은 좀 더 많은 시장에 진출해야만 타산성이 있었다.

결과적으로, 중국시장에 조기 진입한 여러 다국적기업들은 더 이상 손실을 보며 기업운영을 유지할 수 없었다. 초기 진입기업 중 하나였지만 일찍이 퇴출된 포스터스Foster's는 몇 년간의 손해를 본 후 1998년에 화륜스노우华润雪花에 자사의 두 합작투자기업을 매각했다. 포스터스Foster's의 매니저는, "이 산업은 마치 베트남전쟁과 같았습니다 … 많은 기업들이 시장을 돌아본 다음 브랜드제품이 없다는 점을 발견했지요 … 문제는 80개의 다른 기업들도 같은 날 같은 행동을 하였다는 점입니다. 그러나, 그럼에도 불구하고 아직도 프리미엄 시장은 발전되지 않았습니다"라고 설명했다Heracleous 2001: 37. 이와 유사하게, 칼스버그Carlsberg는 불과 4년 전에 세웠던 상하이上海 맥주공장이 계속 적자를 기록하자 2000년 이를 칭타오青岛에 매각하였다. 칼스버그Carlsberg는 경쟁이 심한 해안지역에서 물러나와 윈난성云南省 같이 아직 해외기업들이 많이 진입하지 않은 지역에 재진입하였다.

2000년대 초까지, 이러한 치열한 경쟁에서 승리한 기업들이 바로 화륜스노우华润雪花, 앤호이저부시Anheuser-Busch, 칭타오青岛, 옌징燕京이었다. 2000년대 당시 이러한 기업들은 끊임없이 다른 기업들을 인수하여 사업을 확장하였다. 그 중, 중국맥주시장에서 가장 성공한 기업은 화륜스노우华润雪花이다. 홍콩香港 기반의 화륜华润은 선양沈阳의 스노우雪花 맥주공장을 인수하여 1992년 South African BrewerySAB와 함께 51%:49%의 지분구조를 가진 합작투자기업을 설립했다. 시장진입에 늦었던 SAB는 중국의 중소도시를 표적시장으로 선정했다. 화륜스노우华润雪花는 SAB의 기술과 화륜华润의 현지에 대한 노하우를 이용하여 서서히 시장을 잠식했다. 아시아 SAB 매니저는 다음과 같이 말한다.

> "우리의 파트너는 중국에 대한 전문가입니다. 중국에서 비즈니스를 한 경험이 많죠. 결과적으로 이들은 많은 정부규제를 피해가는 놀라운 교섭력을 가졌어요. 많은 지역에 새로운 비즈니스를 개척하였고, 중요한 인물에 대한 접근성도 좋았습니다. 이들은 시장을 잘 이해하고 시장에서 요구하는 변화를 파악하였습니다. 우리가 맥주시장에 대해 가진 지식과 파트너가 중국에 대해 가진 지식을 합쳐 우리는 놀라운 팀을 만들 수 있었어요Heracleous 2001: 40-1"

SAB 역시 이 합작투자기업에 많은 공헌을 했다. SAB는 과거에 아프리카와 동유럽을 포함한 저개발국가에 진입했던 경험을 기반으로, 구식 기술과 숙련되지 않은 노동력을 이용하면서도 어떻게 공장을 운영해나갈지를 알고 있었다. SAB는 2002년 미국의 밀러Miller 맥주회사를 인수하여 SAB 밀러SAB-Miller라 개칭했다.

화륜스노우华润雪花는 다른 다국적기업들과는 달리, 고급브랜드 전략을 구사하지 않았다. 이들은 SAB와 함께 중소도시에 주력하여 진입하려 했다. 처음에 화륜스노우华润雪花는 남부지방에 진입하여 1997년에는 남서지역인 쓰촨성四川省으로 시장을 확장하였다. 1999년, 화륜스노우华润雪花는 톈진天津에 위치한 포스터스Foster's 소유의 실패한 두 개의 맥주공장을 인수했다. 더하여 화륜스노우华润雪花는 해외 브랜드를 전혀 들여오지 않았다. 대신에 지역 브랜드를 만들어 저렴한 가격에 좋은 품질을 가진 맥주를 제공하려 했다. 화륜스노우华润雪花는 많은 기업들을 인수하면서, 인수된 기업에게 투자, 기술, 전문지식을 제공하여 현지중국

브랜드에 통합되도록 도움을 주었다. 이러한 방법으로 기업들은 스스로의 시장 잠식을 줄이고 확실한 브랜드 전략을 펼칠 수 있었다. 이러한 전략은 또한 유통과 광고에 최소한의 투자를 함으로써 저렴한 맥주가격을 유지했다. 화룬스노우华润雪花는 중국 내 강력한 네트워크를 구축하였다. 2010년에는 스노우 제지앙华润雪花浙江의 27%, 시후맥주西湖啤酒의 45%, 빈조우맥주滨州啤酒의 남은 10%로 지분을 확대하여 독자소유 자회사로 전환하려 했다. 아오키 맥주奥克啤酒까지 인수한 화룬스노우华润雪花는 2011년 허난성河南省지역에 새로운 맥주공장을 설립했다. 2011년 말까지 화룬스노우华润雪花는 21개의 지역에 80개의 맥주공장을 운영하였다.

화룬스노우华润雪花가 '현지화한 다국적기업'의 대표적인 기업이지만, 앤호이저부시Anheuser-Busch 또한 현지화를 시도했다. 앤호이저부시Anheuser-Busch는 1995년에 버드와이저Budweiser의 97% 지분을 소유하며 독자소유 자회사로 중국에 진입했다. 2002년에 앤호이저부시Anheuser-Busch는 20%의 지분으로 칭타오青岛와 전략적 제휴를 맺었고, 2004년에는 하얼빈맥주哈尔滨啤酒를 인수했다. 인베브InBev가 2008년 520억 달러에 앤호이저부시Anheuser-Busch의 전세계 운영권을 인수하면서, 앤호이저부시-인베브Anheuser-Busch InBev는 거대 다국적기업이 되었다. 앤호이저부시-인베브Anheuser-Busch InBev는 2002년에 주지양맥주珠江啤酒의 24%, 2004년 하얼빈맥주哈尔滨啤酒의 99.6%, 2006년 푸젠성福建省의 가장 큰 맥주공장인 푸젠 세드린福建雪津을 56억 달러에 100% 인수하는 등 10건이 넘는 인수로 세간의 이목을 끌었다. 앤호이저부시-인베브Anheuser-Busch InBev는 하얼빈哈尔滨을 국제적인 브랜드로 만들기 위해, 맥주공장을 신설하여 생산능력을 증대시키고 FIFA 축구경기 같은 국제적인 행사를 지원하며 마케팅에 투자했다. 앤호이저부시-인베브Anheuser-Busch InBev는 버드와이저百威, Budweiser나 하얼빈哈尔滨 같은 자사의 브랜드들간 유통시스템을 공유하여 자신의 경영자원들을 최대한으로 활용하여 하얼빈哈尔滨 브랜드를 중국전지역에 판매하였다. 앤호이저부시－인베브Anheuser-Busch InBev는 현재 13개 지역에 33개의 맥주공장과 버드와이저百威, Budweiser, 하얼빈哈尔滨, 세드린雪津, Sedrin 이외에도 지역 유명 브랜드인 주지장珠江, 더블맥주双鹿啤酒, KK 같은 25개의 맥주 브랜드를 소유하고 있다.

이와 동시에, 강력한 유통망을 갖춘 상당수의 강력한 현지 경쟁기업들이 등장하였다. 1903년에 영－독 합작투자기업으로 설립되었던 칭타오青岛 맥주공장은 1949년 중국이 공산화되자 국영화하였다. 그러나 개혁과 개방정책 이후, 칭타오青岛는 국영기업에서 주식회사로 전환되며 1993년 홍콩香港 증권거래소와 상하이上海 증권거래소에 상장되었다. 주식상장으로 자금을 마련한 칭타오青岛는 1996년부터 2001년까지 CEO 펑주의彭作义가 내건 "더 크게, 더 강하게"라는 슬로건 아래 상하이上海에 위치하였던 칼스버그Carlsberg의 실패한 사업을 2000년 1억5천만 위안에 인수한 것을 포함하여 40여 개의 인수를 통해 17개의 지역에 공장을 확장 설립하였다. 그러나 저가인수를 통한 저가시장으로의 급속한 확장은 부수적인 운영비용을 엄청나게 증가시켜, 칭타오青岛는 많은 재무적인 어려움을 겪었다. 새로이 CEO가 된 진지구오金志国는 "더 크게, 더 강하게"라는 전략을 "더 강하게, 더 크게"로 바꾸어서, 사업을 통합하여 비용을 줄이는 전략으로 전환했다. 진지구오金志国는 40개의 브랜드를 4개의 주 브랜드인 칭타오青岛, 산수이山水, 한사汉斯, 라오산崂山으로 통합하였다. 칭타오青岛는 주력 국제브랜드이고, 산수이山水, 한수汉斯, 라오산崂山은 지역시장을 목표로 하는 2차브랜드로 자리잡았다. 칭타오青岛 맥주공장은 현재 18개 지역에서 55개 이상의 맥주공장을 운영하고 있으며, 해외로 맥주를 수출하면서 세계화를 진행 중에 있다.

이와 유사하게, 옌징燕京은 1980년에 설립되었다. 낮은 품질이지만 저렴한 가격으로, '농민들을 위한 맥주'로 알려진 이 맥주는, 제품의 질을 개선하기 위해 1990년대에 기술을 수입하고 강력한 판매망을 구축하였다. 대중시장에서 성공적으로 자리잡은 옌징燕京은 베이징北京시장에서의 지배적인 위치를 활용하여, 1999년 쟝시江西맥주를, 2000년 산둥성山东省의 라이조우맥주莱州啤酒와 위밍맥주无名啤酒를, 2001년 장시성江西省의 간조우맥주赣州啤酒와 산둥성山东省의 산콩맥주三孔啤酒를, 2002년 광시장족자치구广西壮族自治区의 귀린리콴桂林漓泉 맥주를, 2003년 푸젠성福建省의 휘찬맥주惠泉啤酒를 인수하였다.

칭타오青岛와 옌징燕京 모두 그들의 지역브랜드를 이웃한 지역시장으로 판매를 확장시켰다. 베이징北京에 기반한 우싱맥주五星啤酒를 칭타오青岛가 인수한 것에 대해 반발하여, 옌징燕京은 산둥성山东省에 기반한 위밍맥주无名啤酒와 산콩맥주三孔啤酒를 인수하였다. 소규모의 힘없는 지방기업들은 이들과 경쟁이 가능하지 않았기 때문에 대규모 중국현지기업 혹은 다국적기업들에게 빠르게 인수되거나 시장에서 퇴출당했다. 그림 5-1과 같이 2009년까지 칭타오青岛와 옌징燕京은 각각 18%, 11.6%까지 시장점유율을 높였다. 그러나 이들의 수익률은 여전히 낮은 수준이었다. 이윤을 증대시키기 위해 칭타오青岛나 옌징燕京 등 성공한 중국현지기업들은 프리미엄 시장으로 고개를 돌렸고,[2] 중가시장이나 고가시장에 상주하는 다른 다국적기업들에게 도전하며 경쟁은 심화되었다. 그림 5-1은 1998년과 2009년 사이 주요 기업들의 시장점유율의 추세를 보여준다.

다국적기업들의 사업확장과 거대한 중국현지기업들의 성장으로, 중국맥주 산업에서는 치열한 경쟁이 시작되었다. 맥주 산업의 특징이 이질적인 소비자들의 수요였으나, 소비재 산업보다는 그 정도가 낮았기 때문에 우리는 맥주 산업에서 다국적기업들이 차지하는 시장점유율이 소비재 산업에서보다 더 낮을 것이라고 유추해볼 수 있다Chang and Park 2012. 실제로, 그림 5-1과 같이, 맥주 산업에서의 다국적기업의 시장점유율 총합은 1998년 35%에서 2009년 53%로, 소

그림 5-1 맥주 산업의 주요 기업들의 시장점유율

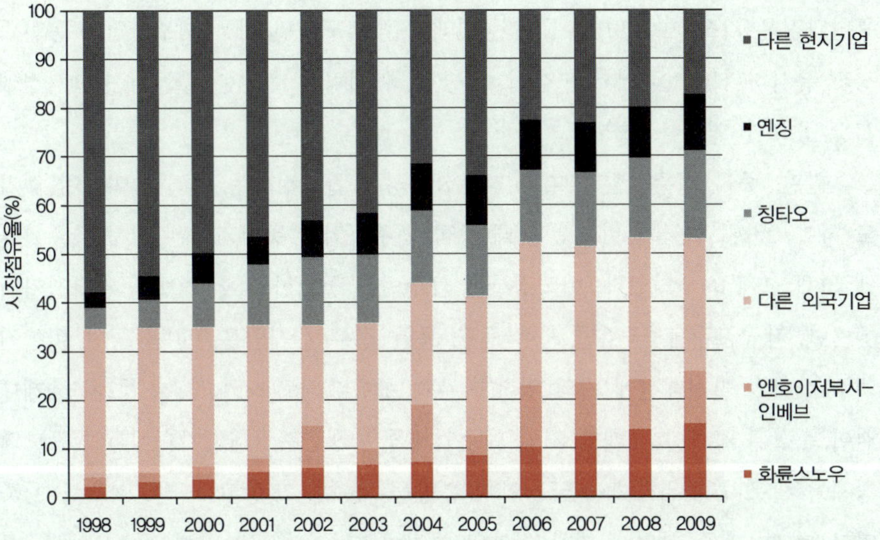

비재 산업에 비해 낮은 수준을 보였다.

맥주 산업의 만성적 문제는 생산과잉이었다. 맥주 산업은 치열한 경쟁과 타 지역 기업을 인수하는 공격적인 전략으로 인하여 점차 전국적인 시장으로 통합되었다. 이러한 경쟁에 맞서, 다국적맥주기업과 중국현지맥주기업 모두 공격적인 마케팅 전략을 취하여 소비자들에게 그들의 브랜드를 인식시키고 소비자들을 끌어왔다. 이러한 마케팅 캠페인에는 규모의 경제가 중요했다. 게다가 유통망을 효율적으로 체계화하는 것 역시 굉장히 중요해졌다. 소매유통체인들이 성장하자, 맥주업체들은 시장에 더 깊이 침투하기 위해서 이들 체인점들과 강력한 유대관계를 맺어야 했다. 또한 유통망을 광범위하게 구축하기 위해서는 많은 지역의 소규모 중국현지기업들의 인수가 필요하였다. 충분히 규모가 큰 맥주업체들만이 기술, 마케팅, 유통, 인수 등에 대한 투자가 가능했기에 재무적으로 부실한 기업들은 사업체를 매각하고 시장에서 퇴출되었다. 이러한 중국 맥주산업의 통합과정은 기술, 마케팅, 유통이 통합과정을 선도했던 미국 맥주산업의 통합과정과 유사하다.[3] 미국에서와 같이, 기술적, 마케팅적 혁신은 중국의 통합과정에서도 중요한 역할을 하였다.

한편, 중국 맥주산업과 미국 맥주산업의 통합과정에는 여러 차이점이 있기도 하다. 첫째, 미국과 비교했을 때 중국 맥주산업의 통합과정은 정치적 요인들에 의해 크게 좌우되었다. 미국정부는 금주법을 철회한 직후 경쟁을 완화시키려 했지만, 세금, 규제, 금주법 시행 등을 통한 정부의 개입은 150년 동안 이어진 맥주 산업의 발전패턴에 거의 영향을 주지 못했다McGahan 1991: 282. 제2차 세계대전이 종결된 후에야 거대한 지역 맥주업체들은 생산프로세스기술에서의 규모의 경제를 활용하기 위하여 전국적인 유통망을 구축하고 광고를 전국적으로 행하였다. 한편, 맥주 산업에 대한 정부의 개입이 다른 산업에 비해 적었음에도, 중국 중앙정부와 지역정부는 이러한 통합과정의 촉진에 중추적인 역할을 하기도 했다. 지방정부들은 상당수의 중국현지기업을 소유하고 있었기에, 어떤 기업을 누구에게 얼마에 팔 것인지를 모두 결정할 수 있었다. 또한 이들은 모든 인수합병을 승인하는 관리기관이기도 하였다. 현지기업들은 지방정부 소유의 은행에서 빌린 대출금에 크게 의존하고 있었다. 그러므로 지방정부는 만일 자신들이 어느 특정기업이 인수하는 것을 지원하고자 마음먹으면, 얼마든지 그 인수대상기업의 경영진에 영향력을 행사할 수 있었다. 한편 중앙정부는 거대 맥주업체들에게 유리한 산업정책을 펼쳤다. 예를 들어, 중국경공업위원회는 1997년에 자국 내 10대 맥주업체들에게 우대대출과 세금 인센티브를 제공할 것을 결정하였다. 이 정책의 최대수혜자 중 하나는 베이징北京 정부가 지배지분을 소유한 옌징燕京이었다. 옌징燕京은 베이징北京에서 12개 지역으로 지리적 시장을 넓히며 1998년

13억 위안에서 2007년 95억 위안으로 매출을 끌어올렸다.

둘째, 미국은 독점규제법이 제정되어, 거대 맥주업체들이 인수를 통한 성장이 어려웠고 결국 내부성장에 의존해야 했다Elzinga 1982.[4] 반면, 미국과 달리 중국 맥주산업의 통합과정은 인수합병을 통해 이루어졌다. 중국의 지방정부는 고용의 보호와 조세수익의 보전을 위해 이러한 인수에 호의적이었다. 또한 정부는 인수된 기업들이 과잉설비문제를 야기하지 않으면서 자본과 진보된 기술을 이전해오기를 원했다. 2000년 이래로, 중국 맥주산업 내에서 국내와 해외 기업들 모두에게서 80건이 넘는 인수와 합병이 발생하였다.

최근 이러한 경쟁에서 패배한 기업들 중 하나인 기린Kirin은 2011년 다슈에 맥주大雪啤酒의 지분을 앤호이저부시-인베브Anheuser-Busch InBev에 매각했다. 하이네켄Heineken은 센젠深圳에 킹웨이맥주金威啤酒와 함께 설립한 합작투자기업의 시장

그림 5-2 맥주 산업에서의 신규진입, 퇴출, 인수합병 현황

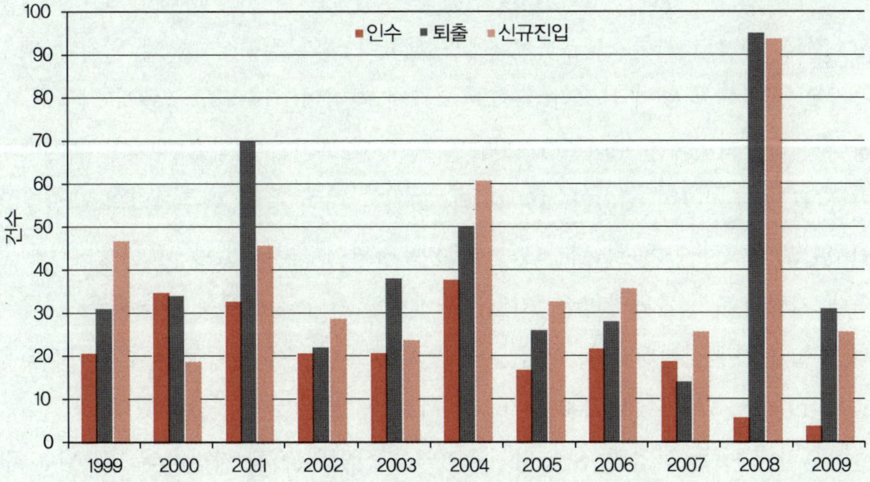

그림 5-3 중국 맥주 산업의 과점화 추이

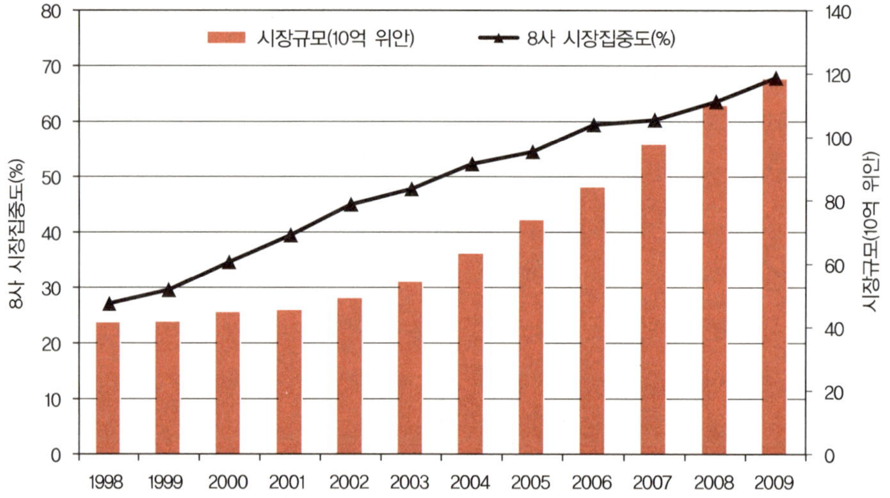

점유율이 진입초기 당시 70%에서 20% 이하까지 감소하자, 2011년 4월 시장에서 철수하였다. 게다가, 상하이上海 시장에서도 시간이 지남에 따라 점유율을 잃고, 결국 2011년 화룬스노우华润雪花에게 상하이上海와 장쑤성江苏省에 위치한 맥주 공장을 매각해야 했다.[5] 그림 5-2는 237개 기업이 인수되고 439개 기업이 시장에서 퇴출되었음을 보여준다. 2007년, 중국은 독일과 미국을 제치고 세계에서 가장 큰 맥주시장이 되었다. 1998년과 2009년 사이 중국 맥주산업의 생산량은 415억 위안에서 1,184억 위안으로 약 3배 가까이 증가하였다. 같은 기간 동안, 거대 기업들은 소규모의 약한 기업들을 인수하거나 시장에서 퇴출시키며, 중국의 통합과정이 진행되었다. 그림 5-3을 보면, 8대 주요 맥주업체들의 시장점유율이 1998년 27.1%에서 2009년 67.9%까지 증가한 것을 볼 수 있다.

그림 5-4는 산업의 전체 당기순이익을 산업의 전체 자산총액으로 나눈 값

그림 5-4 맥주 산업 전체의 수익률 추이

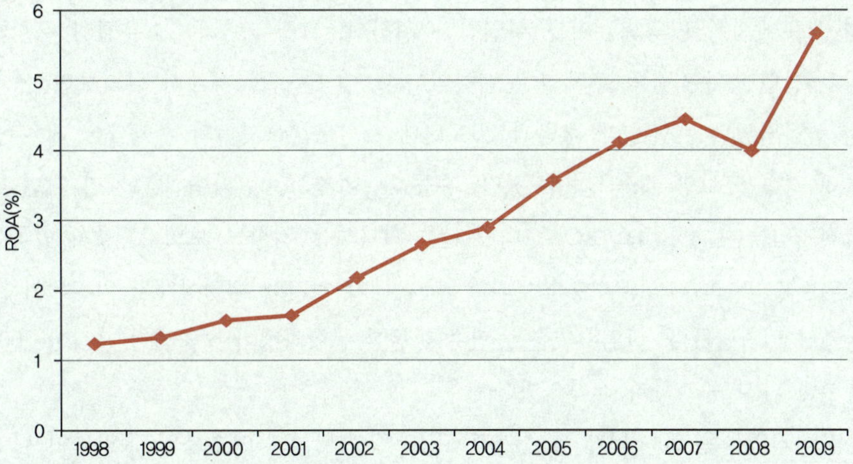

그림 5-5 기업 소유유형별 수익률 추이

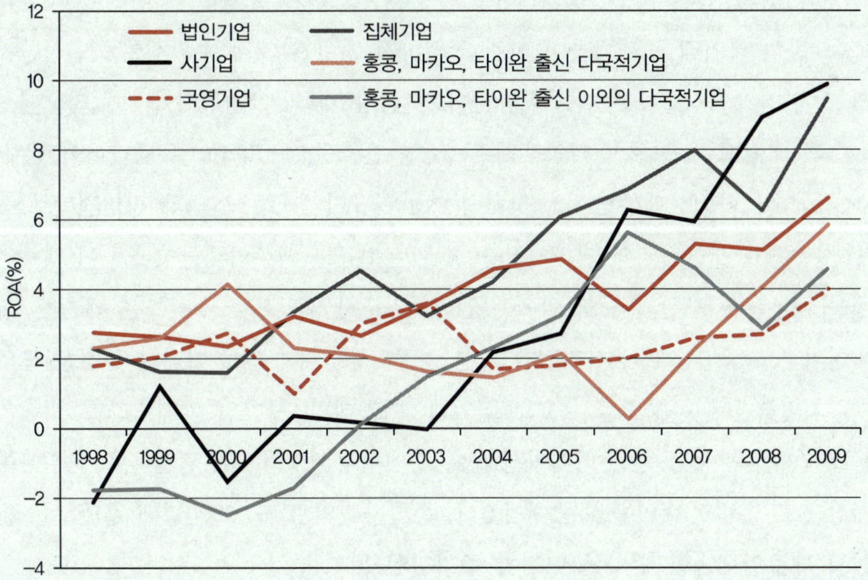

으로 측정한 산업별 수익률을 보여준다. 이러한 추세가 해외기업과 중국현지기업 모두에게서 반영되는지를 확인하기 위하여, 그림 5-5는 소유권의 유형에 따라 산업별 수익률의 추세를 분석하였다. 그림 5-4를 자세히 살펴보면, 경쟁이 심화되었던 1990년대 후반과 2000년대 초반 당시 기업의 수익률이 매우 낮았던 경향을 보인 것을 알 수 있다. 홍콩香港, 마카오澳门, 타이완台湾계가 아닌 다국적기업들은 마이너스 ROA, 즉 손실을 기록하는 경향도 보였다. 앞서 언급했듯이, 포스터스Foster's와 칼스버그Carlsberg는 이 시기에 경영상태가 악화되어 시장에서 퇴출당했다. 산업수익률은 인수를 통한 통합과정이 성숙되기 시작한 2003년부터 다시 증가하기 시작하였다.

사기업들은 2000년대 초반까지 고전하였으나, 그 이후부터 수익률이 나아지기 시작했다. 집체기업들은 이 시기 전반적으로 가장 일관되게 수익률을 보였다. 사기업과 집체기업은 칭타오青岛, 옌징燕京, 스노우雪花, 앤호이저부시Anheuser-Busch 등의 국가적 브랜드들이 아직 진입하지 않아 잠재적 수익성이 큰, 시골지역 같은 틈새시장을 노렸다. 예를 들어, 지린성吉林省의 쓰핑맥주四平啤酒, 라오닝성辽宁省의 톄링맥주铁岭啤酒와 티안후맥주天湖啤酒, 산둥성山东省의 데조우케다이어맥주德州克代尔啤酒와 타이산맥주泰山啤酒, 장시성江西省의 규지앙맥주九江啤酒와 징더전맥주景德镇啤酒는 모두 시골지역의 저가시장을 공략한 소규모 맥주업체들이다.[6] 이 맥주업체들 대부분은 자신의 지역 외에는 알려지지조차 않았으나 수익률은 꽤 높았다. 마찬가지로 중간규모의 사기업들 또한 성공적이었다. 보통, 이러한 중간 규모의 맥주기업들은 인근지역을 목표로 삼았다. 이를테면, 사기업 란베이그룹蓝贝集团은 근교지역인 광둥성广东省, 허베이성河北省, 후베이성湖北省의 국영기업들을 인수하여 시장을 확장하고 수익률을 증대시켰다. 통합과정의 결과, 2000년대 후반부에 들어서 맥주업체들의 수익률은 점차 증가하였다.

이전효과, 경쟁효과 그리고 기업의 생존으로 본 경영성과

앞선 중국의 맥주 산업에 대한 세부적인 사례연구를 통해, 기술이전효과와 경쟁효과가 모두 동시에 존재한다는 것을 확인하였다. 다국적기업의 진입과 중국현지기업들의 구조조정은 각 기업들의 수익률을 증가시키며 긍정적인 기술이전효과를 가져왔다. 그러나 동시에, 다국적기업들은 중국현지기업들 및 다른 다국적기업들과의 치열한 경쟁을 벌여왔고, 중국현지기업들간의 경쟁과 다국적기업들간의 경쟁 또한 심화시켰다. 같은 기간 동안, 치열한 경쟁으로 인해 다국적기업과 중국현지기업들 중 많은 기업들이 시장에서 퇴출당했다. 이로써 산업은 소수의 거대기업들에 의해 지배되는 과점시장으로 변모하였다. 경쟁이 심화됨에 따라 기업들의 수익률은 감소하였고, 이러한 추세는 산업통합과정이 끝난 후, 경쟁에서 살아남은 기업들의 수익이 다시 오를 때까지 계속되었다. 그러나 중국 맥주산업의 시장통합은 다른 산업보다 정부의 개입이 적었기 때문에 경쟁과 통합을 유발하는 시장메커니즘이 보다 잘 작동하였던 다소 특별한 사례로 볼 수 있다. 본 절에서는 중국 내 모든 산업에 걸쳐 다국적기업들과 중국현지기업들간 경영성과의 차이에 대해 알아보기로 한다.

제3장에서 우리는 다국적기업이 중국현지기업에게 제공하는 긍정적인 이전효과에 대해 알아보았다. 중국현지기업들은 진보된 기술과 마케팅 노하우를 가져온 해외 다국적기업들에게서 큰 혜택을 제공받았다. 오랜 기간 동안 경제학자들은 현지기업들, 특히 개발도상국 내의 현지기업들을 기술이전의 혜택을 받는 수동적인 입장으로 바라보았다Caves 1974; Blomstrom 1986; Hejazi and Safarian 1999. 그러나 다국적기업들은 외국인직접투자를 통해 중국시장에 진입한 후, 중국현지

기업들과 경쟁해야만 했다. 따라서, 우리는 중국현지기업들을 단순한 기술이전의 대상이 아니라, 다국적기업들의 잠재적인 경쟁자로 고려해야만 한다.

개발도상국의 현지기업들이 자신의 시장에 진입한 다국적기업들에게 성공적으로 도전하고 있다는 증거는 여럿 존재한다Dawar and Frost 1999; Zeng and Williamson 2007. 제4장에서 살펴보았듯이, 중국의 통신 산업에서 화웨이华为나 ZTE中兴通讯 같은 중국현지기업들은 알카텔-루슨트Alcatel-Lucent, 모토로라Motorola, 시스코Cisco와 같은 건실한 다국적기업들이 가진 시장점유율을 꾸준히 잠식해왔다. 소비재 산업에서 룽리치隆力奇, 상하이자화上海家化, 나이스纳爱斯 또한 피앤지P&G와 유니레버Unilever와 경쟁하며 이와 비슷한 양상을 보였다. 예를 들어, 상하이자화上海家化의 류션六神 브랜드는 최근에 피앤지P&G의 제스트激爽, Zest와 전면적인 경쟁을 벌였다. 결국 피앤지P&G는 이 경쟁에서 패배하여 제스트激爽, Zest를 중국시장에서 철수하게 되었다. 과거에 중국현지기업들이 다국적기업들의 상품을 모방했던 것은 사실이지만, 최근에는 다국적기업들 또한 중국현지기업에게서 배우고 있다. 요컨대, 전통약재를 이용한 바왕霸王 샴푸의 유명세와 컨셉에 따라, 피앤지P&G 또한 유사한 제품과 패키지를 시장에 출시하였다.[7]

제3장에서 언급한 바와 같이, 우리는 이전효과Spillover effect를 어떠한 기업이 다른 기업에게 제공하는 긍정적인 영향이라고 정의하였다. 이전효과는 새로운 기술이나 제품의 출시가 다른 기업들로 하여금 자신들의 역량을 개발하게 만들 때 발생한다. 예를 들어, 다국적 맥주브랜드의 출시로 중국현지기업들은 그들의 제품패키지와 광고를 발전시켰다. 진보된 지식과 기술에 대한 이전효과는 경영진들과 기술자들을 고용함으로써 촉진될 수 있다Ahn, de la Rica, and Ugidos 1999. 더하여, 중국현지기업과 다국적기업 모두가 시도한 지역간 투자와 '우호적인' 인수합병 또한 지역간의 지식이전을 촉진하였다.

다른 한편으로, 경쟁효과Competition effect는 한 기업이 다른 기업의 경영성과를 저해하는 부정적인 영향으로 정의된다. 제4장의 연구는 다국적기업과 중국현지기업들간의 경쟁뿐만 아니라 다국적기업들간, 중국현지기업들간의 경쟁 또한 심화되었다는 것을 시사한다. 맥주 산업에서 포스터스Foster's, 베이스Bass, 칼스버그Carlsberg, 하이네켄Heineken과 같은 다국적기업들은 화룬스노우华润雪花, 앤호이저부시-인베브Anheuser-Busch InBev 같은 현지화된 다국적기업들과 칭타오青岛, 옌징燕京 같은 현지기업들간의 경쟁에서 밀려나 시장에서 퇴출당했다.

사실, 이전효과와 경쟁효과는 동전의 양면과 같다. 기업은 같은 산업의 다른 기업들에게서 지식이전효과와 경쟁효과를 동시에 제공받고 있다. 그러므로 우리가 실제로 관찰할 수 있는 것은 긍정적인 이전효과와 부정적인 경쟁효과의 합이다. 경쟁효과가 지나치지 않다면 이전효과가 우세할 것이고, 그렇지 않다면 경쟁효과가 지배적일 것이다. 그러므로 우리는 이전효과와 경쟁효과를 동시에 조사해야 한다. 더하여 우리는 다국적기업과 중국현지기업 모두에게서 이러한 효과들을 살펴보아야 한다.

저자의 실증연구에 따르면 한 기업이 느끼는 경쟁효과와 이전효과의 상대적인 크기는 그 기업이 가진 경영자원이 무엇이냐에 따라 서로 달라지는 것으로 나타났다Chang and Xu 2008. 기업이 소유한 경영자원은 기업마다 서로 다르다. 그러나 비슷한 경영자원을 가진 기업들일수록 서로간의 경쟁강도는 심해지게 된다Chen 1996. Dawar과 Frost1999는 이머징마켓에서 현지기업들이 거대 다국적기업들과 어떻게 경쟁하는지를 알기 위해서는, 이들이 가진 경영자원이 해외로도 이전가능한 자원인지, 현지시장에 특화된 자원인지 구별하는 것과 같이 전략적 경영자원의 유형을 고려해야 한다고 말했다. 중국현지경쟁자들에 비해 다국적기업들은 자신들의 해외자회사에 이전가능한 진보된 기술, 브랜드, 경영 노하우 등 특유의 경영자원을 소유하고 있다Buckley and Casson 1976; Dunning 1988; Hitt, et al., 2000. 또한 다국적기업들은 풍부한 자본과 전 세계 어느 곳에서나 일할 수 있는 숙련된 경영진들을 갖고 있다. 이와 반대로, 국내 현지기업들은 일반적으로 마케팅, 유통경로, 현지지식에 대한 접근, 현지네트워크 등에서 지역적 이점을 누렸다. 중국현지기업의 관리자들은 국내에서 교육되어 훈련받았기 때문에 중국현지상황에 대해 충분히 이해하고 있었다.

한편, 다국적기업과 중국현지기업들 내부에서도 기업간의 차이는 크게 나타난다. 중국특유의 경영자원을 가진 보다 현지화된 다국적기업일수록 중국현지기업들과 더 직접적으로 경쟁하며 중국현지기업들의 생존을 위협한다. 특히, 홍콩香港, 마카오澳门, 타이완台湾에 기반한 다국적기업들은 중국현지기업이 가진 많은 특징을 자신들도 가지고 있었기에 다른 나라출신 다국적기업들과는 달랐다. 문화적 기원이 같은 홍콩香港, 마카오澳门, 타이완台湾에 기반을 둔 다국적기업들은 중국현지지식과 자원에 쉽게 접근하여 중국현지기업들에게 큰 위협을 가했다. 때문에 이러한 기업들이 중국현지시장으로 진입한 것은 중국현지기업들에게 엄청난 위협이 되었다. 예를 들어, 홍콩香港을 기반으로 한 화륜华润은 화륜스노우华润雪花 지분의 51%을 갖고 49% 지분을 소유한 SAB 밀러SAB Miller와 합작투자를 한 기업이었다. 화륜华润이 가진 중국에 대한 깊은 이해는 이들을 성공으로 이끈 중요한 요소였다. 이와 유사하게, 구조조정을 겪으면서 근대화된 중국현지기업들은 다국적기업의 경영자원을 갖고 있기 때문에, 중국에 진출한 다국적기업들에게 도전하고 경쟁하여 이들을 시장에서 몰아내려고 하고 있다.[8] 예를 들어, 칭타오青岛와 옌징燕京은 합작주식회사로 구조조정되어 주식거래소에 상장되었고, 상장시 얻은 자금을 기술과 브랜드에 투자해서 다국적기업들에 상응하는 경영자원을 얻을 수 있었다.

이들 홍콩香港, 마카오澳门, 타이완台湾 출신 다국적기업과 다른 나라 출신 다국적기업 모두 중국현지기업들에게 긍정적인 이전효과를 제공했지만, 홍콩香港, 마카오澳门, 타이완台湾 출신 다국적기업들의 경영자원은 다른 나라 출신 다국적기업들보다 중국현지기업과 훨씬 유사했기 때문에, 이들의 이전효과는 이들이 현지기업들에게 주는 강력한 경쟁효과에 의해 상쇄되었다. 다시 말해, 화룬스노우华润雪花 같은 홍콩香港, 마카오澳门, 타이완台湾 출신 다국적기업들이 다른 나라 출신 다국적기업들보다 중국현지기업들에게 더 큰 경쟁자로 다가왔다는 것이다. 예를 들어, 프리미엄 브랜드를 목표로 하는 다국적기업과는 달리, 저렴한 가격에 좋은 품질의 맥주를 제공한다는 대중시장전략을 추구하는 화룬스노우华润雪花는 중국현지기업인 칭타오青岛나 옌징燕京에게 엄청난 경쟁자였다. 반대로, 사기업이나 법인기업같이 구조조정을 치른 중국현지기업들은 국영기업이나 집체기업 같은 전형적인 중국현지기업들보다 다국적기업들의 진입에 더 효율적으로 대응할 수 있었다. 이는 이러한 기업들이 신규 다국적기업들의 자산, 자원, 소유구조, 인센티브제도 등을 모방해왔기 때문이었다. 이에 대한 세부적인 실증적 분석은 부록 7을 참조하라. 화룬스노우华润雪花나 앤호이저부시 – 인베브Anheuser-Busch InBev와 경쟁하는 칭타오青岛와 옌징燕京이 바로 구조조정을 겪고 새롭게 재탄생한 중국현지기업이었다.

한편, 같은 지역에 위치한 기업들은 보통 같은 지역시장을 공유한다. 앞서 언급했듯이, 중국은 소득수준과 소비자의 수요가 지역에 따라 매우 상이한 나라이다. 그러므로 기업들은 이들이 차지한 지역시장 내에서 다른 기업들과 경쟁해야 했다. 국가적인 유통시스템이나 브랜드가 부재했기에 대부분의 산업에서 국가전체적인 시장은 존재하지 않았다. 앞서 연구한 맥주시장의 사례에서와 같이 지역간 기업인수로 인하여 이제서야 국가적 시장이 떠오르고 있다. 따라서 해외

진입기업들과 중국현지기업들간의 경쟁효과는 국가적 시장보다는 지역시장에서 더 강하다는 것을 알 수 있다. 다시 말해, 다른 지역에 있는 기업들과의 경쟁보다 같은 지역에 있는 기업들끼리의 경쟁이 더 치열하다는 것이다.

한편, 이에 관련된 저자의 연구에 따르면 이전효과는 국가적 시장에서 더 일반적인 현상이라는 것을 밝혀냈다Chang and Xu 2008. 비록 지역집중화에 대한 연구들이 특정한 지역 내에서 근접한 기업들간에 이전효과가 크다는 점을 시사하고 있으나Krugman 1991; Saxenian 1994; Chang and Park 2005, 이러한 이전효과가 협소하게 정의된 지역경계를 넘어 국가 수준에서도 나타난다는 것을 알려주는 여러 근거들이 존재한다Keller 2002. 첫째, 제3장에서 정의한 것과 같이, 전시효과demonstration effect로 인해 이전효과는 한 국가 내의 지역간에도 발생할 수 있다. 이러한 효과는 다국적기업들의 새로운 기술과 제품이 국내기업가들로 하여금 내수시장에서 자신의 제품을 발전시키게 만들 때 발생한다. 따라서, 국내기업가들이 해외 기술과 제품에 대한 정보에 접근하는 것이 지역 내로 한정되어 있다기보다 국가적으로 이전이 가능하다는 것을 알 수 있다. 둘째, 진보된 지식과 기술에 대한 지역간의 이전효과는, 지역에 한정되지 않고, 훈련된 직원들의 지역간 이직에 의하여 촉진될 수 있다Ahn, de la Rica and Ugidos 1999. 예를 들어, 자신의 지역시장에서 다국적기업들과 직접적으로 경쟁을 하지 않는 중국현지기업들은 다국적기업 혹은 다른 지역의 현지기업들의 경영진들과 기술자들을 고용함으로써 그들 기업들에 대한 정보를 얻을 수 있다. 셋째, 많은 지역의 지방정부들이 목표한 경제성장을 이루는 하나의 방법으로 이들은 지역을 넘어서는 신규투자와 우호적인 인수합병을 장려했다. 중국에서는 지방정부 공무원들의 중요한 승진기준으로 이들이 그 지역 내에 얼마만큼의 해외투자를 유치했는지를 보고 있다. 따라서 이러한 지역간 투자로 인해 지식이전효과는 더욱 촉진되었고,

전국적인 규모로 쉽게 확장되었다. 그러므로 우리는 지역시장 내 다국적기업이나 중국현지기업들의 진출이, 같은 지역 내에서 직접적으로 경쟁할 다른 기업들에게도 경쟁효과를 유발한다는 것을 알아냈다.

그러나 국가 전체적으로 볼 때, 한 지역에 위치한 기업들은 다른 지역에 위치한 다른 기업들과 직접적인 경쟁을 유발하지 않기에, 국가적으로는 긍정적인 이전효과를 야기한다. 예를 들어 맥주 산업에서는 많은 다국적기업과 중국현지기업들이 해안지역과 대도시에 진입했기 때문에, 이러한 곳에서의 경쟁효과는 어떠한 이전효과보다도 더 컸다. 같은 지역 내에 위치한 기업들에게서 얻을 수 있는 것도 있었지만, 이들 기업들은 서로 격렬한 경쟁을 벌여야만 했기 때문이다. 그러나, 다국적기업이나 중국현지기업들이 많지 않은 내륙지방에서는 이전효과가 경쟁효과보다 더 컸다. 다시 말해, 내륙지방에 위치한 기업들은 특별히 타 지역에 위치한 기업들과 경쟁할 필요없이 다른 기업들에게서 이전효과를 쉽게 얻을 수 있었다. 이러한 예로 맥주 산업에서 내륙지역의 틈새시장을 목표로 한 사기업이나 집체기업들이 이렇게 이전효과를 쉽게 얻은 예이다.

이와 같이 다양한 기업들의 이전효과와 경쟁효과가 중국 내 다른 기업들에게 영향을 주었다는 연구결과는 부록 7에 자세히 나와 있다. 이 연구는 기업의 생존/퇴출로 측정한 경영성과에 대해 조사한 것이었다. 이 연구에 따르면, 다른 기업들과는 다른 경영자원을 갖는 기업들보다는 유사한 유형의 경영자원을 가진 기업들 사이에서는 이전효과보다 경쟁효과가 더 크게 나타났다. 또한 국가전체적 시장에서보다는 지역시장에서 경쟁효과가 이전효과보다 더 큰 경향을 보이는 것으로 나타났다. 유의할 점은 이전효과가 오직 다국적기업으로부터 중국현지기업으로 일방적으로 나타난다는 과거의 논의와 달리, 본 연구에서는 이전효과가 다국적기업과 중국현지기업들 사이에서, 다국적기업들 사이에서, 또는 중국현지기업들 사이에서 모두 나타날 수 있다는 점을 밝혔다. 이에 더하여 우리는 중국현지기업들이 다국적기업으로부터 기술이전효과를 제공받는 수동적인 입장이거나, 다국적기업과의 경쟁의 일방적인 희생자가 아니라는 것을 알아냈다. 사기업과 법인기업을 포함하여 구조조정을 거친 중국현지기업들의 존재는 동일한 시장 내에 존재하는 모든 다국적기업들에게 강력한 경쟁효과를 제공하였다. 이와 반대로, 전통적인 중국현지기업들은 독점적인 네트워크나 정부정책에 대한 특혜를 받으면서 다국적기업들과 직접적인 경쟁을 하지 않았기 때문에 이러한 경쟁효과를 보이지 않았다. 그러나 같은 기간 동안, 상당수의 다국적기업과 중국현지기업들이 서로 경쟁하여 서로를 몰아냈다.

Huang$_{2003}$의 연구는 외국인직접투자의 부정적인 측면을 강조하며 외국인직접투자가 중국현지기업들의 생존에 부정적인 영향을 주었다는 것을 밝혀냈다. 그러나 다국적기업들의 진입으로 중국현지기업들은 혜택과 손해를 동시에 받았기에 우리는 외국인직접투자를 양날의 칼과 같다고 보아야 한다. 또한 다국적기업과 중국현지기업이 가진 경영자원의 유형에 따라 이러한 영향을 보다 자세히 살펴볼 수 있음을 밝혔다. 아마도 이전효과의 가장 큰 수혜자는 내륙지방의 중국현지기업일 것이다. 이들은 시골지역의 틈새시장에 위치한 맥주기업과 같이, 해안지역에 위치한 다국적기업들과 구조조정을 거친 중국현지기업들간의 경쟁을 지켜보며 이들과는 직접적인 경쟁을 하지 않으면서도 이들 기업들로부터 이전효과를 충분히 얻을 수 있었기 때문이다. 이러한 과정을 통해 강력한 다국적기업들과 중국현지기업들은 서로 비슷한 양상을 보이며 진화해나갔다.

다국적기업의 수익률과 소득이전효과

그림 5-4에서 보듯, 맥주 산업의 사례연구는 전 산업에 걸친 통합과정으로 인해 기업의 수익률이 높아졌음을 보였다. 소유권의 유형에 상관없이 모든 기업들은 그림 5-5에서와 같이 통합과정이 높은 수준에 다다른 2000년대 중반부터 높은 수익률을 보이고 있다. 2000년대 후반에는 사기업과 집체기업의 수익률이 10% 전후의 ROA로 가장 높았으며, 그 뒤를 법인기업과 다국적기업, 마지막으로 국영기업이 따랐다. 이전에 말했듯, 다국적기업이나 구조조정을 거친 거대 중국현지기업들이 아직 진입하지 않은, 시골 지역에 위치한 사기업과 집체기업들은 이러한 틈새시장을 노림으로써 높은 수익률을 얻을 수 있었다. 다국적기업들의 수익률은 4~6% 정도로, 사기업이나 집체기업, 현지법인기업보다도 낮은 수준을 보이고 있다. 여기서 의문이 제기된다. 다국적기업들이 강력한 기술, 브랜드, 자본을 보유했음에도 불구하고 왜 중국현지기업들보다 낮은 수익률을 보이는가?

이러한 질문에 대해 부록 9의 통계분석은 다른 산업에서도 맥주 산업과 유사한 수익률 패턴을 보일 것인가에 대한 연구결과를 보여준다. 부록에서, 저자는 연간 산업실태조사에 포함된 모든 기업들을 기반으로, 다국적기업과 중국현지기업들의 수익률을 비교해보았다. 그 결과, 맥주 산업에서처럼, 사기업과 집체기업이 가장 수익률이 높고 그 뒤를 법인기업과 다국적기업들, 마지막으로 국영기업이 뒤따랐다. 국영기업이 가장 낮은 수익률을 보였기 때문에, 이러한 국영기업들을 준거집단으로 사용하여 기업들의 경영성과를 측정해보았다. 예를 들어, 집체기업은 평균적으로 국영기업보다 5.8% 높은 ROA를 보인다. 홍콩香港,

마카오澳门, 타이완台湾 출신 다국적기업과 다른 나라 출신 다국적기업들의 ROA는 평균적으로 국영기업보다 3.6% 높게 나타난다. 때문에 산업, 지역, 연도효과를 통제한 후에 보여지는 다국적기업과 사기업간의 수익률 차이는 5.8%와 3.6%의 차이인 2.2%으로, 다국적기업은 사기업보다 낮은 수준의 수익률을 보이고 있다. 다국적기업들의 수익률은 국영기업의 수익률보다는 훨씬 높지만 사기업이나 집체기업보다는 훨씬 낮은 수준으로 법인기업과 같은 수익률을 유지하고 있다. Asia Times는 "2001년과 2004년 사이 약 55%의 다국적기업이 손실을 보았다고 집계되었고 2005년에는 그 수치가 42.96%로 감소했다. 최근 국영기업, 주식회사, 사기업을 포함한 모든 중국기업들이 수익률을 높이는 동안, 해외투자기업의 절반 정도가 손해를 보고 있다는 것은 이상한 일이다. 그럼에도 불구하고, 중국에 대한 외국인직접투자는 계속적인 증가세를 보여왔다."[9] 이처럼 중국 내 다국적기업들의 열악한 재무성과는 중국에 강력한 기술, 브랜드, 자본을 갖고 진출한 다국적기업들에게는 어울리지 않는 이상한 현상이다.

중국 내 다국적기업들의 재무성과가 열악한 현상에 대한 잠재적인 이유들에 대해 생각해보자. 몇 가지 유력한 가설 중 하나부터 시작해보면, 첫째, 국제경영이론은 오랫동안 현지기업들과 비교해보았을 때 다국적기업들이 현지에 대한 지식과 자원이 부족하기에 갖는 불리한 점을 외국인비용liabilities of foreignness이란 용어로 설명해왔다. 다국적기업들은 이러한 불이익을 커버하기 위하여 강력한 기술이나 브랜드 같은 독점적인 우위monopolistic advantages를 가져야 한다. 이들 다국적기업들은 시간이 지남에 따라 현지에서의 경험을 얻어 이러한 외국인비용을 극복할 수 있다. 때문에 우리는 경험효과experience effect를 통제하기 위해 기업의 연령을 고려하였다. 부록 8에 나와있는 실증연구에 따르면 오래된 기업들보다 신생기업일수록 더 수익성이 높다는 것을 보여주며, 경험이 많고 외국인비용이 낮은 기업이 반드시 경영성과가 높은 기업은 아니라는 것을 시사한다. 이로써 첫 번째 이유는 앞선 질문에 대한 답이 될 수 없다.

둘째, 제1장에서 살펴본 바와 같이, 실제로는 중국기업들이 중국정부가 해외기업에게 제공하는 다양한 인센티브들을 받기 위해 홍콩이나 마카오에 기반한 다국적기업으로 위장했는지에 대한 여부를 궁금해할 수 있다. Huang2003은 홍콩이나 마카오로 이전한 기업의 자금이 다시 중국으로 들어온다는 '왕복형 외국인직접투자round-trip FDI'라는 가설을 제공하였다. 만약 이것이 사실이라면, 중국현지기업들이 위장한 홍콩香港이나 마카오澳门에 기반한 다국적기업들 중 다수는 높은 경영성과를 보이지 않아야 했다. 그러나 부록 8을 보면, 이러한 홍콩香港, 마카오澳门, 타이완台湾 출신 다국적기업들이 다른 나라 출신 다국적기업보다 반드시 낮은 경영성과를 보이지는 않는다는 것을 알 수 있다. 사기업과 비교했을 때는 두 유형의 다국적기업 모두 낮은 수준의 수익률을 보인다. 때문에 이러한 설명 또한 앞선 질문에 대한 이유가 될 수 없다.

셋째, 제2장에서 알아본 바와 같이, 우리는 현지합작투자 파트너들이 고도의 기술과 브랜드를 앗아갈까 두려워 기술이나 브랜드의 도입에 어려움을 가졌던 합작투자기업보다는 독자소유자회사가 더 높은 경영성과를 보일 것이라 생각해볼 수 있다. 그러나 부록 8에 나온 결과를 보면, 오히려 그 반대라는 것을 알 수 있다. 어떠한 이유인지, 독자소유자회사보다 합작투자기업의 수익률이 높았기에 이 또한 앞선 질문에 대한 이유가 될 수 없었다.

마지막으로 남은 한 가지 가능성은, 소득이전이 다국적기업들의 낮은 재무성과의 원인이라는 것이다. 다국적기업들은 유수한 인재들을 최대한 모집하여 가격경쟁력이 가장 뛰어난 곳에서 제품을 생산하고 이 제품들을 전 세계 잠재적 소비자들에게 판매하면서 전 세계에 걸쳐 이윤을 극대화하는 조직이다. 이와 마찬가지 이유로, 다국적기업들은 전 세계에 걸쳐 있는 현지법인들의 조세부담을 줄이고 세후순이익을 극대화시키기 위해 자회사를 통한 소득이전을 활발히 시도하고 있다. 다국적기업들이 각 국가의 복지후생보다는 자신의 이익을 극대화하는 뛰어난 능력은 Raymond Vernon 교수가 저술한 「*The Sovereignty at Bay*」2007이란 책 제목에 잘 나타나있다.[10]

다국적기업들이 조세부담을 피하기 위해 관행적으로 소득을 이전한다는 주장에는 상당한 근거가 있다. 본래, 소득이전은 관찰하기 어렵다. 다국적기업들이 이러한 행위를 인정하는 것은 현지국가와의 마찰을 스스로 초래하는 것이기 때문이다. 때문에 실제거래에 기반한 데이터를 이용하여 소득이전을 직접 관찰하는 것은 거의 불가능하다. 이전 문헌들은 두 가지 대표적인 소득이전의 방법으로 이전가격의 조정과 부채에 주목했다. 첫째, 이들 연구는 다국적기업들이 내부이전가격internal transfer prices을 활용한다고 주장한다. 구체적으로, 다국적기업들은 세율이 높은 나라에서는 수입품들의 가격을 과장하거나 수출품들의 가격을 축소함으로써 그 나라에서의 자신들의 재무적인 이익을 감소시킨다. 이전가격transfer pricing은 제3자거래가격arm's length prices 즉, 관련되지 않은 기업들이 유사한 거래에서 사용하는 가격이 기준이 되기 때문에, 이러한 제3자 거래가격이 없는 무형자산 즉 기술, 브랜드 등에 있어서는 특히 더 중요한 수단이 된다.[11] 둘째, 대부분의 나라에서 이자비용이 세금에서 공제되기 때문에 다국적기업들은 부채계약을 사용하여 조세부담하는 국가를 바꾼다. 이러한 방법은 특히 법인소득세율이 높은 나라에서 더 활용가치가 높기 마련이다. 다국적기업들은 부채총계를 전 세계에 걸쳐 임의로 부채를 할당함으로써 조세채무tax liability를 최소화시킬 수 있었다. 구체적으로, 높은 법인소득세율을 가진 나라에 있는 자회사가 가능한 많은 부채를 부담하는 것이 이익이 된다.[12]

2001년 중국이 세계무역기구WTO에 가입하면서, 본국으로의 과실송금에 대한 모든 공식적인 장벽을 없앴지만, 중국 내 다국적기업들은 아직도 정부의 보호무역주의 정서를 도발할까 우려하여, 중국 외 지역으로 과실을 송금하는 데 어려움을 겪고 있다. 결과적으로 중국 내 다국적기업의 자회사들은 이익을 이전시키기 위하여 공식적인 채널을 통한 과실송금보다 명백하지 않은 방법을 사용하려는 경향을 더 많이 보이고 있다. 다양한 경제특구에서 상당한 세금우대조치가 존재했지만, 중국 내에서 시행되고 있는 법인세율은 2008년 조세개혁 이전에는 33%로, 전 세계에서 가장 높은 세율을 가진 나라 중 하나였다. 중국의 인민일보에 따르면Yang 2002, 중국국세청은 다국적기업들의 조세회피행위로 인하여 중국의 조세수입이 매년 300억 위안만큼 손실을 보고 있다고 말하였다. 예를 들어 자동차 산업에서, 조달과정을 통한 다국적기업의 소득이전은 공공연한 비밀이었다. 합작투자기업의 해외파트너들은 높은 가격으로 모회사에서 부품을 구매하고자 했고중국현지기업보다 10배 정도 비싼 가격의 부품가격을 매김, 다시 모회사에게 완성된 차량을 매우 저렴한 가격에 판매했다. 이러한 소득이전방식은 다국적 모회사에게는 이익이 되나, 합작투자파트너에게는 큰 손실이었다.[13] 합작투자기업에서는 중국현지기업이 파트너로써 다국적기업을 감독할 수 있었기에, 합작투자기업보다는 독자소유 자회사에서 소득이전의 가능성이 더 높았다. 이러한 소득이전에 대한 가설은 독자소유 자회사들이 합작투자기업보다 더 낮은 수익률을 보인다는 통계결과와 일관된다. 중국 국가통계청이 다국적기업의 손실에 관하여 발표한 자료에 따르면, "다국적기업의 3분의 2가 회계장부에 '특별손실'을 기록하는데, 이는 다국적기업이 조세부담을 줄이기 위해 이전가격이나 다른 방법을 사용하여 소득을 이전하고 있다는 반증이다"라고 밝히고 있다.[14]

부록 10은 중국 내 다국적기업들의 소득이전 정도에 대해 저자가 고려대학교의 정재호, 문정빈 교수와 함께 현재 수행하고 있는 연구들을 간단히 소개하고 있다Chang, Chung, and Moon 2012. 중국의 다국적기업에서 나타나는 소득이전이 규칙적으로 발생한다고 가정했을 때, 모국의 기업소득세율이 적은 나라의 다국적 자회사들은 소득세율이 높은 곳에 위치한 자회사들로부터 모기업으로의 소득이전을 할 인센티브가 더 크다Grubert and Mutti 1991; Hines and Rice 1994. 이와 반대로, 소득세율이 높은 곳에 위치한 다국적기업의 자회사들은 중국현지법인의 소득을 중국 내에 남겨두려는 경향이 크다. 이러한 소득이전에 대한 가설과 일치하게, 통계분석은 모국의 소득세율이 낮은 다국적 자회사들의 수익이 실제로 모국의 소득세율이 높은 다국적 자회사들의 수익보다 낮다는 것을 보여준다. 예를 들어, 산업 평균적으로 1위안만큼의 이윤이 발생할 때, 모국의 소득세율이 40%인 다국적기업의 자회사들은 1.348위안만큼을 기록하지만, 모국의 소득세율이 15%인 다국적기업의 자회사는 0.923위안만 버는 것으로 기록한다. 다양한 경제특구에서는 그곳에 위치한 다국적 회사들에게 세금우대혜택을 제공했기 때문에, 우리는 연구모델에서 이러한 경제특구효과를 고려하여 소득이전현상을 추정하였다. 그 결과 이러한 경제특구에 위치하여 세금우대혜택을 제공받는 다국적기업들이 그렇지 않은 기업들보다 더 예민하게 반응한다는 것으로 나타났다. 이러한 결과는 중국 내 다국적기업들의 자회사들에게서 소득이전이 매우 광범위하게 일어나고 있다는 추측이 사실임을 확인시켜준다. 그러므로 중국에서의 다국적기업들이 보이는 낮은 수익률은 실제로 이들의 수익이 낮다는 것을 뜻하지 않는다. 이들은 중국의 조세당국에 자신들의 수익을 낮게 신고할 뿐이었다.

이에 대응하여, 중국은 최근 조세포탈에 대한 규제를 강화하고 소득이전에 대한 강력한 규제를 시행했으며, 동시에 이러한 소득이전을 적극적으로 조사하기 시작했다KPMG 2007. 한편, 2008년 법인세의 개혁으로 중국의 법인소득세는

25%까지 낮아졌다. 이번 세제개편은 그동안 다국적기업들에게 제공되었던 다양한 세금인센티브 제도를 폐지시켰다. 여러 과도기를 거친 후, 다양한 경제특구 내의 다국적기업들은 이제 중국현지기업과 동등한 법인세율을 적용받게 되었으며 다국적기업에게 제공되었던 특별대우가 사라졌다. 중국정부는 지방조세당국에게 다국적기업들이 중국에서의 소득을 중국 외 지역으로 이전시키거나 중국 외 지역에서의 영업손실을 중국으로 이전하여 조세를 줄이는 행위를 엄격하게 감시할 것을 당부했다.[15]

본 장은 다국적기업과 중국현지기업의 경영성과에 대해 알아보았다. 맥주산업의 사례는 중국 내에서 낮은 경영성과를 보이는 기업은 시장에서 퇴출당하며, 산업이 통합되는 과정에서 생존한 기업들의 수익률이 오른다는 것을 보여주었다. 이러한 산업통합은 생존한 다국적기업과 중국현지기업 모두의 경영성과를 높여준다. 또한 기업의 생존과 퇴출에 대한 분석은 다국적기업들이 중국현지기업이나 다국적기업들에 의해 퇴출당하고 있는 현실을 보여주었다. 그러나 맥주산업의 사례연구와 대규모 데이터를 통한 통계분석 모두, 다국적기업의 수익률이 중국의 법인기업의 수익률 수준이며, 국영기업보다는 높지만 사기업이나 집체기업의 수익률보다는 상당히 낮은 경향을 보인다는 것을 보여준다. 다국적기업들이 가진 강력한 기술과 브랜드를 고려하면, 이러한 낮은 수익률은 놀라운 사실이 아닐 수 없으며, 이는 내부이전가격의 방법으로 중국에서의 수익을 해외로 빼돌리는 다국적기업의 소득이전 활동과 크게 관련되어 있음을 보여주었다. 제4장에서 다국적기업들은 중국 내의 취약한 지적재산권보호, 특히 중국정부의 안일한 태도에 불만을 표하고 있다고 밝혔다. 그러나, 반면 그동안 중국정부가 다국적기업들이 중국에서 탈세하는 것도 눈감아주고 있었다는 것도 사실이다.

06
미래를 위한 경쟁

앞서 살펴보았듯이, 중국에 진입한 외국계 다국적기업들은 중국현지기업들 및 다른 다국적기업들과 힘든 경쟁을 벌여야 했다. 앞으로도 수많은 경쟁압력에 직면할 것이다. 중국이 앞으로도 지속적으로 민영화와 규제완화를 추진하면서, 강력한 기술과 관리역량을 갖춘 더 많은 중국현지기업들과 다국적기업들이 시장에 진입할 것이며, 경쟁이 심화됨에 따라 부실한 기업들이 퇴출되는 것은 더욱 빈번하게 이루어질 것이다. 또한 이러한 심화된 경쟁 속에서 생존한 다국적기업과 중국현지기업들은, 중국 내에 지역별 산업클러스터를 만들고 있다. 동시에, 이 중국현지기업들은 다국적기업들과 진검승부를 위해 자신의 기술과 경영노하우를 계속해서 개선하고 있으며, 중국시장을 넘어 국제적 시장진출을 통해 세계시장의 다국적기업과도 경쟁하기를 갈망하고 있다. 본 장은 중국정부의 규제가 가장 심한 철강 산업의 사례연구로 시작한다. 본 사례는 미래에 있을 여러 가지 중국에서의 기업경영의 난점을 명확히 보여준다.

철강 산업: 사례연구

1949년 초, 중국정부는 당시 신생국가인 중화인민공화국의 유일한 지원국이었던 소련에게서 자본과 기술을 지원받아 3대 철강제조회사인, 안산철강鞍山钢铁, 우한철강武汉钢铁, 바오투철강包头钢铁을 설립하였다. 철강 산업은 중국의 대약진운동大跃进运动과 같은 정책의 도움을 받아 빠르게 성장하였다. 그러나 대약진운동大跃进运动이나 그 밖의 다른 정책들은 생산성을 떨어뜨렸고, 중국에는 수만 개의 비효율적인 소규모 철강기업들이 생겨났다. 이 비효율적인 철강기업들은 중국이 개혁개방정책 이후 두 자릿수 성장을 이룩할 당시, 철강에 대한 수요를 충족시키지 못했다. 결국, 중국은 철강의 최대생산국이면서 동시에 최대의 철강 수입국이 되었다.

중국정부는 철강 산업을 전략적 산업으로 분류하여, 다국적기업이 시장에 진입하는 것을 제한하여 국영기업을 보호하였다. 개혁과 개방정책 직후, 중국정부는 100% 국영기업인 바오강宝钢을 경쟁력 있는 현대식 철강제조기업으로 만들기 위해, 한정된 재무자원을 바오강宝钢에 집중적으로 투자하였다. 1985년에 시작된 1단계 프로젝트에서는 일본의 신일본제철Nippon Steel로부터 기술을 제공받아 연간 3백만 톤을 생산하였다. 1992년에 마무리된 2단계 프로젝트에서는 연생산량을 6백만 톤까지 증가시켰다. 바오강宝钢은 해외로부터 기술을 수입하고 연구개발에 적극 투자하였다. 그 결과, 설립 초기에는 장비의 거의 100%를 수입하였던 반면, 2단계와 3단계에서 장비의 현지조달 비율이 각각 88%와 95%까지 높아졌다. 바오강宝钢은 1998년 상하이철강그룹上海冶金控股集团과 메이산강철梅山钢铁을 인수하면서 더욱 거대하게 성장하였다. 바오강宝钢은 첨단기술이 들어가 높은 부가가치를 지닌 강철제품들, 이를테면 탄소강, 스테인리스강, 특수합금강 등의 생산에 주력했다. 2003년 국유자산관리감독위원회SASAC는 바오강宝钢의 정부 소유지분을 주식으로 전환하며 법인기업을 설립하였다.

한편, 개혁기간 동안 적자를 기록하던 여러 소규모 국영기업들이 민영화되었다. 제3장에서 살펴보았듯이, 철강회사의 영업직원이었던 장지샹张志祥은 준화강철遵化钢铁을 민영화하여 현재 건룽강철建龙钢铁이라는 상호로 크게 성공하였다. 건룽建龙은 민영화 후, 파산위기의 기업들을 10개 이상 인수하며 사업을 확장하였다. 더욱이, 일부 신규 사기업들은 시장에 진입하여, 경제의 급속한 성장과 정부의 인프라 투자에 힘입어 더욱 빠르게 성장하였다.

2003년, 중국정부는 군소기업들을 통합하여 철강 산업을 현대화시키기 위해 공격적인 산업정책을 수립하였다. 정부는 각 철강제조기업들이 자발적으로 생산량을 감축하게 만들어 총생산량을 조절하고 가격을 유지하려고 하였다. 또한 품질이 떨어지는 제품을 생산하는 소규모 기업들을 시장에서 퇴출시켰다. 정부는 부지의 인가과정을 통제하고 은행의 사기업에 대한 대출규모를 감소시켜, 대규모의 투자를 억제하려 했다. 거대 국영철강기업들은 이러한 산업정책을 따랐지만, 소규모 사기업들은 이에 반발했다. 이 시기 사기업들은 정부정책과는 반대로 오히려 생산량을 확대하여, 결국 국영기업으로부터 시장점유율을 빼앗았다. 사기업들은 거대 국영기업들이 놓친 틈새시장을 노렸고, 국영기업에 비해 인건비도 낮았으며, 국영기업의 관료적 기업문화도 없었다. 중국 내 조강粗钢의 생산량은 2002년 1억 8천만 톤에서 2008년 5억 톤까지 증가하였지만, 같은 기간 동안, 민간철강기업의 조강 생산량은 3천만 톤에서 2억 톤으로 증가하였다. 즉 이 기간 동안 조강 생산량 증가분의 약 3분의 2를 사기업이 담당하였다는 것을 알 수 있다.

예를 들어, 중국정부가 인프라에 투자를 시작한 2003년에 리자오철강日照钢铁은 시장에 신규진입하였다. 철강 산업에서 중국정부는 국영기업의 성장을 촉진시키려 노력했지만, 오히려 리자오철강日照钢铁 같은 민간철강기업들이 국영기업들보다 더 빠르게 더 많은 기회를 잡았다. 리자오철강日照钢铁이 첫 공장을 건설하여 생산을 시작하는 데는 단지 181일이 걸렸을 뿐이었다. 중국 철강 산업계의 기록으로 남은 '리자오 속도日钢速度'는 철강 산업의 롤모델이 되었다. 2004년과 2006년 사이 리자오철강日照钢铁은 엄청난 수익을 창출하며 자산이 처음보다 4배 증가한 116억 위안이 되었다. 리자오철강日照钢铁의 창립자이자 CEO인 두수앙후아杜双华는 설립 후 5년이 채 지나지 않아, 350억 위안 이상의 개인재산을 기록하며, 후룬胡润이란 경제경영잡지가 발표한 2008년 중국 부자리스트富豪榜에서 2위를 기록했다.[1] 리자오철강日照钢铁처럼, 대부분의 철강제조기업들은 정부의 인가를 요청하는 동시에 부지에 공장을 짓기 시작하였다. 인가를 받기까지는 상당한 시간이 걸리기 때문에, 정부승인이 떨어지기 전에 불법으로 생산을 시작하는 일이 빈번하였다. 이러한 불법행위를 감추기 위해 기업들은 정부에 생산량을 보고하지 않았다.[2] 이로 인해 사기업들은 정부의 기습적인 단속에 취약할 수밖에 없었다.

리자오철강日照钢铁 등의 민간철강기업들의 진입은 2003년 시행한 산업정책의 실패를 가져와 철강 산업의 세분화를 가중시켰다. 이 정책의 실패는 두 가지 요인에 기인하였다. 첫째, 중국경제가 예상보다 훨씬 빠르게 성장하여, 철강제품에 대한 수요가 급증하였다. 정부 스스로도 고속도로, 고속철도, 공항, 수력 댐 등을 건설하며 인프라 구축에 막대하게 투자하면서 빠른 성장에 박차를 가했다. 소규모의 사기업들은 이와 같은 수요증가를 이용하여 큰 수익을 창출하였다.

더욱 중요한 두 번째 요인은, 지방정부가 실업률을 낮추고 지역 GDP를 성장시키기 위해 사기업들을 암암리에 지원하였다는 것이다. 중앙정부는 이러한 지방정부에 대해 기습단속 등 제한적인 영향력만을 행사하였다. 예를 들어, 2004년에 톄번철강铁本钢铁은 장쑤성江苏省의 창저우常州 정부로부터 상당한 지원을 받아 공장을 확장하였다. 실제로, 창저우常州 정부는 단 하루 만에 확장안을 승인해주었고, 중앙정부의 인가 또한 확실히 받아줄 것을 약속했다. 그러나 되려 중앙정부는 감사팀을 보내 이 투자계획을 수사하였고, 톄번철강铁本钢铁의 CEO 다이구오팡은 탈세혐의로 기소되어 투옥되었으며, 확장공사는 완공 전에 중단되었다. 다이구오팡戴国芳이 석방되었을 때, 톄번铁本은 이미 파산신청을 한 뒤였다.[3] 장쑤성江苏省 지방정부의 관리들 역시 징계를 받았다. 비슷한 시기에, 기업가 장지샹张志祥의 건룽강철建龙钢铁이 신규 설립한 닝보건룽철강宁波建龙钢铁도 정부의 여러 투자요건들을 무시하고 건설되었다가 정부의 철퇴를 맞아 국영기업인 항저우철강杭州钢铁에 인수되었다.[4]

2005년 중국정부는 강화된 산업정책을 발효하였다. 새로운 철강 산업 발전 정책은 인수, 합병을 권장하였으며, 동시에 10대 철강기업의 통합생산량이 2010년에는 총생산량의 50%, 2020년에는 70%가 되는 것을 목표로 제시했다. 또한 정부는 3천만 톤을 수용할 수 있는 거대한 철강기업 2개와 1천만 톤을 생산할 수 있는 여러 개의 철강기업을 설립하도록 하였다. 더불어, 국영기업들이 다른 국영기업들과 사기업들을 인수할 수 있는 장을 마련하였다. 2005년, 후베이성湖北省의 국유자산관리감독위원회는 어청철강鄂城钢铁 지분의 51%를 무료로 우한철강 武汉钢铁에 양도해주었다. 같은 해 구이저우성贵州省의 국유자산관리감독위원회는 수이청철강水城钢铁 지분의 85%를 셔우강首钢에게 역시 무료로 양도해주었다. 바오강宝钢은 중앙정부 및 지방정부들의 지원을 받아, 2007년 신장新疆의 바이철강八一钢铁을, 2008년 광둥성广东省의 광저우철강广州钢铁과 사오관철강韶关钢铁을, 2009년 저장성浙江省의 닝보철강宁波钢铁을 인수하였다. 한단철강邯郸钢铁과 탕산철강唐山钢铁

이 2008년 합병되며 설립된 허베이철강河北钢铁은 현재 중국 내 가장 큰 철강제조기업이다. 2010년에 국영기업인 산둥철강山东钢铁은 앞서 가장 성공한 민간철강기업 중 하나로 언급했던 리자오철강日照钢铁을 인수하였다.[5] 2009년, 중국정부는 철강 산업에서 바오강宝钢, 우한철강武汉钢铁, 안벤철강鞍本钢铁 등의 거대 국영기업들이 자리를 굳히도록 정책을 재점검하였다. 더불어, 수입원자재의 운반비를 줄이고 내륙지방의 환경오염을 완화하기 위해 해안지역에 철강기업들을 설립하는 계획을 추가하였다.

중앙정부는 이와 같이 철강 산업의 통합과 대형화를 위해 각고의 노력을 기울였지만, 지방정부는 조세수입과 고용률이 감소하고 통제력을 잃을 것을 우려하여 이를 끊임없이 방해하였다. 바오강宝钢이 안후이성安徽省의 만산철강马鞍山钢铁과의 합병을 위해 접근하자, 안후이성安徽省 지방정부는 지방정부 자체적인 산업발전지침을 시행하여, 사전에 합병의 가능성을 없애버렸다. 이와 유사하게, 우한철강武汉钢铁이 광시장족자치구广西壮族自治区의 류저우철강柳州钢铁 지분의 51%를 매수했을 때, 합병 후 통합과정에서 류저우柳州 지방정부의 거센 반발에 부딪혀야 했다. 류저우철강柳州钢铁이 내는 조세가 광시장족자치구广西壮族自治区의 조세수입의 3분의 1이나 되기에, 지방정부의 입장에서는 엄청난 수입을 창출해주는 이러한 기업을 중앙정부에 넘겨줄 수 없었다. 안산철강鞍山钢铁과 번시철강本溪钢铁은 각 기업을 통제하는 정부의 수준이 달라서 합병 후 통합과정이 더디었다. 안산철강鞍山钢铁이 중앙정부의 소유인 반면, 번시철강本溪钢铁은 지방정부의 소유였기 때문이다.

지방정부는 또한 지역간 인수합병을 피하기 위해 선제적인 인수합병을 통해 통합과정에 저항하였다. 허베이성河北省은 현재 최대 철강제조기업 중 하나가 된 허베이철강河北钢铁을 설립하며, 바오강宝钢이 허베이성河北省 지역에 시장을 확장하는 것을 저지하였다. 그 당시, 바오강宝钢은 한단철강邯郸钢铁과 합작투자를 해서 장기적으로 인수를 계획하고 있었다. 그러나 한단철강邯郸钢铁이 허베이철강河北钢铁에게 인수되면서 바오강宝钢은 이 합작투자에 투입된 자본을 거두어야 했다. 또한 허베이철강河北钢铁은 탕산철강唐山钢铁과 제휴하며, 셔우강首钢이 탕산唐山과 합병하려는 것을 저지하였다. 허베이성河北省은 지역 철강기업들이 그들의 통제하에 있도록 지켜내며, 중앙정부의 통합계획에 대항하여 지역 철강 산업의 규모를 확장시키고 경쟁력을 강화하였다. 유사하게, 산둥성山东省 지방정부는 지난철강济南钢铁과 라이우철강莱芜钢铁을 합병하여 산둥철강山东钢铁을 설립하였다. 산둥철강山东钢铁은 차후에 리자오철강日照钢铁을 강제인수하였다. 합병이 진행되는 것을 돕기 위해, 산둥성山东省 지방정부는 통합 계획을 반대하던 두 기업의 최고경영진들을 경질하였고, 이로 인해 바오강宝钢은 지난철강济南钢铁의 인수를 포기해야 했다.

아직도 철강 산업은 중국에서 규제가 가장 많은 산업 중 하나이다. 외국계 다국적기업의 진입이 합작투자의 형태로 제한이 되었다. 다른 산업에서는 대부분 많은 규제들이 완화되었지만, 철강 산업의 다국적기업들은 최근까지도 엄청난 규제에 가로막혀 있다. 2005년의 철강산업정책이 발표되기 이전에는 다국적기업들이 합작투자기업의 지배지분을 소유할 수 있었다. 예를 들어, 한국의 철강제조기업인 포스코POSCO는 초기 투자들에 있어서 지배지분을 가질 수 있었다. 포스코는 1995년 다롄大连POSCO의 55%, 1997년 장자강张家港POSCO의 82%, 1997년 순더顺德POSCO의 90%, 2002년 칭다오青岛POSCO의 80%를 소유하였다. 철강 산업의 산업정책이 정착되기 전 조기에 진입했던 포스코는 이처럼 완화된 정책의 혜택을 누릴 수 있었다. 그러나 2005년 산업정책이 시행되며, 합작투자기업에서 해외투자자들의 지분은 50%를 초과할 수 없도록 규정지어졌다. 포스코는 2005년 중국 최대 민간철강기업인 샤강沙钢그룹 지분의 51%를 얻기 위해 열심히 로비를 했지만 결국 실패하였다. 포스코는 프리미엄 시장인 스테인리스강 시장에서 높은 시장점유율을 차지하고 있고, 다른 다국적기업들 또한, 자동차 산업에 사용되는 철판처럼 높은 부가가치를 가진 제품 생산에 주력하였다. 티센크루프Thyssen Krupp는 1999년 바오강宝钢과 함께 스테인리스강을 생산하는 합작투자기업을 설립하였다. 이와 유사하게, 신일본제철Nippon steel은 2004년 상하이上海에 바오강宝钢과 함께 합작투자기업을 설립하여 자동차 산업에 쓰이는 철판을 생산하였다.

결과적으로, 자동차 산업에서는 중국의 합작투자 요구에도 불구하고 다국적기업의 합작투자기업들이 시장을 지배했지만, 철강 산업에서는 해외기업들의 2009년 시장점유율은 고작 13.6%에 불과하였다그림 6-1 참고. 반면, 중국 사기업들의 시장점유율은 1998년 2.0%에서 점차적으로 증가하여 2009년 23.2%가 되었

그림 6-1 중국 철강 산업의 기업 소유유형별 시장점유율

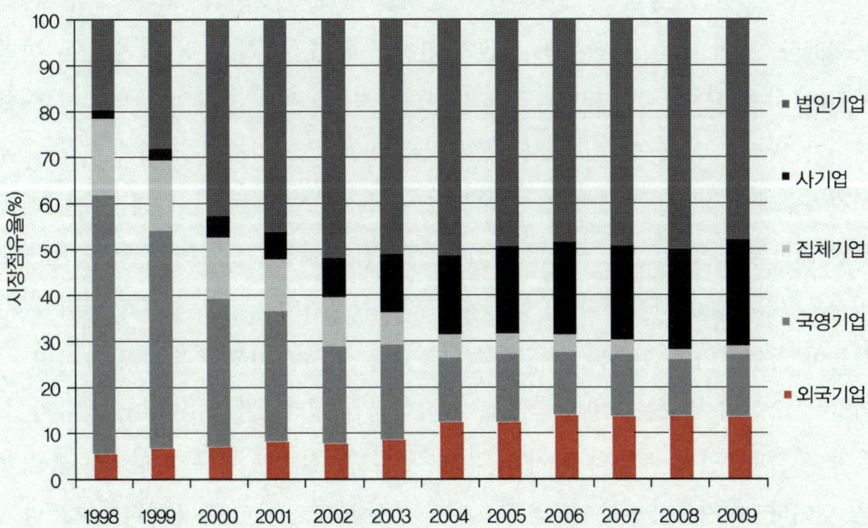

다. 같은 기간 종래의 국영기업들의 점유율은 56.2%에서 13.5%로 감소하였다. 반면, 국유자산관리감독위원회 소유 법인기업의 시장점유율은 같은 기간 19.6%에서 47.9%로 증가했다. 중국 사기업들은 철강 산업에서 그들의 지분을 늘리며 수익성을 성장시켰다. 중국철강협회中国钢铁工业协会의 부회장의 발표에 따르면, 2009년 철강기업의 60%가 적자를 기록했지만 사기업들은 그들의 유연성과 효율성을 기반으로 꾸준히 수익을 창출해냈다고 발표했다.[6] 그러나, 거대 철강기업들인 우한武汉, 바오강宝钢, 안벤鞍本钢铁, 허베이河北가 2009년 현재 모두 4~5%의 시장점유율을 차지할 정도로, 중국의 철강 산업은 아직도 크게 영세화되어 있다.

국가통제의 감소와 향후의 민영화 방향

지난 30년간, 중국은 개혁과 개방정책을 통해 민영화와 외국인직접투자를 독려했다. 개혁 결과, 공산주의 정권의 잔재인 국영기업들과 집체기업들은 법인기업과 사기업으로 전환되었다. 외국계 다국적기업들은 규제완화 이전에는 합작투자 방식으로, 완화 이후에는 독자소유 방식으로 시장에 진입하여, 중국에 선진기술과 마케팅노하우를 들여왔다. 그러나 철강 산업에서의 최근의 사례들은 이러한 추세를 완전히 거스르고 있다. 톄번철강铁本钢铁, 닝보건룽철강宁波建龙钢铁, 리자오철강日照钢铁 사례처럼, 중앙정부는 민간철강기업들을 단속하고 이러한 기업들이 국영기업에 인수되도록 강제하고 있다. 효율적이고 수익성이 높던 사기업들은 오히려 비효율적이고 적자를 기록하던 국영기업에 인수되어, 정부의 소유가 되었다. 만약 시장의 힘이 움직여주었다면, 결과는 다른 방향으로 흘러갔을 것이다. 학자들은 이 현상을 "국가가 우선하고 민간이 후퇴하다国进民退"라고 부르고 있다Naughton 2009.

실제로, 지난 30년의 개혁 과정에도 불구하고 일부 학자들은 여전히 중국에서는 국가가 사기업을 통제하려 한다고 주장한다. 중국정부는 "대기업은 유지하고 소기업은 매각한다抓大放小"는 정책기준을 통해, 거대 기업들에 대한 통제를 유지하고 작은 기업들은 시장에서 퇴출시키는 정책은 추진하였다. 그림 1－2에서 보여지듯이, 총자산에서 국영기업들의 자산이 차지하는 비중은 43.6%에서 8.2%까지 감소하였으나, 남아있는 국영기업들은 차이나텔레콤中国电信과 시노펙中国石化 등과 같이 거의 독점체제를 유지하는 기업들이었다. 국가를 대신하여 국유자산관리감독위원회가 법인화된 기업들의 지분을 소유하기 때문에, 많은 법인기업들 역시 무늬만 법인기업이지 사실상은 국영기업이었다. 2009년, 산업 내 총자산에서 법인기업이 운영하는 자산의 비중은 36.3%에 달할 정도로 높았다. 그러므로, 국가가 소유한 기업들은 여전히 중국에서 중요한 위치에 있다. 냉정하게 보면, 지금까지 중국에서 국가가 물러선 적은 절대로 없었다.

2008년의 세계금융위기는 "국가가 우선하고 민간이 후퇴하다国进民退" 현상을 더욱 가속화하는 역할을 하고 있다. 2008년, 중국정부는 내수경제를 활성화하기 위해 4조 위안 규모의 경기부양책을 발표하였다. 정부는 국영은행에서 자금을 조달하여, 국영기업들에게 장기 대출해주었다. 국영기업들은 이 기금을 사용하여 사기업을 인수하는 데 사용했다. 사기업들은 국영은행의 우선대출 대상기업이 아니었기 때문에, 이들은 금융위기기간 동안 생존에 위협을 받았고 인수제안에 맞설 충분한 방어대책이 없었다. 오직, 성공해서 '국가대표선수national champion'로 평가받을 수 있는 정도의 사기업들만이 정부로부터 공식적, 비공식적 지원을 받을 수 있었다. 예를 들어, 자동차 산업에서 질리吉利, 체리奇瑞, BYD比亚迪, 통신 산업에서 화웨이华为와 ZTE中兴通讯, 소비재 산업에서 상하이자화上海家化

와 나이스纳爱斯, 맥주 산업에서 칭타오青岛와 옌징燕京 정도가 누구든 인정하는 '국가대표선수'였다. 이들은 지방정부로부터 부지, 인허가, 은행대출 등의 지원에서 특혜를 받았다. 반면 개인기업가들이 설립한 사기업들은 아직도 높은 진입장벽에 막혀 고전하고 있다.

"국가가 우선하고 민간이 후퇴하다国进民退" 현상이 단지 세계금융위기의 여파로 철강 산업 등의 특정 산업에서만 생긴 현상인지, 미래에 다른 산업에도 발생할 현상인지는 앞으로 지켜봐야 한다. 하나의 극단적인 가능성으로 Economist 잡지는 2012년 국가자본주의가 전 세계적으로, 특히 신규시장에서 부활하고 있다고 주장하는 기사를 게재하였다.[7] 선진국들이 금융위기를 겪던 와중, 개발도상국들은 국영기업들이 사기업을 대신할 수도 있다는 생각을 하게 되었다. 예를 들어 싱가포르의 많은 기업들은 테마섹Temasek이나 GIC 같이 국부펀드의 소유로 운영되며 높은 경영성과를 보이며, 국영기업이라도 효율적으로 운영될 수 있다는 사례를 제시하고 있다. 실제로 중국공산당이 싱가포르의 사례들을 연구하고 있다는 데에는 많은 증거가 존재한다. 중앙정부와 지방정부의 국유자산관리감독위원회들은 국영기업을 보다 효율적으로 운영하기 위한 포트폴리오 관리를 배우기 위해 싱가포르의 테마섹Temasek에 자주 방문하고 있다. 이들 중국의 국영기업들은 시간이 지남에 따라 점차 자신감이 높아졌는지도 모른다. 중국 원자바오温家宝 총리는 전에 "사회주의 체제의 장점은 효율적인 의사결정과 효과적인 조직화, 막대한 업무를 달성하기 위한 자원의 집중이 가능하다는 것입니다"라고 언급하며 자신감을 피력한 바 있다.[8]

그러나, 도시국가인 싱가포르 모델을 중국에 적용하는 것이 타당한가에 대해서는 긴 시간을 두고 판단하여야 한다. 싱가포르 모델은 부패가 없으며 능력주의에 기반하는 정지시스템에 기반하고 있다. 반면, 중국은 경제의 규모가 훨씬 더 크고, 부패가 만연하고 사회주의의 잔재가 남아있다. 각 지방정부의 국유자산관리감독위원회는 테마섹Temasek 같은 효과적인 기관투자자가 되기를 원하지만, 중앙정부의 정책지침을 따르고 전 정부관리를 경영자로 채택해야 하는 제약에 직면하고 있다. 꽌시关系라 불리는 최고경영진과 정부관리와의 긴밀한 관계는 전문경영인의 관리체제를 어렵게 한다. 그러므로, "국가가 우선하고 민간이 후퇴하다国进民退"라는 우려는 현실적인 우려가 될 수 있다. 지난 30년간 민영화는 다국적기업에 맞서 경쟁할 수 있는 여러 강력한 현지기업들의 등장을 가능하게 했다. 그러나, 비효율적인 국영기업들이 효율적인 사기업의 인수를 위해 재무자원을 투자하는 것은 사실 경영자원의 낭비다. "국가가 우선하고 민간이 후퇴하다国进民退" 현상은 중국의 미래의 경제성장을 더디게 할 것이다. 따라서 중국에서의 진정한 민영화는 미완성 상태라고 볼 수 있다. 즉, 아직 진행 중이라는 점이다.

경쟁과 산업합리화통합

산업합리화통합

중국철강 산업의 통합과정은 맥주 산업의 통합과정과 큰 차이를 보인다. 제5장에서 논의하였듯이, 맥주 산업은 다국적기업들과 현지기업들간의 치열한 경쟁에서 산업합리화적인 통합을 이룬 모범적인 사례이다. 맥주 산업은 작은 양조회사들이 각 지역시장에 제한된 영세화된 형태에서, 소수의 대형 기업들이 시장을 독점하는 형태로 변화하였다. 이는 Chandler$_{1962,\ 1977,\ 1990}$가 20세기가 끝나

갈 무렵 미국과 유럽에서 강력한 현지기업들이 부상한 현상과 매우 유사하다. 경영사학자 Chandler는 철도와 통신과 같은 현대식 운송수단과 통신체계가 과거 지역단위로 영세화되어 있던 시장을 국가단위로 통합해주었다고 주장한다. 이러한 산업통합은 독점적인 시장구조를 수반한다. 철도는 지역에 특화된 많은 기업들이 전국적인 시장에서 서로 경쟁하도록 만들었다. 후에 전화기로 발전된 전신은 이러한 기업들이 지리적으로 분산된 사업체들에 대한 통제를 가능하게 도와주었다. 지역적으로 활동하던 기업들이 전국적인 경쟁을 시작하면서, 많은 산업들에서 생산과잉이라는 중요한 문제에 직면하였다. 기업들은 트러스트 또는 합병을 통해 이에 대응해나갔다. 예를 들어, 스탠더드오일Standard oil은 트러스트를 통해 광범위한 독점가격설정을 시도했다가, 1911년 셔먼 반독점금지법Sherman Anti- trust Act을 위반했다는 혐의로 미국대법원으로부터 해산명령을 받았다. 폰티악Pontiac, 쉐보레Chevrolet, 뷰익Buick, 캐딜락Cadillac 등의 여러 작은 자동차기업들은 합병을 통해 제너럴모터스General Motors, GM로 재탄생되었다. 이렇게 사업부제로 조직화된 거대기업들은 규모와 범위의 경제를 활용할 수 있었기에, 선진국들의 주요 산업군에서 현대적인 기업들의 표준이 되었다.

Chandler는 「*Scale and Scope*」이란 저서에서, 전국규모의 거대 다국적기업들의 등장에 핵심적인 기여를 한 규모의 경제와 범위의 경제의 역할을 강조하였다. 규모의 경제는 “단일상품을 생산 혹은 유통하는 단위사업체의 규모가 커질 때, 생산 혹은 유통의 단위원가가 감소함”으로 발생한다Chandler 1990: 17. 규모의 경제의 원천은 전문기계, 유통설비, 유통망 등의 고정자산에 대규모로 투자하는 것으로 이해되고 있다Scherer & Ross 1990. 기업들은 특정한 지리적 위치를 선택하여 생산시설을 집중시키고 인접한 지역시장에 제품을 판매함으로써 생산과 유통에 대한 규모의 경제를 달성할 수 있다. 한편, 범위의 경제는 “두 개 이상의 제품의 생산 혹은 유통을 하나의 사업체가 담당하는 프로세스"에서 발생한다Chandler 1990: 17. 범위의 경제는 공통 투입요소들이 복수의 시장에 사용될 때 발생한다. 예를 들어 기술과 브랜드는 상당한 범위의 경제를 발생시킨다. 공통적인 유통망 또한 범위의 경제 생성에 기여한다. 즉 기업은 다수의 제품을 다수의 지역에 동시에 판매하여 단위당 유통비용을 줄이고 조달과 재고관리를 조직화할 수 있다. Scherer et al 1975는 다수공장시설의 경제성을 산업통합의 근본적인 원인으로 규명하였다.

규모의 경제와 범위의 경제는 광고와 R&D를 통해서도 나타난다. 광고구매를 많이 하면 방송매체들로부터 할인을 받는다. 매출이 클수록, 고정비용의 성격을 가진 광고의 단위당 비용은 줄어든다. Chandler 1977: 208, 298에 따르면, 통조림 식품, 시리얼, 담배 등의 산업에서 광고가 주요 경쟁무기가 되었다고 한다. 이는 상대적으로 낮은 단가가 비탄력적인 수요를 생성했기 때문이다. 따라서, 규모의 경제와 범위의 경제가 큰 기업들은 훨씬 광범위한 방송매체를 부담할 수 있는 능력을 갖추게 되었고, 따라서 오랜기간 동안 경쟁우위를 유지할 수 있었다. 또한 브랜드 가치는 준공공재의 성질을 가졌기 때문에, 추가적인 비용 없이, 모든 제품과 기업전체적인 이득을 가져올 수 있다. 경제학의 최근 모델들은 기업들간의 R&D와 광고투자에서의 경쟁의 결과 독과점산업이 발생하는 것을 보여주고 있다Sutton 1991, 1997.

미국과 유럽에서 지역적으로 영세화된 산업이 통합되고 그로부터 다국적기업들이 탄생하게 된지 벌써 수십 년이 지났지만, 중국에서는 이제서야 그러한 현상이 발생하고 있다. 중국산업들은 공산주의 경제계획 시절부터 최근 자유화가 일어나기 전까지는 전혀 경쟁을 경험하지 않았다. 그러나, 자유화 정책이 시행되면서 경제적 요인이 작동하는 것을 막았던 여러 가지 제도적 장벽이 사라지면서, 산업합리화적인 통합과정을 겪게 되었다. 중국의 자유화 정책이 진입과 시장거래에 대한 높은 장벽을 허물면서, 비효율적이던 기업들은 경쟁에 노출되어 결국 시장에서 퇴출되었다.

제5장에서 살펴본 바와 같이, 중국의 맥주 산업에서 산업통합의 추세가 가장 뚜렷하게 보이는 것은 다음 두 가지 이유에 기인한다. 바로, 정부의 적은 개입과 산업의 성숙도이다. 첫째, 철강 산업에서처럼 정부가 국영기업을 보호하기 위해 시장에 개입할 때는 산업통합이 매우 더디게 이루어진다. 반면, 맥주 산업처럼 정부의 개입이 적었던 경우, 시장기능이 작동하여 부실한 기업을 시장에서 몰아내는 방식으로 통합이 이루어졌다. 철강 산업의 예는 중국의 지방분권체제가 산업통합을 저해하고 있다는 점을 보여주고 있다. 중국의 경제체제는 기업들에 대한 행정감독이 이루어지고 있다. 전략적으로 중요한 일부 거대기업들은 중앙정부에 보고하게 되어있지만, 나머지는 지방정부가 관리하고 있다. 이러한 체제는 누가 세금을 징수할지를 결정하므로, 지역적인 보호주의를 조장하는 경향이 있다. 따라서, 지방정부는 다양한 방법을 통해 다른 지방의 기업들의 인수를 방해하며, 자신의 지방에 위치한 기업들을 보호했다. 이는 결국 철강 산업에서의 지역간 인수와 통합을 억제하는 것으로도 작용했다. 심지어 중앙정부의 지원을 받는 국영기업들도 지방정부의 방해공작에 의해 타지방의 기업을 인수하는데 난항을 겪었다.

둘째, 산업통합은 산업이 성숙해지면서 더욱 강하게 이루어지는 경향이 있다. 산업이 성숙해지면서, 경쟁은 점차 제로섬게임이 되면서 더더욱 치열해지고, 부실한 기업들은 시장에서 퇴출될 수밖에 없다. 반면, 산업이 빠르게 성장하는 경우, 새로운 기업이 진입하거나 작은 기업이 성장할 여지가 커서 산업의 통합이 더디게 진행되었다. 그림 1－10은 1998년과 2009년 사이에서, 철강 산업,

그림 6-2 산업집중도의 추이

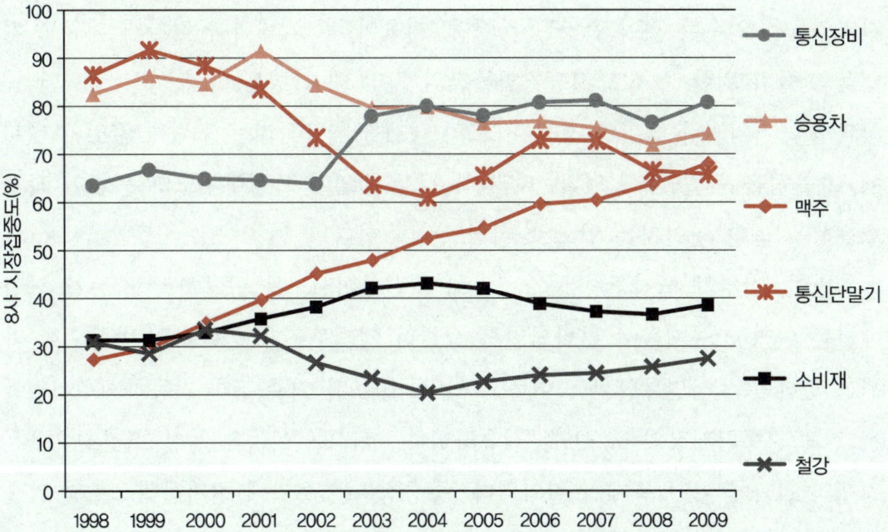

통신 산업, 자동차 산업이 근 12년 동안에 10배 이상 폭발적인 성장을 보였음을 보여주고 있다.

따라서, 정부의 개입이 심하고 수요가 급증했던 중국자동차 산업과 철강 산업에서 산업통합은 천천히 이루어지고 있다. 지방정부는 타지방 기업들이 와서 자기 지방의 기업을 인수하는 것을 금하고 오직 자신의 지역 내에서의 통합만을 독려하였다. 반면 소규모 사기업들은 급속한 수요의 증대를 활용하여 그들의 사업을 확장하였다. 결과적으로, 철강 산업에서 소규모 사기업들이 성장할 동안, 8대 기업의 산업집중도는 2000년 33.5%를 정점으로 2004년에는 20.4%까지 감소하였다그림 6-2 참고. 그러나, 산업집중도는 중앙정부가 지방정부에 강경한 자세를 취하고 산업통합에 관한 명확한 산업정책을 세운 2005년부터 다시 높아지기 시작하였다. 그러나 2005년부터 산업통합이 추진된 것은 경쟁의 결과라기보다는, 단지 비효율적인 국영기업이 정부의 보조하에 자신보다 더 효율적이었던 사기업들을 인수한 것이 반영된 것이다. 더욱이, 각 지방마다 각자의 대규모 기업을 만들기 위한 소규모 지방기업들간의 지역 내 합병은 합병 이후 강력한 통합과정을 거치거나 범위의 경제, 규모의 경제를 활용하려는 노력이 없었기 때문에, 효율성을 높일 수 없었다. 따라서, 철강 산업에서 정부주도의 통합이 과연 효율성을 높일 것인지는 앞으로 지켜보아야 한다.

반면, 정부가 합작투자를 요구하고 생산라이선스를 규제하는 자동차 산업에서는 이러한 규제들이 완화되면서 오히려 경쟁구조가 심화되는 방향으로 바뀌고 있다. 즉, 산업통합이 줄어들고 있다. 1998년 기준, 8대 자동차제조기업들은 전체 자동차시장의 82.3%를 점유하였다. 그러나, 이들의 높은 시장점유율은 경쟁의 결과가 아닌 규제의 결과였다. 중국정부는 초기에 현지산업으로의 기술이전을 위해 폭스바겐Volkswagen의 독점을 보장해주었고, 이로 인해 다른 다국적기업들의 진입은 허용되지 않았었다. 정부가 1990년대 말, 지엠GM, 혼다Honda, 토요타Toyota, 현대 등의 다른 다국적기업이 시장에 진입하는 것을 허용하자, 이들은 폭스바겐Volkswagen의 시장점유율을 빼앗아왔다. 그 결과, 8대 자동차제조기업의 시장점유율은 2001년의 91.3%를 정점으로 2009년에는 74.2%까지 감소하였다. 이러한 경쟁규제완화에 더불어, 자동차 산업은 1998년과 2009년 사이 16배나 성장하였다. 기존 거대기업들이 생산공장을 신설하는 데 제약이 있었기 때문에, 신규기업들은 충족되지 못한 수요를 채우며 성장할 수 있었다.

각 산업분석에서 논의하였듯이, 맥주 산업, 소비재 산업, 통신 산업에서의 치열한 경쟁은 산업통합을 야기하고 있다. 1998년과 2009년 사이, 8대 기업의 산업집중도는 맥주 산업, 소비재 산업에서 각각 27.1%에서 67.9%, 31.3%에서 38.5%로 증가하였다. 통신장비 산업에서 8대 기업의 시장점유율은 63.5%에서

80.8%로 증가하였다. 반면, 통신단말기 산업에서는 휴대전화를 생산하는 중국 현지기업들이 엄청나게 생겨나면서 1998년 86.3%에서 2004년 한때 60.8%까지 감소하였다. 그 후, 다국적기업들이 저가휴대전화를 출시하고 시골지역까지 공격적으로 시장을 확장하며, 그들의 시장점유율을 되찾아왔고, 그 결과 8대 기업의 산업집중도는 다시 증가하여 2009년 65.7%를 기록하였다. 이와 같이, 통신장비시장에서 산업통합이 가장 뚜렷하게 나타나고 있는데, 이는 통신장비 시장이 통신단말기시장에 비해 더욱 성숙하기 때문이다. 이는 같은 기간, 통신단말기의 시장규모가 32배로 커진 반면, 통신장비의 시장규모는 5.5배 증가하는 것에 그쳤다는 것에 기인한다.

제5장에서 논의하였듯이, 산업이 통합될수록 부실한 기업들은 시장에서 퇴출되고 신규기업은 진입하기 힘들어지기 때문에, 기존 거대기업들의 수익성이 향상되는 경향이 있다. 그러므로 산업통합이 이미 끝난 산업에 있는 거대 다국적기업들과 중국현지기업들은 이미 경쟁의 승리자들이다. 시장구조는 규모의 경제와 진입장벽에 따라 달라질 수 있기 때문에, 미래의 산업통합 수준은 앞으로 지켜봐야 한다. 특히 정부의 개입이 많았던 철강 산업에서 향후 산업통합은 더욱 강화될 것이라 생각된다. 왜냐하면 정부가 규제를 완화함에 따라, 앞으로 경쟁은 더욱 심화될 것이고, 비효율적인 기업들은 결국 다른 효율적인 기업들에게 인수되어 산업통합이 더욱 가속화될 전망이다.

부상하는 지역클러스터

심화된 경쟁, 경영성과가 나쁜 기업들의 퇴출과 생산성 높은 기업들의 신규시장진입, 이러한 요인들의 결과로 나타나는 산업통합은 지역별 집적화에 영향을 주고 있다. 이렇게 진입과 퇴출이 반복되는 동안, 일부 지역들은 특정 산업에 더 많은 기업들을 유치하며, 새로운 지역클러스터로 부상하고 있다.

소비재 산업에서는 뚜렷한 지역적 클러스터 두 곳이 존재한다. 바로 광둥성广东省 지역과 상하이上海 부근지역상하이(上海), 장쑤성(江苏省), 저장성(浙江省)이다. 표 6-1을 보면 소비재 산업에서 1998년 광둥성广东省과 상하이上海 부근지역의 시장점유율은 각각 33%와 26%였다. 2009년 현재, 광둥성广东省과 상하이上海 부근지역은 각각 55%와 21%를 점유하며, 두 지역은 소비재 산업의 총 76%를 책임지고 있다. 특히, 광둥성广东省은 마치 자석처럼 주변의 민간 소비재기업들을 끌어들이고 있다. 또한 광둥성广东省은 포장, 원자재, 판매, 유통 등의 관련 산업들이 잘 발달한 시장을 갖추었다. 이 안정된 공급사슬은 리바이立白, Lonkey浪奇, Bluemoon蓝月 등의 중국현지브랜드들과 다국적기업브랜드들을 이 지역에 유치하고 있다. 피앤지P&G의 사업체들 또한 광둥성广东省에 집중되어 있다. 현재, 이 지역에는 100개 이상의 OEM 소비재기업들이 밀집해있다.[9]

양쯔강 델타长江三角洲라고도 불리는 상하이上海 부근지역은 부유한 소비자들을 기반으로 많은 소비재기업들을 유치하였다. 유니레버Unilever, 시세이도Shiseido, 로레알L'Oreal 등의 많은 외국계 화장품브랜드들이 이곳에 중국 본사를 두고 있다. 광둥성广东省과 다르게, 상하이上海 부근지역의 기업들은 상하이上海, 항저우杭州, 난징南京, 쑤저우苏州 등의 가까운 지역 도시에 있는 능력 있는 인력들을 쉽게 구할 수 있으므로 강력한 연구개발역량을 갖고 있다. 상하이자화上海家化, 화이트캣上海白猫, 나이스纳爱斯 등의 강력한 현지기업들이 바로 이 지역 출신들이다. 상하이 부근지역은 광둥성广东省과 같이, 화장품 산업에서 포장재, 원자재 등의 상부시장과 유통과 판매의 하부시장을 포함한 안정된 공급사슬을 자랑한다. 예를 들어, 항저우杭州는 고가의 스킨케어 시장에서 우위를 점하고 있고, 이우义乌는 메이크업

표 6-1 각 산업의 지역별 집중도

지역	승용차		소비재		통신		맥주		철강	
	1998	2009	1998	2009	1998	2009	1998	2009	1998	2009
베이징	4%	6%	2%	1%	9%	**17%**	5%	4%	5%	2%
텐진	**13%**	7%	5%	0%	2%	8%	0%	0%	4%	7%
헤베이	0%	0%	1%	2%	0%	1%	5%	2%	9%	**17%**
산시	0%	0%	1%	1%	0%	1%	1%	0%	4%	3%
내몽고	1%	0%	0%	0%	0%	0%	2%	2%	2%	2%
랴오닝	0%	2%	1%	1%	1%	1%	5%	4%	**11%**	8%
지린	**12%**	**10%**	1%	0%	0%	0%	3%	2%	1%	1%
헤룽장	0%	1%	1%	0%	0%	0%	5%	3%	1%	0%
상하이	**37%**	**19%**	**15%**	5%	**22%**	7%	2%	1%	**14%**	4%
쟝수	1%	3%	4%	4%	8%	4%	4%	6%	8%	**14%**
제쟝	0%	1%	8%	**12%**	11%	3%	7%	4%	2%	4%
안후이	2%	3%	4%	1%	0%	0%	4%	2%	2%	3%
후지안	1%	0%	0%	1%	1%	1%	6%	4%	1%	2%
장시	4%	3%	0%	0%	0%	1%	2%	2%	1%	1%
산동	0%	7%	4%	4%	2%	6%	**14%**	**18%**	5%	8%
허난	0%	1%	3%	2%	2%	0%	3%	8%	3%	4%
후베이	**17%**	3%	3%	2%	4%	2%	5%	5%	6%	5%
후난	1%	0%	1%	2%	0%	0%	1%	2%	2%	2%
광동	2%	**19%**	**33%**	**55%**	**33%**	**48%**	**13%**	9%	3%	3%
광시	4%	4%	4%	1%	1%	0%	1%	3%	1%	2%
하이난	0%	1%	0%	0%	0%	0%	1%	1%	0%	0%
충칭	0%	2%	3%	1%	0%	1%	2%	2%	1%	1%
시추안	0%	0%	3%	2%	1%	1%	5%	7%	6%	3%
귀조우	0%	0%	1%	0%	1%	0%	0%	0%	1%	1%
윈난	0%	0%	1%	0%	0%	0%	1%	1%	1%	1%
티벳	0%	0%	0%	0%	0%	0%	0%	0%	0%	0%
샨시	1%	5%	1%	1%	2%	0%	1%	3%	1%	1%
간수	0%	0%	0%	0%	0%	0%	2%	2%	1%	1%
칭하이	0%	0%	0%	1%	0%	0%	0%	0%	0%	1%
닝시아	0%	0%	0%	0%	0%	0%	0%	0%	0%	0%
신장	0%	0%	0%	0%	0%	0%	1%	1%	1%	1%

산업으로 유명하다. 이 지역은 또한 계약생산을 하는 국제하청생산전문업체도 유치하였다. 예를 들어, 수저우팩화학苏州博克精细化学品公司은 헤이즐라인Hazeline, 럭스Lux, 도브Dove, 오모OMO, 로레알L'Oreal, 가르니에Garnier, 레브론Revlon, 코세Kose, 상하이자화上海家化 등의 기업들로부터 제품을 주문받아 생산하여 공급하고 있다.

광둥성广东省과 상하이 부근지역은 전통적으로 송신, 교환, 단말기 등을 포함한 통신 산업의 중심지 역할을 하였다. 그러나 1998년과 2009년 사이 급격한 변화가 생겼다표 6-1 참고. 광둥성广东省의 시장점유율이 33%에서 48%로 증가한 반면, 상하이 부근지역의 시장점유율은 41%에서 13%로 급감하였다. 이는 음성통신 시장을 주름잡던 상하이벨上海贝尔, 상하이지멘스이동통신上海西门子移动通信 등의 합작투자기업들이 쇠퇴했기 때문이다. 반면, 화웨이华为, ZTE中兴通讯 등 센젠深圳 지역의 기업들이 데이터통신 시장을 지배하며 천문학적인 성장을 이룩해냈다. 그 결과, 센젠深圳은 현재 중국의 실리콘밸리라 불린다. 센젠深圳은 화웨이华为와 ZTE中兴通讯에 더불어, 창웨이创维, 콩카康佳, TCL, 레노버联想 등의 전자기업들까지 유치하였다. 센젠深圳은 첨단산업을 유치하기 위한 산업정책을 촉진하였다. 특히, 센젠深圳은 중국에 최초로 기술혁신위원회를 설립하여, 이 지역에 기업가들을 모집하는 데 주력하고 있다. 이 위원회는 인터넷 재산권 보호를 위해 4백만 위안을 할당하였고, 인터넷 산업 발전기금으로 5억 위안을 투자하였다.[10]

통신 산업에서, 베이징北京－톈진天津은 또 다른 핵심 지역적 클러스터로 부상하고 있다. 이 지역은 1998년과 2009년 사이 통신 산업의 점유율을 11%에서 25%까지 끌어올렸다. 베이징北京은 칭화대학교清华大学와 베이징대학교北京大学에서 중국 최고의 과학도와 기술자가 될 학생들을 배출하고 있고, 베이징北京에서 차로 3시간 거리에 위치한 톈진天津은 모토로라Motorola, 삼성 등의 다국적기업들이 자리잡아 강력한 생산 인프라를 제공하고 있다. 제11차 5개년 계획2006~2011기간동안, 톈진天津 지방정부는 이동통신 제품, LCD, 셋톱박스, 기본 전자부품, 소프트웨어 제품 등에 투자하여, 여러 곳에 신규 공업단지를 지정하여 다국적기업들과 현지기업들을 유치하였다.

자동차 산업에서도 지난 10년간 지역적 클러스터에 큰 변화가 있었다표 6-1 참고. 기존의 지역적 클러스터는 상하이 부근지역, 지린성吉林省, 후베이성湖北省에 집중되어 있었다. 상하이上海 부근지역에는 상하이폭스바겐上海大众汽车과 상하이지엠上海通用汽车이, 지린성吉林省에는 FAW一汽와 FAW 폭스바겐一汽大众汽车을 포함한 FAW一汽의 합작투자기업들이, 후베이성湖北省에는 동펑东风과 그의 합작투자기업들이 위치하였다. 그러나, 지난 10년간 이 세 지역의 시장점유율이 감소하며, 대신 광둥성广东省이 새로운 중심지로 부상했다. 광둥성广东省은 1998년 당시만 해도 겨우 9,800대의 자동차를 생산할 뿐이였으나, 1997년 혼다Honda, 2003년 닛산Nissan, 2004년 토요타Toyota와 각각 합작투자기업을 설립하며 외국인직접투자를 유치하면서, 일본자동차제조기업들의 메카로 거듭났다. 부품 제조업체들과 폭스바겐 등의 다른 다국적기업들도 이들의 뒤를 이어 광둥성广东省으로 밀려들어왔다.[11]

반면, 철강 산업과 맥주 산업의 경우, 아직도 소규모 기업들이 많은 지역에 영세화되어 분포하고 있다. 정부는 특히 철강 산업의 경우 철광석과 석탄을 수입해야 하기 때문에 원자재의 운반비 감소를 위해 철강기업들이 해안지역으로 이전할 것을 종용하고 있다. 2005년 산업정책은 향후 총생산량의 40%가 해안지역에서 생산되도록 계획하고 있다. 이와 같은 산업정책의 영향으로, 우한철강武汉钢铁은 광시장족자치구广西壮族自治区의 팡청항防城港에 신규투자하였다. 바오강宝钢은 광둥성广东省의 잔장항湛江港에, 허베이철강河北钢铁, 셔우강首钢, 안벤철강鞍本钢铁 또한 큰 항구가 있는 해안도시에 신규시설을 투자하였다. 맥주 산업 또한 철강 산업처럼 분열되어, 지역적인 분산을 이루었다. 이는 맥주생산에 있어서, 규모의 경제가 필요하지 않았기 때문이다. 반면, 규모의 경제가 광고와 유통에는 도움이 된다. 또한 맥주를 운반하는 데 드는 높은 비용 때문에, 지역적으로 분산된 생산방식이 물류비용을 줄여주는 데 실질적인 도움을 주고 있다.

제2장에서 논의하였듯이, 지역적 집중화는 전문인력과 자원의 접근성을 개선하고 기업들간의 상호학습능력을 향상시켜 공용인프라를 생성하여 집중화 효과가 나타나게 하는 반면, 기업들간의 심화된 경쟁 또한 야기한다Marshall 1920; Porter 1998. 다국적기업들이 중국서부지역에 투자하도록 중국정부가 강력한 인센티브를 제공함에도 불구하고, 광둥성广东省과 상하이上海 부근지역 등의 해안지역에 만들어진 안정된 지역클러스터는 향후에도 매력적인 집적화 효과를 계속 일으킬 것이다. 그러므로, 다국적기업들이 위치를 선정함에 있어서, 이러한 긍정적 집적화효과와 임금인상, 혼잡, 치열한 경쟁 등으로 발생하는 부정적인 집적화 효과를 잘 고려하여 입지를 결정하여야 한다.

중국의 임금상승과 향후 전망

중국경제가 그간 두 자릿수의 성장을 이룩하면서, 중국노동자들의 임금 또한 급격히 인상되었다. 그림 6-3은 1995년부터 2010년까지 중국 내 기업들의 평균임금을 보여준다. 1995년 5,348위안이던 평균임금은 2010년 36,539위안으로, 7배 가까이 올랐다. 2010년, 상하이上海와 베이징北京의 평균임금은 65,000위안을 돌파하여, 중국은 더 이상 낮은 인건비로 노동집약적인 생산기업들의 각광을 받는 곳이 아니었다. “값싼 중국의 종말The End of Cheap China”과 같은 대중서적이 오래전부터 이러한 주제에 대해 논하고 있다.[12] 급격한 임금 인상에 당면

그림 6-3 중국의 평균임금의 추이

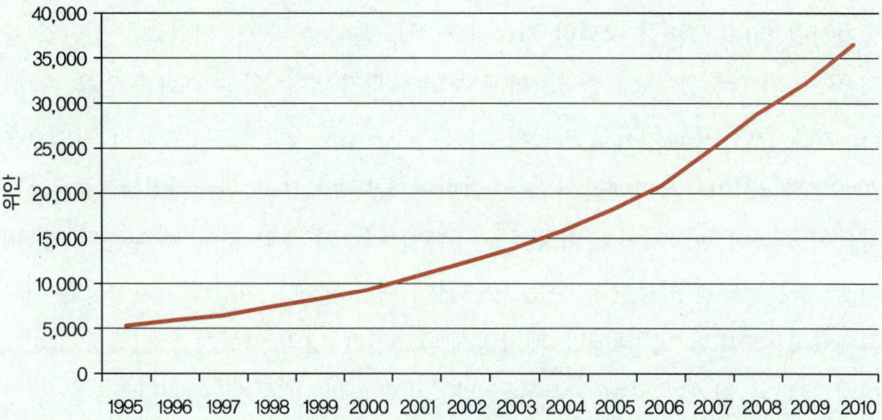

한 많은 다국적기업들은 그들의 생산공장들을 상대적으로 임금이 낮은 서부지역이나 내륙지역으로 이전하고 있다. 앞서 살펴보았듯이, 2002년 유니레버Unilever는 인건비를 절감하고 지방정부의 지원을 받기 위해, 상하이上海의 공장의 문을 닫고 안후이성安徽省의 허페이合肥 공업단지로 이전하였다. 2010년 유니레버Unilever는 허페이合肥의 두 번째 공업단지 건설에 투자하여 사업을 확장하는 계약을 성사시켰다.[13] 내륙지역으로의 이전은 내륙지역 노동자들이 받는 저렴한 임금과 더불어, 과거 내륙지역에서 해안지역으로 온 이주노동자들이 겪는 사회적 문제들을 완화시킬 것이다. 중국의 임금인상에 대응하여 다른 기업들은 인도네시아나 베트남 같은 저임금국가에 생산공장을 신설하고 있다. 앞서 언급하였듯이, 다국적기업들은 내륙지역으로 이전하여 얻을 수 있는 인건비의 절감효과와 해안지역에 머물러 얻을 수 있는 집적효과를 모두 고려하여 이전여부를 결정하여야 한다.

반면, 높은 임금이 꼭 나쁜 것만은 아니다. 임금이 높아진다는 것은 그만큼

가처분소득이 높아진다는 것을 의미하며, 이는 높은 품질의 제품에 대한 수요를 증가시킬 것이다. 또한 강력한 기술과 브랜드를 갖춘 다국적기업들은 임금과 가처분소득의 상승을 통해 중국전역에 사업을 확장할 수 있는 기회를 얻을 수 있다. 예를 들어, 중국에서의 자동차수요는 최근 급증하고 있다. 승용차 판매량은 2009년과 2010년 사이에만 33% 증가하여 1,380만 대가 판매되었다. 중국소비자들이 소득이 높아지면서 자동차를 구매할 여력이 생긴 것이다. 예를 들어, 베이징北京에 등록된 자동차의 수는 1997년에 백만 대에서 2010년 4백 8십만 대로 늘어났다. 2010년 한 해에만 베이징北京에 8십만 대의 자동차가 신규등록되어, 이미 포화된 길거리를 더 가득 메웠다. 이에 따라, 베이징北京 지방정부는 도시 내의 자동차 수를 제한하기 위해, 처음으로 추첨제도를 도입했다. 백만 명 이상이 추첨에 참여하여, 그 중 2만명 만이 차량 신규등록을 할 수 있었다.[14]

피앤지P&G, 유니레버Unilever를 포함한 여러 소비재기업들 또한 부유해진 현지 소비자들에 맞추어 제품을 개발하고 있다. 피앤지P&G는 매년 20억 달러 이상을 연구개발에 투자하는데, 이러한 연구개발센터는 과거에는 주로 선진국에만 위치했었다. 피앤지P&G는 소비자들의 일과를 관찰하여 얻은 정보를 신규제품에 바로 반영할 수 있도록 베이징北京에 연구개발센터를 신설하였다. 예를 들어, 피앤지P&G는 건강에 대한 관심이 높은 중국소비자들에 맞추어 불소함유량이 높은 고급 치약브랜드 크레스트 프로헬스佳洁士漱口水, Crest Pro-health를 개발했다. 또한 베이징北京 연구개발센터는 “하루에 2달러”를 소비하는 소비자들을 겨냥한 저가제품의 개발에도 중요한 역할을 하였다. 예를 들어 피앤지P&G는 손빨래를 하는 소비자들을 위한 피부민감 세제 타이드내추럴Tide Naturals을 출시하였다.[15] 이와 유사하게, 칭타오青岛와 옌징燕京도 부유해진 중국소비자들에 맞추어 고급생맥주를 개발하여 판매하고 있다. 칭타오青岛의 일반맥주의 판매량이 지지부진했던 것에 반해 고급생맥주의 판매량은 2011년 11% 증가했다.[16] 칭타오青岛와 옌징燕京이 고가시장으로 시장을 확장하면서, 과거 고가시장에만 주력하던 다국적기업들은 더욱 심화된 경쟁에 휘말리게 되었다.

다국적기업들은 이러한 추세에 맞추어, 그들의 중국법인을 업그레이드해야 하는 상황이다. 피앤지P&G와 같이 여러 다국적기업들은 중국에 연구개발시설을 설립하고 있다. 2010년 지엠GM은 중국에서 235만 대의 자동차 판매량을 기록하여 미국에서의 판매량보다도 높은 수치를 보였다. 지엠GM은 비약적인 기술혁신을 이루기 위해 2011년 상하이上海에 고등기술센터Advance Technical Center를 설립했다. 특히, 지엠GM은 중국정부의 전기자동차 및 하이브리드 자동차 개발계획을 기회로 활용하였다. 중국기술자들의 임금이 많이 인상되긴 했지만, 여전히 서방국가들의 기술자 임금수준에는 미치지 못한다. 적은 비용으로 숙련된 기술자들을 고용할 수 있다는 점은 중국법인을 운영하는 큰 장점 중 하나였다. 지엠GM이나 피앤지P&G 같은 다국적기업들은 중국 최고대학 출신의 최고의 과학자들과 기술자들을 모집하고 있다. 지엠차이나GM China의 CEO Kevin Wale은 다음과 같이 언급한다.

> 중국이 전 세계 다른 어느 곳보다 더 잘하는 것이 있다면, 그것은 상업화를 통한 혁신입니다. 끊임없는 연구로 이론을 완성시키는 서양과는 다르죠. 중국인들은 아이디어를 찾으면, 바로 시장에 시험합니다. 그들은 기꺼이 3단계 혹은 4단계의 상업화를 거쳐 이 아이디어의 적절성과 상품성을 검증하지요. 반면 서양의 경우, 시장에 제품을 출시하기 전에 이루어지는 연구, 시험, 검증에서만 많은 시간을 소모합니다. 중국은 다른 국가들이 이해하기도 힘든 혁신적인 방법으로 혁신을 진행합니다.[17]

이제 중국은 다른 국가들에게 단지 하나의 시장이 아닌 혁신의 원천이 되고 있다.

중국기업의 해외직접투자와 글로벌경쟁의 가속화

다국적기업과의 치열한 경쟁에서 성공적으로 살아남은 중국현지기업들은 이제 해외로 진출하고자 한다. 그림 6-4는 중국기업의 해외직접투자 추세를 보여준다. 2003년까지만 해도 중국은 해외직접투자를 거의 하지 않았으나 이 이후로 중국의 해외직접투자는 급격히 증가하였다. 중국은 1990년부터 2010년까지 총 2,800억 달러의 해외직접투자를 하였지만 그 중, 2004년과 2012년 사이에만 해외직접투자 총액이 2,430억 달러에 달하였다. 2004년부터 2010년까지의 해외직접투자 중 58%는 홍콩香港과 마카오澳门에 투자되었다. 그러나, 홍콩香港과 마카오澳门를 제외한 아시아에는 8%만이 투자되었다. 또한 라틴아메리카와 아프리카에는 각각 18%와 5%를 투자하였는데, 이것으로 중국기업들이 신흥시장에 대한 투자를 선호한다는 것을 알 수 있다. 반면, 북아메리카와 유럽에는

그림 6-4 중국발 외국인직접투자

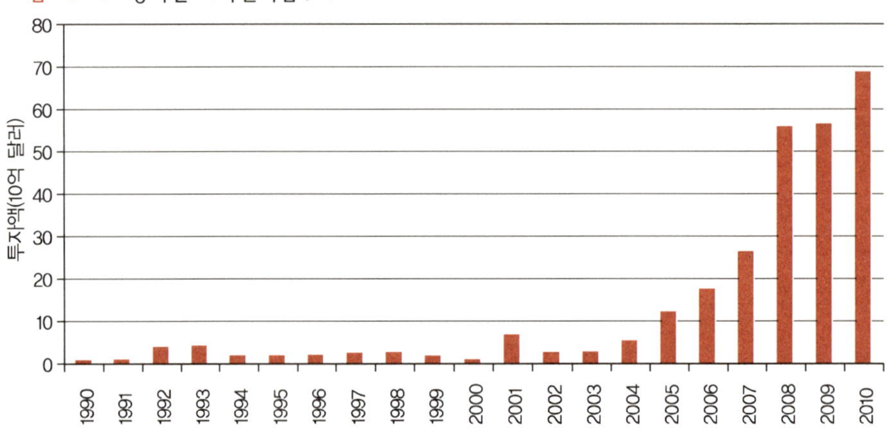

그림 6-5 중국발 외국인직접투자의 주요 대상국

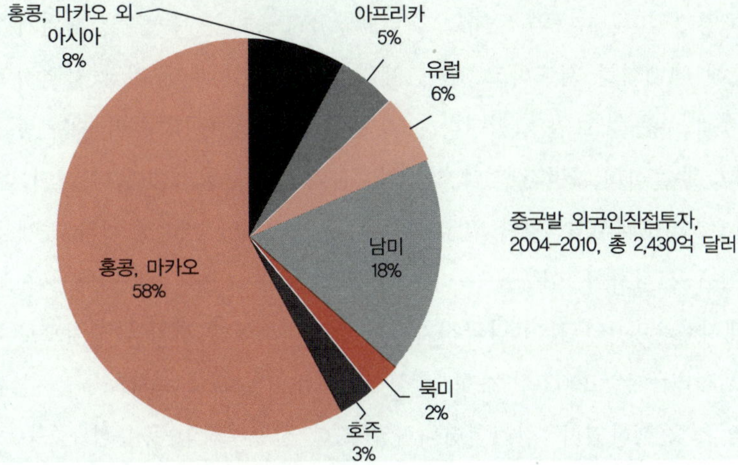

각각 2%와 6%만을 투자한 것으로 보아 선진국 시장에는 진입을 꺼린다는 것을 알 수 있다. 이는 해외집적투자를 시행하는 기업들은 이들이 가지는 외국인비용을 상쇄시킬 수 있는 충분한 경쟁우위를 지녀야 한다는 해외직접투자의 일반적인 이론과도 일치되는 현상이다. 중국기업들은 선진국들에게 외국인비용을 보상해 줄 만큼의 기술 혹은 브랜드의 절대적 우위를 가지지는 못한다. 그러므로 개발도상국시장으로의 투자는 더욱 매력적이다. 그림 6-5는 중국기업들의 해외직접투자의 목표시장 분포를 보여준다.

본서에서 선택한 다섯 개 산업에서도 이런 해외진출 현상을 찾아볼 수 있다. 통신 산업에서, 화웨이华为나 ZTE中兴通讯 같은 중국현지사기업들은 전형적으로 이러한 추세를 보이는 기업들이다. 화웨이华为는 전 세계에 23개의 연구개발센터를 운영 중이다. 화웨이华为의 2011년 매출은 2,040억 위안에 달하는데, 그 중 68%가 해외시장에서 창출되었다. ZTE中兴通讯의 2011년 매출 또한 860억 위안으로, 그 중 54%가 해외시장에서 얻은 매출이다. 이와 유사하게 자동차 산업에서, 국영기업 체리奇瑞와 사기업 질리吉利, BYD比亚迪는 수출 및 해외기업의 인수를 통해 세계화를 시도하고 있다. 체리奇瑞는 2003년부터 가장 공격적인 해외시장진출과 수출을 보인 기업이다. 2003년과 2011년 사이, 체리奇瑞는 총 생산량의 25%를 수출하며, 9년간 최다 자동차수출기업으로 등극했다. 더하여, 체리奇瑞는 이집트, 인도네시아, 이란, 말레이시아, 우크라이나, 베네수엘라 등에 16개의 생산공장을 신설하여, 이들을 녹다운 방식부품을 수입해서 현지에서 조립, 완성하는 방식으로 운영했다. 체리奇瑞는 이와 같이 다국적기업들이 도외시하던 지역을 중심으로 확장해나갔다. 질리吉利는 2002년 자회사 질리인터내셔널GeelyInternational을 설립하여, 수출사업을 진행하였다. 질리인터내셔널 또한 신규시장인 동유럽, 중동, 아프리카에 집중적으로 시장을 확장해나갔다. 2010년, 질리吉利는 스웨덴 자동차기업 볼보沃尔沃, Volvo를 포드Ford로부터 인수하며, 세계의 주목을 받았다. 질리吉利는 18억 달러에 볼보沃尔沃, Volvo의 브랜드와 기술을 인수하여, 중국 및 해외의 거대 다국적기업들과 경쟁하고 있다. 질리吉利는 볼보沃尔沃, Volvo 자동차를 내수시장 및 해외에 수출하기 위해, 쓰촨성四川省의 청두成都와 헤이룽장성黑龙江省의 다칭大庆에 공장을 설립하고 있다.[18] BYD比亚迪 또한 해외로 공격적인 시장확장을 감행하였다. 2008년, BYD比亚迪는 하이브리드 자동차 F3DM을 대량생산하여 중국뿐 아니라 아프리카, 남아메리카, 중동에 판매하였다. 더하여 BYD比亚迪는 미국 등의 선진국에 100% 전기자동차인 e6를 수출한다. 반면, 상하이자동차上海汽车, FAW一汽, 동평东风같이 다국적기업과의 합작투자의 형태로 진입한 중국의 기존현지자동차기업들은 상대적으로 세계화에 보수적이었다. 이는 합작투자기업 자체가 중국 내수시장에 초점을 두고 해외진출에는 큰 뜻이 없는 기업성향을 갖추고 탄생하였기 때문이라고 추측할 수 있다. 더욱이, 이들 현지 합작투자기업들은 해외진출의 초기에 어려움을 겪었다. 중국의 최대자동차생산기업 상하이자동차上海汽车는 2004년 50억 달러를 지불하여 한국의 쌍용자동차 지분의 49%를 매수하였으나, 쌍용의 투쟁적인 노동조합을 관리하는 데 실패하여, 결국 한국을 떠났다.

통신 산업과 자동차 산업을 제외한 다른 산업에서의 중국현지기업들의 세계화는 아직 걸음마단계이다. 2011년, 중국 최고의 철강기업 중 하나인 바오강宝钢은 생산량의 10%만을 해외로, 주로 아시아에 수출했다. 바오강宝钢과 다른 중국 철강기업들은 해외직접투자를 할 곳을 활발히 물색하지 않았다. 후진타오 주석이 2009년 브라질에 방문하는 동안, 우한철강武汉钢铁은 LLX와 함께 브라질에 철강제조공장 설립하는 계약을 성사시켰으나, 2012년 이를 취소했다. 바오강宝钢 또한 2007년 브라질에 철강공장을 설립할 계획을 세웠으나 이 역시 철회되었다.[19] 맥주 산업의 칭타오맥주青岛啤酒는 중국현지맥주브랜드 중 가장 크고 유명하다. 칭타오青岛의 맥주는 62개국에 수출되지만, 2010년의 해외 매출은 고작 총매출의 2.6%뿐이었다. 상하이자화上海家化나 룽리치隆力奇 등의 소비재기업들 또한 다른 세계적 다국적기업들에 비해서는 경쟁력이 떨어지기에, 이들의 해외시장 진출 또한 이제 걸음마를 떼는 수준이다. 전반적으로 중국기업들의 세계화는 아직 초창기에 있다.

중국현지기업들은 세계화를 활발히 진행하는 데 있어 다음 몇 가지 문제로 인해 많은 어려움을 겪고 있다. 첫째, 중국기업들은 급속한 해외직접투자를 통해 시장을 확장하려고 하나 이들은 국제적 경험이 부족한 편이다. 일부 수출경험이 있음에도 불구하고, 해외직접투자를 통해 해외법인을 운영하는 것에 대한 지식은 아직 많이 부족하다. 충분한 경험 없이 해외로 사업을 확장하는 것은 높은 외국인비용을 야기했으며, 해외경영성과에 악영향을 끼쳤다. 중국현지기업들은 외국인비용을 줄이기 위해, 미국, 유럽 등 선진국에서 인수합병을 자주 시도하였다. 예를 들어, TCL－톰슨TCL-Thomson인수와 레노버－IBM의 PC사업부인수联想-IBM 사례는 인수를 통해서 기술과 브랜드를 얻으려는 시도였다. 그러나, 선진국에서 이러한 경영자원획득 목적의 인수방식은 인수통합에 대한 노하우와 현지문화에 대한 깊은 이해가 부족한 경우, 인수 후 통합과정에서 잦은 문제를 발생시킨다. TCL이 2005년 알카텔Alcatel의 휴대폰사업을 인수하였을 때, TCL는 프랑스 노동자들에게 높은 복지수준을 유지해주었는데, 이는 사업에 막대한 부담을 안겨주었다. 후에 TCL이 복지제도를 통합하고 임금을 낮추자, 알카텔Alcatel의 많은 노동자들이 불만을 토로하고 회사를 나갔다. TCL은 2004년 프랑스기업 톰슨Thomson의 TV사업을 인수한 후 막대한 손실을 입고, 결국 2007년 파산 신청을 했다. 세계화의 초기 단계에서 경험 부족으로 인하여 기업들이 이러한 어려움을 겪는 일은 결코 드물지 않다. 일본과 한국기업들 또한 각각 1980년대와 1990년대 세계화를 시작하면서 비슷한 어려움을 겪었었다.

둘째, 이들은 세계화를 진행하는 동안 지나치게 과한 목표를 세워 큰 위험부담을 안을 수 있다. 앞서 언급하였듯이, 2004년 상하이자동차上海汽车의 쌍용자동차 인수는 완전히 실패한 사례였다. 상하이자동차上海汽车는 2005년 영국 자동차제조기업 MG로버MG Rover를 인수하려 했으나, 다른 중국현지기업인 난징자동차南京汽车가 입찰권을 낚아채며 실패했다. 두 중국현지기업간의 경쟁은 로버Rover의 인수가격을 높이는 결과만 낳았다. 이 사건 이후, 상하이자동차上海汽车는 결국 2009년 난징자동차南京汽车를 인수하게 되었다. 앞서 언급하였듯이, 질리吉利는 18억 달러에 볼보Volvo를 인수하였다. TCL－톰슨TCL-Thomson의 사례와 같이, 터무니없이 높은 가격에 해외기업을 인수하게 되면 실패하기 마련이다. TCL의 회장 리동셩李东生은 톰슨Thomson의 사업을 회생시키는 일을 자신이 너무 과소평가했었다고 잘못을 시인했다.[20]

셋째, 기업이 정치적인 동기로 세계화를 진행할 경우에는 기업의 경영성과가 개선되기 어렵다. 사실 중국정부는 중국기업의 세계화를 아낌없이 독려하였다. 국가발전개혁위원회는 2012년 8월, 사기업들의 해외투자를 장려하기 위해, 해외투자계획의 승인절차를 간소화하고 위험관리를 강화하는 등 여러 방법들을 제안했다. 예를 들어, 종래 3억 달러 이하의 자원개발프로젝트와 1억 달러 이하의 비자원개발 프로젝트의 경우 과거 중앙정부의 승인이 필요했지만 이제 지방정부가 승인할 수 있도록 조치했다. 자동차 산업에서 질리吉利, BYD比亚迪, 체리奇瑞 같은 중국현지기업들의 활발한 세계화전략은 사실 중국정부로부터 정당성legitimacy을 확보하기 위한 목적이기도 했다. 중국정부가 무역수지흑자를 축적하기 위해 수출을 선호했기 때문에 활발한 세계화를 추구함으로써 정부로부터 다양한 지원을 받을 수 있었다. 따라서 중국현지기업들에게 활발한 세계화는 정당성을 인정받고 정부의 지원을 받을 수 있는 정치적인 투자였다. 그러나 경제적 이유가 아닌 정치적인 이유로 세계화를 추구하게 되면, 결국 이러한 기업들은 해외사업에서 심각한 손실을 얻게 될 것이다. 특히, 중국정부가 권고하여 야심찬 글로벌 확장이 이루어진 경우 더욱 타격을 입을 수 있다. 중국정부는 각 산업의 소수 '국가대표선수national champion'를 택하여 세계화를 진행하도록 독려하였다. 이러한 세계화는 국가의 위상을 높여주지만, 반드시 수익성을 보장해 주지는 않는다.

넷째, 세계화 전략을 추구하는 중국기업들은 지적재산권에 관해 견제를 받고 있다. 화웨이华为와 ZTE中兴通讯는 해외매출이 총매출의 절반 이상을 차지하지만, 이들의 해외매출은 주로 신흥시장에서 이루어지고 있다. 이들은 선진국 정부들과 매체들로부터 불공정경쟁자이자 국가보안을 위협하는 존재로 뭇매를 받고 있다. 화웨이华为와 ZTE中兴通讯는 미국정부로부터 미국기업 시스코Cisco와 모토로라Motorola의 기업기밀을 훔쳤다는 혐의로 맹비난을 받았다.[21] 미국은 국가보안상의 문제를 이유로, 화웨이华为가 2008년에 미국 네트워크장비기업인 쓰리콤3Com과, 2011년에 컴퓨터서버전문기업인 쓰리리프3Leaf를 인수하는 것을 금지하였다. 또한 화웨이华为는 호주에서 신규 방송시스템 건설에 입찰하려다 호주정부에게 저지당했다. 화웨이华为는 자신이 중국인민해방군과 아무런 연관이 없다고 주장하지만, 그들의 불투명한 기업지배구조는 이러한 오해를 푸는 데 전혀 도움이 되지 않고 있다. ZTE中兴通讯 또한 선진국 시장에서 이와 비슷한 어려움을 겪고 있다. 선진국에서 질리吉利, 체리奇瑞, BYD比亚迪 등의 중국현지자동차기업들은 그들의 제품이 카피캣이라는 맹비난을 받으며 판매금지처분을 받았다. 지적재산권을 무기로 중국기업들을 견제하는 현지국정부들과 다국적경쟁기업들로 인해, 세계시장으로 진출하려는 중국기업들은 앞으로 보다 조심스러워야 한다.

본서는 지금까지 중국경제개혁 속의 치열한 시장에서 어떻게 승자가 가려졌는지를 살펴보았다. 특히, 본서는 성공한 다국적기업들이 중국에 있는 현지법인을 어떻게 성장시켰는지, 구조조정을 통해 부상한 중국현지기업들이 다국적기업들과 어떻게 경쟁하였는지를 확인하였다. 치열한 경쟁이 진행됨에 따라, 중국산업은 점차 산업합리화가 이루어지고 지역적으로 통합되었다. 부상하는 중국현지기업들이 건실한 다국적기업과 어떻게 경쟁하는가에 대해서는 산업마다 조금씩 차이가 있지만, 경쟁에서 승리한 기업들에게는 공통적인 특징이 있었다. 소수의 다국적기업들과 중국현지기업들은 지역에 특화된 소규모의 부실한 기업들을 인수하며 시장을 잠식해나갔고, 마침내 전국적인 시장을 커버하는 기업이 되었다. 이 과정 동안, 부실한 기업들은 건실한 다국적기업들과 부상하는 현지기업들과의 경쟁에서 밀려 시장에서 퇴출되었다. 중국시장에서의 경쟁에서 살아남은 중국현지기업들은 세계시장에 대한 야망을 품고 사업을 확장하고 있으나, 해외 다국적기업들의 견제로 아직 고전을 면치 못하고 있다.

이러한 성공적인 다국적기업들과 중국현지기업들은 분명히 치열한 경쟁에서 살아남은 생존자들이다. 그러나, 본 장에서 논의하였듯이, 이들은 앞으로 더 많은 어려움에 처할 수 있다. 중국정부가 규제를 완화하고 민영화를 독려함에 따라, 경쟁은 더욱 심화되고, 산업과 지역통합의 추세는 계속 이어질 것이다. 또한, 임금 인상, 부유한 소비자층의 수요증가와 더불어 저소득 소비자층의 꾸준한 수요증가, 강력한 정부개입 등에 맞서야 한다. 이러한 시련을 이겨내기 위해서는 다국적기업들과 중국현지기업들 모두 기술과 경영시스템의 꾸준한 개선이 필요하다. 그 누구도 미래를 예측할 수는 없지만, 한 가지는 분명한 사실은 중국시장에서의 경쟁에서 살아남아 번창하는 기업이 궁극적으로 세계시장을 지배할 것이라는 점이다.

부록 01

연간 산업실태조사 및 소유권으로 본 기업들의 정의

중국 국가통계청NBS에서 발표하는 연간 산업실태조사 자료는 1998년부터 2009년까지 5백만 위안2009년 말 기준 환율로 약 732,000 달러 이상의 연간매출액을 보이는 기업들의 재무정보를 제공한다. 1998년 이전에 국가통계청은 소단위 행정기관이 통제하는 국영기업에 대한 정보만을 제공하였고, 사기업에 대한 정보를 포함하지 않았다. 그러나 1998년부터 국가통계청은 자료수집의 범위를 국영기업뿐만 아니라 비국영기업, 사기업과 다국적기업에까지 확장했다. 따라서 중국에서 운영되는 모든 기업은 규정된 법규에 따라 국가통계청의 조사에 참여해야 하였다. Chow$_{1993}$는 국가통계청의 통계자료가 가진 일관성과 정확성을 검증하였고, 이에 따라 이러한 자료가 실증분석에 적합하다는 것이 확인되었다. 연간 산업실태조사 자료를 이용한 최근의 연구에는 Pan, Li와 Tse$_{1999}$, Buckley, Clegg와 Wang$_{2002}$, Park, Li와 Tse$_{2006}$, Chang과 Xu$_{2008}$, Hsieh와 Klenow$_{2009}$, Brandt, Van Biesebroeck와 Zhang$_{2012}$ 등의 연구들이 있다. 구조조정을 통해 건실한 중국현지기업이 부상함과 동시에 다국적기업이 사업을 확장해나간 1998년부터 2009년까지의 자료는 중국경제를 이해하는 데 매우 중요하며, 이 12년 동안 축적된 산업의 거의 모집단에 가까운 자료는 더욱더 값어치가 높은 정보의 보고이다. 이 자료는 기업들의 재무제표뿐만 아니라 소유권, 기업명과 주소, 경영자의 이름, 정부보고관계를 포함한 정보를 제공한다.

중국에서 다국적기업들은 다양한 관련법규에 의해 법적 규제를 받는다. 지분형 합작투자기업이나 해외투자자로 세워진 주식회사의 경우, 일반적으로 해외파트너가 최소한 납입자본금의 25% 이상에 해당하는 지분을 보유하도록 법으로 규제하였다. 연간 산업실태조사는 다국적기업을 홍콩, 마카오, 타이완 등에서 온 다국적기업HMT 다국적기업과 기타 다른 나라에서 온 다국적기업비 HMT 다국적기업으로 나누어 법적으로 정의하며, 소유권 정보 역시 홍콩, 마카오, 타이완계 주주와 기타 국가 출신 주주로 구분하여 제공한다.

연간 산업실태조사에서는 이들의 소유권 유형으로 분류된 기업등록형태에 따라서, 중국현지기업을 사기업, 법인기업, 국영기업, 집체기업의 네 가지 유형으로 분류하며, 또한 기업소유권의 지분구성을 개인소유, 법인소유, 국가소유, 집체소유로 나누고 있다. 국영기업과 집체기업은 과거 공산주의 정권에 기반한 전형적인 두 가지 기업유형이다. 국영기업은 중앙정부나 지역정부가 직접적인 소유권을 가진 기업인 반면, 집체기업은 공동체에 속한 모든 사람들이 공동으로 소유권을 갖는 기업이다. 하지만 집체기업의 소속인들이 직접적으로 이익에 대한 배당을 받거나 경영에 대한 통제권을 갖는 것은 아니다. 정확히 말하면, 공동체의 행정기관이 집체기업의 소유자를 대신해서 경영진을 임명하거나 기업의 의사결정에 영향력을 가하는 방법으로 소유권을 행사한다Tian 2000. 집체기업集体

企业은 향진기업乡镇企业과 혼동되기도 하는데 이 둘간에는 큰 차이가 있다. Huang2008: 74에 의하면, 향진기업乡镇企业은 입지적 특성으로부터 유래된 명칭으로, 시골마을에서 생긴 기업들을 뜻한다. 일부 향진기업乡镇企业들은 마을에 거주하는 사람들이 소유한 집체기업이었고 또 다른 일부는 개인이 소유권을 가진 기업으로 집체기업이 아니다. 행정적으로, 사기업이 아닌 중국의 모든 기업은 여러 단계의 정부에 보고하도록 되어있었다. 일부 거대 국영기업은 중앙부처에서 운영되며 해당 기업의 경영자는 중앙정부부처에서 파견된 관리이다. 일부 국영기업들은 성 또는 도시나 때로는 더 낮은 수준의 행정단위, 즉 마을단위에서 운영되었다.

1993년 기업법의 제정은 유한책임회사 및 주식회사와 같은 법인 형태의 기업들을 만들 수 있는 법적인 테두리를 제공하였다. 국영기업이나 집체기업이 법인형태로 전환하게 되면, 이들 기업의 지분은 민간주체에게 매각되거나 국유자산관리감독위원회国有资产监督管理委员会, SASAC가 소유하게 된다. 국유자산관리감독위원회는 자신이 소유한 지분을 자체적인 포트폴리오의 일부로 계속 보유하거나, 다른 민간주체에게 팔거나, 주식시장에 상장할 수 있다. 국유자산관리감독위원회나 다른 지주회사가 기업을 소유하게 되면, 이렇게 소유된 지분은 법인이 지분을 가진 것으로 구분된다. 이러한 지분은 마치 국가가 지분을 갖고 있지 않은 것처럼 보이지만, 실제로는 국영기업의 계열사이거나 자회사가 되는 것이다. 예를 들어, 상하이上海 정부가 상하이자동차上海汽车의 지분을 100% 보유하고 있다고 하자. 만약 상하이자동차上海汽车가 다른 기업을 소유하게 되면, 이 지분은 상하이자동차라는 법인이 소유하는 법인지분으로 구분되지만, 실제로는 국가가 소유한 것과 마찬가지다. 1998년 헌법이 개정되고 나서야 개인의 소유권이 합법화되었으나, 그 이전에도 사기업은 암암리에 존재했다. 일부 집체기업들은 사실상은 사기업이지만, 지방정부의 수탈을 피하기 위해 집체기업으로 위장하는, 이른바 'Red hat' 즉, 실제는 사기업이지만 빨간모자를 써서 집체기업처럼 위장하는 기업이었다.

부록 표 1-1은 연도별 기업소유권유형의 전반적인 추세를 보여준다. 해가 지날수록 국영기업과 집체기업의 비율은 꾸준히 감소하지만, 사기업, 법인기업, 다국적기업의 비율은 증가하고 있다. 연간 산업실태조사 자료는 모든 주요 기업들을 포함하고 있으나, 연 매출 5백만 위안 이하의 소규모 기업들은 포함하지 않는다. 2004년은 중국에서 경제전체적으로 산업통계조사가 이루어진 해이다. 본 연구에서는 2004년 연간 산업실태조사 자료에 포함된 기업들, 즉 매출이 5백만 위안 이상인 기업과, 기업의 규모에 대한 제약 없이 경제전체적인 산업통계조사에 나오는 모든 기업을 비교해 보았다. 2004년 경제전체적인 산업통계조사에 포함된 국영기업 중 81%가 2004년 연간 산업실태조사 자료에 포함되었고,

부록 표 1-1 연간 산업실태조사에 포함되어 있는 회사의 소유권 유형별 수, 1998-2009

연도	국영기업	집체기업	사기업	법인기업	홍콩, 마카오, 타이완계 다국적기업	다른 국적의 다국적기업
1998	47,958	54,384	10,593	10,656	15,507	10,586
1999	42,878	50,068	14,458	13,273	15,529	10,901
2000	35,128	46,126	21,899	17,063	16,232	11,755
2001	27,318	39,186	35,402	22,608	17,953	12,931
2002	22,994	35,255	48,213	26,429	19,261	14,706
2003	17,510	29,406	65,754	30,338	20,826	17,184
2004	19,602	23,312	115,185	44,418	28,011	28,395
2005	11,606	20,374	118,826	44,740	27,128	28,368
2006	9,597	17,444	142,627	49,163	28,739	31,156
2007	6,539	16,039	168,332	55,093	31,450	34,909
2008	5,574	14,286	227,677	62,302	34,193	40,423
2009	5,118	12,917	219,277	61,218	31,199	37,024

법인기업과 다국적기업의 경우 각각 41%와 56%가, 사기업과 집체기업은 각각 14%와 15% 정도만이 포함되어 있었다. 이는 연간 산업실태조사 자료가 연 매출 5백만 위안 이상만 포함하는 조건으로 인해, 소규모 사기업과 집체기업이 누락되어 있음을 보여준다. 그러나, 경제활동의 중요성 측면에서 보면 연간 산업실태조사 자료에 포함된 기업들의 전체 매출과 자산은 2004년 경제전체적인 산업통계조사에 포함된 기업들 전체 매출의 91%, 전체 자산의 88%를 차지하므로, 대부분의 중요한 기업들은 모두 연간 사업실태조사에 포함되어 있음을 알 수 있다.

부록 그림 1-1은 설립연도별 기업의 수를 보여준다. 기업의 설립 시기가 1817년까지 거슬러 올라갈 정도로 오래된 경우들도 있지만, 경제개혁을 실시한 1978년 이후 훨씬 많은 기업들이 생겨났다는 것을 명백히 알 수 있다. 실제로, 연간 산업실태조사에 포함된 92% 이상의 기업이 1979년 이후에 설립되었으며,

부록 그림 1-1 설립연도별로 본 연간 산업실태조사에 포함된 회사들의 수

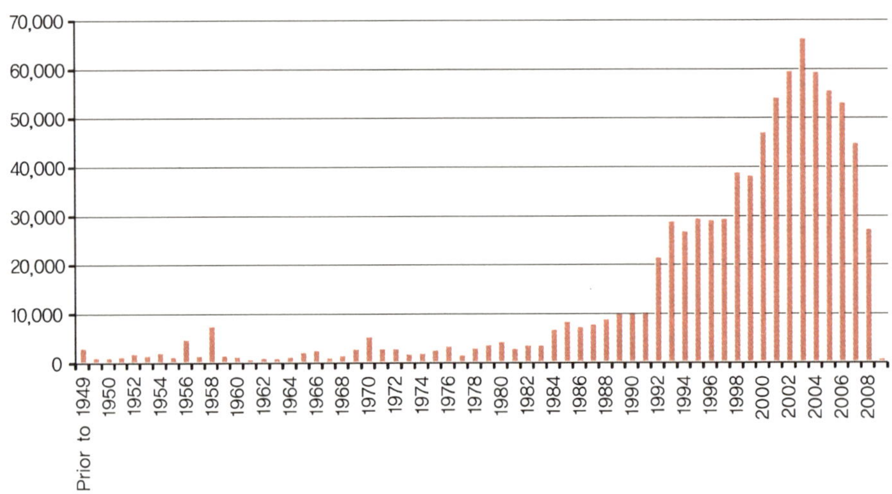

81% 이상의 기업이 1993년 기업법 발효 이후 설립되었다. 그러나, 산업실태조사에 포함되기 위한 연 매출 5백만 위안의 제약조건을 통과하려면 신생기업에게는 어느 정도 시간이 필요하기 때문에, 최근 실제 그 해에 설립된 기업의 수는 그림 1-1에 나온 숫자보다 훨씬 많을 것이다.

부록 02
진입방식결정

이 부록은 다국적기업들의 중국시장에 대한 진입방식을 결정하는 데 있어 두 가지 차원, 즉 합작투자나 독자소유 자회사간의 선택과 신규투자나 인수합병간의 선택에 대한 통계분석의 결과를 보여준다. 연간 산업실태분석 자료에는 1998년 이전에 설립된 기업들을 포함하여 총 150,910개의 해외자회사들이 존재하나, 1998년 이전에의 진입방식을 설명할 수 있는 설명변수가 제한적이기 때문에, 본 부록에서는 설명변수 데이터가 존재하는 1998년과 2009년 사이에 진입한 83,657개의 다국적기업의 진입방식 결정에 초점을 두고 있다. 즉 이 분석에서는 자동차와 철강산업과 같은 일부 전략적 산업 외에 합작투자의 자격요건이 필요하지 않게 된 최근에 다국적기업들이 어떠한 방식으로 시장에 진입하는지에 대하여 알아본다. 1998~2009년 사이 신규로 진입한 83,657개의 기업 중 51,310개 기업은 독자소유 자회사의 형태로 진입하였고, 32,347개 기업은 합작투자기업의 형태로 진입하였다. 또한, 83,657개의 신규진입기업 중 76,219개의 기업은 신규투자를 통해 진입하였고, 7,438개의 기업이 인수를 통해 진입하였다.

이 분석은 다양한 설명변수를 사용한다. 자회사의 특성 중, '투자규모'는 해외자회사의 천 위안 단위의 자산의 가치를 로그로 변환한 값이며, '설립연도'는 해외자회사가 설립된 해이다. 'HMT 다국적기업' 변수는 모회사가 홍콩, 마카오 혹은 타이완에서 왔을 경우 1의 값을 가지고, 기타 국가에서 왔을 경우 0의 값을 가진다. 산업특성을 나타내는 변수로서, '산업차원의 R&D 집약도'와 '산업차원의 광고집약도'는 각 산업별로 기술이나 브랜드 같은 무형자산이 가지는 중요성을 나타내는 항목이다. 이는 3단위 표준산업분류를 기반으로 해당 산업분류 내 각 기업의 매출액을 비중으로 가중평균한 총매출에 대한 연구개발비 혹은 광고비의 비율을 말한다. R&D와 광고비는 2001년부터 2007년까지의 자료들만 얻을 수 있었기 때문에 이 변수들은 산업차원에서 측정되었다. '산업성장률'은 3단위 산업분류에 기반한 전년 대비 산업별 성장률이다. '산업수출비중'은 산업별 총수출을 총산업매출액 총액으로 나눈 값이다. '산업집중도'는 산업집중의 정도를 나타내는 척도로, 산업에 속한 기업별 시장점유율의 제곱의 총합으로 정의한다.

산업집적효과는 다음 세 개의 변수를 이용하여 얻을 수 있다. 먼저, 외국기업비중은 해외자본의 참여도로 정의된다. 이는 j부문에 속한 모든 기업에 대해 가중평균을 취하여 계산하며, 각 기업들이 차지하는 j부문에서 차지하는 시장점유율가중치이다.

$$\text{Horizontal}_{jt} = \left[\sum_{i\ \text{for}\ all\ i \in j} FS_{it} * Y_{it}\right] / \sum_{i\ \text{for}\ all\ i \in j} Y_{it} \qquad (1)$$

여기서 FS_{it}는 t시점에서 기업 i가 소유한 총자본에 대한 해외자본의 비율이며, Y_{it}는 t시점에서 기업 i의 실질산출량을 나타낸다.[1] 본 연구에서는 가치사슬의 하부시장과 상부시장에서 다국적기업이 차지하는 비중을 구하고자 Javorcik 2004의 방법을 이용한다. 상부시장에서의 다국적기업의 존재는 j부문의 상부혹은 부품공급부문에 속한 기업 중 해외자본이 투자된 기업들의 생산량의 가중치로 정의된다. Javorcik 2004처럼, 수출을 목적으로 해외계열사가 생산한 재화(X_{it})는 계산에서 제외되는데, 중국 내에서의 기술이전효과와 경쟁효과를 설명하는 데 있어서 내수시장에서 판매되는 생산재만을 고려하기 때문이다.

$$\text{Upstream}_{jt} = \sum_{m:m \neq j} \sigma_{jm} \left[\left[\sum_{i \in j} FS_{it} * (Y_{it} - X_{it}) \right] / \left[\sum_{i \in j} (Y_{it} - X_{it}) \right] \right] \tag{2}$$

여기서 σ_{jm}는 j부문이 m부문으로부터 구매하는 투입요소를 j부문의 총구매총액에서 차지하는 비중으로 정의된다. 마찬가지로, 하부시장의 다국적기업의 비중변수는 j부문에서 공급받는 부문들에서의 다국적기업의 비중을 나타내는 대리변수이며, 이를 통해 국내 부품공급자와 다국적 구매자간의 잠재적인 거래규모를 포착할 수 있다.

$$\text{Downstream}_{jt} = \textstyle\sum_{k:k \neq j} \rho_{jk} \text{Horizontal}_{kt} \tag{3}$$

여기서 ρ_{jk}는 2002년 투입－산출표에서 발췌한, j부문의 산출물 중, k부문에 공급되는 산출물의 비율이다. 더하여 진입방식 결정에 영향을 줄 가능성이 있는 지역적 요인들을 통제하기 위하여 두 자리의 지역더미변수가 추가되었다.

로짓모델logit model은 각각의 진입방식이 선택될 확률에 대해 설명변수들이 미치는 영향력을 추정한다. 로짓모델에서는 하나의 진입방식이 준거집단으로 정해지고, 이 준거집단의 추정계수는 0으로 제한된다. 본 부록에서 살펴보는 두 가지 진입방식에서 준거집단은 각각 합작투자 방식과 신규투자이다. 즉 모든 추정치들은 준거집단에 비교한 특정 진입방식의 선택, 즉 독자소유 자회사 방식합작투자 방식과 대조됨과 인수합병 방식신규투자와 대조됨에 대한 의사결정에 있어 설명변수들이 미치는 한계적인 효과로 해석되어야 한다.

부록 표 2-1의 모형 (1)과 (2)에서는 독자소유 자회사 방식과 합작투자 방식을 비교한다. 모형 (1)은 자회사의 특성을 나타내는 설명변수들만을 포함하고 있으며, 모형 (2)에서는 산업특성을 나타내는 설명변수들이 추가되었다. 분석의 결과를 살펴보면, '투자규모'와 '설립연도'가 유의하게 양의 부호를 가지며, 이는 자본을 더 크게 투자하거나 더 최근에 진입하는 기업일수록 합작투자보다 독자소유 자회사로 진입하는 방식을 선호한다는 것을 시사한다. 모회사가 홍콩, 마카오, 타이완에 있는 HMT 다국적기업들은 독자소유자회사 방식을 선호한다. 이는 HMT 다국적기업들은 이미 중국에 대한 지식을 보유하고 있어 현지파트너가 필요하지 않음을 반영한다. 산업특성을 나타내는 변수들 중에서, '산업차원 R&D 집약도'는 유의한 양의 부호를 가지며, 다국적기업들이 그들의 기술을 보호해야 할 필요가 있는 경우 독자소유 자회사 방식을 선호한다는 것을 보여준다. '산업성장'과 '산업집중도'는 유의하게 음의 부호를 갖고 '산업수출비중'은 유의하게 양의 부호를 갖는데, 이는 성숙되고 산업집중이 낮은 산업, 수출지향적인 산업에서 다국적기업들이 그들의 자회사를 보다 강력하게 통제하는 것을 원하기 때문에 합작투자보다 독자소유 자회사 방식이 선호됨을 알 수 있다.

수평적 시장과 하부시장과 상부시장에서 다국적기업의 존재를 포착하는 산업집적도를 나타내는 세 개의 변수는 모두 유의하게 양의 부호를 갖는다. 이는

부록 표 2-1 진입방법에 대한 의사결정

	단독투자 대 합작투자		인수합병 대 신설투자	
	(1)	(2)	(3)	(4)
투자규모	0.068*** (0.005)	0.071*** (0.005)	−0.255*** (0.008)	−0.165*** (0.009)
설립연도	0.078*** (0.003)	0.075*** (0.003)	0.042*** (0.005)	−0.063*** (0.005)
홍콩, 마카오, 타이완계 다국적기업	0.079*** (0.016)	0.089*** (0.016)	0.075*** (0.027)	0.105*** (0.030)
산업차원의 연구개발집중도		47.728*** (17.116)		32.208 (29.413)
산업차원의 광고집중도		−21.565 (17.326)		34.481 (26.583)
산업성장률		−0.145*** (0.024)		−2.561*** (0.029)
산업수출비중		0.305*** (0.068)		−0.739*** (0.128)
산업집중도		−2.921*** (0.694)		−0.799 (1.131)
수평적 외국기업집적도		0.787*** (0.090)		−0.156 (0.164)
상부 외국기업집적도		1.178*** (0.161)		−0.398 (0.289)
하부 외국기업집적도		0.385*** (0.045)		−0.203** (0.085)
지역 효과	Yes	Yes	Yes	Yes
Pseudo R-squared	0.073	0.084	0.046	0.218
Chi-squared (d.f.)	8161.6 (33)***	9240.3 (41)***	2296.1 (32)***	10758.7 (40)***
표본수	83,657	82,661	83,654	82,658

주: 괄호 안은 표준편차임. $^{***}p<0.01$, $^{**}p<0.05$, $^{*}p<0.1$. 합작투자와 신설투자가 준거집단으로 선택되었음. 모형 3과 4에서 변수들간의 다중공선성으로 인해 3개의 표본이 누락되었음.

이미 많은 다국적기업들이 시장에 들어와서 경쟁하고 있다면, 이러한 해외경쟁자들의 움직임에 발 빠르게 대처할 수 있도록 합작투자보다는 독자소유 자회사 방식이 선호된다는 것을 시사한다. 상부시장과 하부시장 모두에서 해외구매자와 해외판매자가 많이 존재한다면, 다국적기업들은 현지 합작투자파트너가 제공하는 현지관련 지식이 필요하지 않기에, 역시 합작투자보다는 독자소유 자회사 방식을 선호한다.

모형 (3)과 (4)는 인수합병과 신규투자 사이의 의사결정에 대한 연구이다. 본 연구에서는 t시점에서 중국현지기업이었던 기업들이 차후에 다국적기업으로 전환할 경우, 이들 현지기업들이 다국적기업에 의해 인수되는 것으로 정의하였다. 결과를 보면 '투자규모'와 '설립연도'는 유의하게 음의 부호를 갖는데, 이는 대규모 투자일수록 또 최근에 진입할수록 인수합병보다는 신규투자의 형태를 선호함을 보여준다. 'HMT 다국적기업'변수는 유의하게 양의 부호를 갖는데, HMT 다국적기업의 경우 신규투자보다 인수합병방식을 선호함을 의미한다. 이와 같은 결과는 HMT 다국적기업들이 인수 이후 통합절차를 순조롭게 진행하는 데 필요한 현지지식을 보유하고 있기 때문이라고 해석할 수 있다. '산업성장'은 유의하게 음의 부호를 갖는다. 이는 저성장, 성숙산업에서는 인수합병방식이 선호됨을 의미하는데, 신규투자를 통하여 공장을 신설하는 것이 산업의 총 생산량을 불필요하게 늘리는 결과를 가져오기 때문일 것이다. '산업수출비중'은 유의하게 음의 부호를 갖는데, 수출지향적인 산업의 경우, 해외 수출을 위해서는 현지관련 지식이 필요하지 않으므로 다국적기업들이 신규투자를 선호한다는 것을 보여준다. 산업집적도에 관련된 변수들 중에서, 오직 하부시장의 다국적기업의 비중만이 유의하게 음의 부호를 갖는 것으로 나오는데, 이는 하부시장에 다국적 소비자들이 더 많을 경우, 다국적기업들은 신규투자를 선호한다는 것을 알 수 있다.

부록 03
입지결정

이 부록은 1998년부터 2009년까지 다국적기업들의 입지선정에 대한 의사결정에 대해 살펴보고 있다. 이 부록 역시 부록 2에서 설명했던 것과 같이, 연간 산업실태분석 자료에 포함된 150,910개의 해외자회사 중 더 많은 설명변수를 도입할 수 있는 1998년부터 2009년 사이에 진입한 83,657개의 해외자회사를 분석대상으로 하였다. 이 부록에서 표본이 되는 기업들은 서로 상이한 특성을 가진 지역 중 하나를 선택한다. 즉, 이 모델에서 다국적기업들은 중국진출시 22개의 성, 4개의 대도시, 5개의 자치구 중에 진입할 지역, 즉 31개의 지역 대안 중에서 하나의 입지를 선택한다.

이와 같이 개인이나 기업들이 다수의 대안 중에 선택을 하는 것을 분석하는 데에는 주로 조건부로짓모델conditional logit model이 사용된다McFadden 1974. 이 모형을 이용하면 각각의 지역들이 가지는 특성별로 어느 해당 지역에 기업들이 진입할 확률이 증가되는지 또는 감소되는지 추정할 수 있기 때문에, 이러한 모델은 입지선택에 대한 분석에 많이 활용되고 있다Head, et al. 1995; Shaver and Flyer 2000. 분석의 대상이 되는 1998년부터 2009년까지의 기간에 진입한 기업들은 총 31개의 지역 중 하나를 선택할 수 있기 때문에, 83,657개의 표본기업들은 각각 31개의 입지 중 하나를 선택하는 형태로 자료가 구성된다. 이렇게 자료가 구성된 이후, 다양한 설명변수들이 후보지역 중 한 개의 지역을 선택하는 확률에 유의하게 영향을 주는 계수들을 추정하기 위해 최우추정법을 사용하였다.

지역속성변수는 총 아홉 개이다. 백만 단위로 나타낸 '인구'와, 지역의 GDP를 지역별 인구로 나누어서 얻는 '일인당 소득'은 개별 지역시장의 매력도를 나타낸다. 즉 시장이 더 크고 부유할수록, 시장은 더 매력적이다. 1998년부터 2009년까지의 기간을 포함하여 매년 중국국가경제 연구소NERI(http://www.neri.org.cn)에서 제공하는 '시장화 지수'는, 해마다 31개 각각의 지방에 대하여 다양한 차원에서 시장의 발달정도를 나타낸다. 이 지수는 1) 정부와 시장 사이의 관계 2) 비국영부문의 발달 3) 생산물시장의 발달 4) 요소 시장의 발달 5) 시장중개자와 법적 환경의 발달, 이 다섯 가지를 반영한다. 또 다른 세 개의 변수들은 제도적 장벽에 대한 변수인데, 각 지역에서의 총산업출하량에 대하여 국영기업의 매출이 차지하는 비율을 나타내는 '국영기업 매출점유율', 각 지역의 인구 대비 국가공무원의 비율을 나타내는 '정부규모', 각 지역 정부의 총재정 지출 중 정부보조금의 비율을 나타내는 '정부보조금'이 해당 변수들이다. 이 변수들의 값은 중국통계연보에서 가져왔다. '수평적 집적도', '하부 집적도', '상부 집적도'는 지역별, 3단위 표준산업별 기업 매출의 비율로 측정되며, 부록 2의 (1)-(3) 수식으로 계산가능하다. 단, 부록 2와는 달리, 같은 3단위 표준산업분류 내에서도 같은 지역에 속한 경우들만을 모아, 다국적기업의 존재를 측정하였다는 점에서 차이가 있다. 이 부록에서, 모형 (2)에서는 위의 집적도변수들을 중국현지기업과 다국적기업을 통틀어 정의하고 있는 반면, 모형 (3)에서는 다국적기업만으로 변수들을 정의한다는 점에서 차이가 있다. 이를 통해 다국적기업과 중국현지기업 사이에서 나타나는 집적효과의 차이를 관찰할 수 있다.

부록 표 3-1은 이와 같은 조건부로짓모델의 추정결과를 보여준다. 모형 (1)에서, '인구'와 '일인당 소득'은 유의하게 양의 값을 가지며, 이는 다국적기업들이 인구가 많고 일인당 소득이 높은 지역, 즉 시장매력도를 나타내는 두 가지 척도가 높은 값을 가지는 지역을 선호함을 시사한다. '시장화 지수' 또한 유의하게 양의 값을 가지는데, 이는 다국적기업들이 정부의 간섭이 적고 시장가격 메커니즘대로 원활하게 운영되는 시장이 발달된 지역을 선호함을 나타낸다. 한편, '정부보조금', '정부규모', '국영기업 매출점유율'은 유의하게 음의 부호를 갖고 있다. 이는 다국적기업들이 정부보조금의 규모가 큰 지역, 정부 크기가 큰 지역, 국영기업의 매출비중이 큰 지역을 선호하지 않는다는 것을 의미한다.

모형 (2)에는 세 개의 집적도 변수를 이용하여 다국적기업과 중국현지기업 모두의 집적화가 미치는 효과를 알아보았다. 앞서 언급하였듯이 모형 (3)은 모형 (2)와 달리 다국적기업만으로 측정한 집적화를 사용하였다. 다국적기업과 중국현지기업 모두를 고려한 모형 (2)와 다국적기업만을 고려한 모형 (3) 모두에서, '수평적 집적도'는 입지선정에 유의한 영향을 보이지 않았다. 이는 경쟁효과가 기술이전효과를 상쇄시킬 수도 있음을 시사한다. 집적화를 통해 얻는 이득도 있지만, 같은 지역 시장 내 경쟁자들과의 직접적인 경쟁이 이러한 이득을 상쇄시킬 수 있다는 것이다. 그러나, 지역 내 '상부와 하부시장에서의 집적화'는 입지선택에 긍정적 효과를 강하게 주는 것으로 나타났다. 다시 말해, 다국적기업들은 그들과 경쟁하지 않고 단순히 그들의 지식을 공유해줄 수 있는 안정된 공급자와 구매자가 있는 지역을 선호하는 경향이 있다는 점을 잘 보여주고 있다.

부록 표 3-1 투자지역 선택 의사결정

	(1)	(2)	(3)
인구	0.174*** (0.002)	0.099*** (0.002)	0.127*** (0.002)
일인당 소득	0.120*** (0.006)	0.119*** (0.007)	0.129*** (0.006)
시장화 지수	0.525*** (0.005)	0.377*** (0.005)	0.405*** (0.005)
정부보조금	−0.002*** (0.001)	−0.001 (0.001)	−0.001 (0.001)
정부규모	−70.564*** (2.112)	−85.717*** (2.176)	−103.825*** (2.245)
국영기업 매출점유율	−3.838*** (0.065)	−2.750*** (0.063)	−3.512*** (0.064)
수평적 집적도		0.434 (0.502)	
하부 집적도		0.662*** (0.058)	
상부 집적도		5.300*** (0.672)	
수평적 외국기업집적도			−0.402 (0.680)
하부 외국기업집적도			1.209*** (0.101)
상부 외국기업집적도			5.946*** (0.902)
Pseudo R-squared	0.260	0.288	0.273
Chi-squared (d.f.)	169473.6 (6)***	185141.3 (9)***	175402.5 (9)***
표본수	2,759,517	2,726,621	2,713,587

주: 괄호 안은 표준편차임. $^{***}p<0.01$, $^{**}p<0.05$, $^{*}p<0.1$

부록 04
합작투자기업에서 독자소유 자회사로의 전환이 경영성과에 미치는 영향

저자와 고려대학교의 정재호 교수와 문종빈 교수는 중국에서 합작투자기업에서 독자소유 자회사로 전환될 때 해외자회사의 경영성과에 미치는 영향에 대해 연구하였다Chang, Chung, and Moon 2013. 합작투자기업에서 독자소유 자회사로의 전환과 관련된 경영성과의 변화만을 추려내기 위해, 본 연구에서는 독자소유 자회사로 전환한 합작투자기업과, 전환하지 않고 합작투자를 유지하는 기업간 경영성과의 차이를 비교한다. 각 그룹에서 가장 유사한 기업을 찾기 위해서 propensity score matching이라는 기법을 사용하였다. Propensity score matching 기법은 독자소유 자회사로 전환하는 합작투자기업의 전환가능성을 사전적으로 계산한다. 만약 두 기업이 비슷한 propensity score를 가지고 있다면, 실제로 한 기업이 전환을 했고 다른 기업은 전환하지 않았더라도, 이 두 기업의 사전적인 전환가능성은 같다고 간주하여 이 두 기업들을 매칭하여 전환 이후의 성과를 비교하는 것이다.

본 연구에서는 전환 전과 후의 대비를 최대화하기 위해서 해외파트너가 25%에서 50%의 자본을 소유하였던 소수지분 합작투자기업에 주목하였다.[2] 1998년과 2006년 사이에 나타난 31,435개의 소수지분 합작투자기업을 확인해본 결과, 이들 중 2,991개의 기업이 독자소유 자회사로 전환하였고, 28,444개의 기업은 자료에서 사라졌거나 혹은 우리가 분석을 실시하는 기간의 끝인 2006년까지 합작투자기업으로 남아있었다. 이 분석에서 Propensity score를 계산할 때에는 전환 한 해 전의 설명변수를 사용하고, 우리는 전환시점인 t연도부터 $t+3$연도까지의 경영성과 변화를 측정해야 한다. 이를 위해 본 연구에서는 t연도에 전환이 일어난 기업들 중에 $t-1$부터 $t+3$까지 최소 5년간의 연속된 자료가 있는 기업으로 표본을 제한하였다. 즉, 데이터가 2006년까지이므로, 전환이 2003년 이전에 일어난 기업들만을 고려할 수 있다. 이와 같이 최소 5년 이상 영업이 계속되었던 19,557개의 소수지분 합작투자기업 중, 840개의 기업만이 독자소유 자회사로 전환하였다. 우리는 이 840개의 기업들 각각을, 같은 3단위 표준산업분류에 속한 기업들 중 표본기간 동안 합작투자기업으로 남은 가장 유사한 소수지분 합작투자기업과 대응시켜 분석하였다.

먼저, 합작투자에서 단독투자로의 전환을 살펴본 설명변수로, 본 연구에서는 재무경영성과의 측정을 위해, 순이익을 총자산으로 나눈 값인 '자산수익률ROA'을 사용했다. ROA가 자산매각, 세금납부와 같은 영업외 이익이나 부채비율에 민감하다는 문제를 해결하기 위하여, 본 연구에서는 영업이익을 총자산으로 나눈 '영업자산수익률Operating ROA'을 추가적으로 사용하여 추정하였으나, 결과는 일관되게 나왔다. 해외자회사의 회계자료를 사용한 재무지표들은 가격이전, 범위의 경제, 끼워팔기 등으로 인해 여러 가지 오류가 도입될 수 있으므로 유의해야 한다. 만일 가격이전을 통한 이익이전이 가능하다는 점을 고려하면, 합작투자기업에서 독자소유 자회사로 전환한 해외자회사들이 전환하지 않은 합작투자기업과 비교하여 더 높은 수익성을 보일 것을 예상하는 본 연구의 가설검증은 보수적인 테스트가 된다. 왜냐하면, 합작투자 현지파트너가 해외파트너의 소득이전을 감시할 수 있기 때문에, 일반적으로 가격이전정책을 통한 소득이전은 독자소유 자회사보다는 합작투자기업에서 더 어렵기 때문이다.[3] 중국 내 다국적 기업들의 잠재적 소득이전 행위에 대해서는 6장과 부록 10에서 논의하고 있다.

합작투자의 독자법인으로의 전환을 예측하기 위해 본 연구에서는 몇 가지의 기업 지표를 추가하였다. 합작투자의 전환을 이끄는 기업규모 관련 요인들을 통제하기 위해, 자산에 로그를 취한 '기업규모'를 하나의 지표로 측정했다. '기업연령'은 기업의 설립 이후 경과한 기간의 햇수로 정의한다. '기업연령'은 기업이 합작투자 경험으로부터 얻은 현지관련 지식이나 경영자원과 관련된 요인들을 통제한다Hennart 1991. '부채비율'은 총부채를 총자산으로 나눈 값으로 정의한다. 또한 회사의 수출지향성을 나타내는 '수출비중'은 수출을 통한 매출을 총매출로 나눈 값으로 정의한다. Propensity score를 계산하는 데 있어, 전환 1년 전 합작투자기업의 수익률, 부채비율, 수출비중 등을 포함하는 것은 합작투자의 옵션가치를 반영하는 것이다Kogut 1991; Kogut and Chang 1996. 예를 들면, 다국적 모기업은 콜옵션을 행사하는 것과 마찬가지로, 수익성이 높거나, 견실한 대차대조표를 가진 기업, 수출플랫폼을 가진 합작투자기업을 인수할 가능성이 크다.

'무형자산비율'은 총자산 대비 무형자산의 비율이며, 기업의 무형자산이 가진 상대적 중요성을 측정한다. 본 연구에서는 해외자회사의 대차대조표에 표기된 무형자산에 대한 항목이 다국적모회사에서 해외자회사로의 무형자산의 이전을 보여주는 주요 지표라고 생각한다. 각 해외자회사가 자체적으로 수행하는 R&D나 광고관련 활동은 자회사의 손익계산서에는 당해연도의 R&D나 광고에 대한 지출로 나타나겠지만, 다국적 모회사에서 개발되어 해외자회사로 이전되는 기술, 브랜드, 상표는 대개 몇 년에 걸쳐 분할상환되는 무형자산에 대한 투자로 취급하기 때문이다Kieso, Weygandt, and Warfield 2010; 12장 참조. 총자산 대비 고정자산의 비율을 나타내는 '고정자산비율'은 회사의 자본집약도를 나타낸다. 이 변수도 마찬가지로 대차대조표에 고정자산의 증가로 나타나는 기술이전을 반영할 수 있는데, 이는 높은 기술력이 내제된 기계와 장비의 도입 형태로 나타난다. 이들 무형자산과 고정자산은 합작투자기업의 전환 결정에 있어 중요한 고려사항이며, 전환 후에 나타나는 경영성과의 변화를 관찰할 수 있는 주요 전략적 지표이다.

해외 모회사와 현지합작투자 파트너의 특성을 알아보기 위해, 본 연구에서는 합작투자기업의 지배구조를 살펴본다. '전통적 현지모기업'은 국영기업이나 집체기업과 같은 전통적인 현지기업을 모회사로 가지고 있는 합작투자기업을 뜻하며, 사기업이나 법인기업과 같은 현대화된 현지기업이 합작파트너인 합작투자와 대비된다. 'HMT 해외모기업'은 해외모기업의 유형을 나타내며, 홍콩, 마카오, 타이완계 모회사, 혹은 기타 다국적 모기업 두 가지 종류가 있다. 마지막으로, 본 연구에서는 해외 모기업의 지분비중을 퍼센트로 측정하는 '해외지분'과 이를 제곱한 값 모두를 포함시켜 해외기업의 지분비중을 통제하였다. 우리는 해외지분의 정도에 따른 독자소유 자회사로의 전환가능성이 U자 반대모양의 관계를 가질 것으로 기대하였다. 이는 해외기업의 지분비중이 높으면 독자법인으로의 전환의 필요성이 낮고, 낮은 수준의 해외기업의 지분비중은 독자소유 자회사로의 전환을 어렵게 만들기 때문이다.

부록 표 4-1은 어떤 합작투자기업이 독자소유 자회사로 전환하는가를 나타내는 프로빗모형probit model의 분석결과를 보여준다. 첫 번째 열은 전체표본을

부록 표 4-1 합작투자에서 독자법인으로 전환결정

종속변수 합작투자에서 독자기업으로 전환	(1) 모든 기업	(2) 연구개발투자가 많은 기업	(3) 연구개발투자가 낮은 기업	(4) 광고투자가 많은 기업	(5) 광고투자가 낮은 기업
기업규모$(t-1)$	−0.07*** (0.02)	−0.09*** (0.02)	−0.06** (0.02)	−0.07*** (0.03)	−0.07*** (0.02)
기업연령$(t-1)$	−0.02*** (4.0×10^{-3})	−0.01*** (5.0×10^{-3})	−0.02*** (6.0×10^{-3})	−0.02*** (6.0×10^{-3})	−0.01** (5.0×10^{-3})
자산수익률$(t-1)$	-4.5×10^{-3}** (2.0×10^{-3})	-5.1×10^{-3}* (3.0×10^{-3})	-4.3×10^{-3} (3.0×10^{-3})	-9.8×10^{-3}*** (3.0×10^{-3})	0.3×10^{-3} (3.0×10^{-3})
부채비율$(t-1)$	0.5×10^{-3} (1.0×10^{-3})	1.1×10^{-3} (1.0×10^{-3})	-0.4×10^{-3} (1.0×10^{-3})	-1.9×10^{-3} (1.0×10^{-3})	2.6×10^{-3}** (1.0×10^{-3})
수출비중$(t-1)$	0.08* (0.05)	0.13* (0.07)	0.06 (0.07)	0.01 (0.07)	0.17** (0.07)
무형자산비율$(t-1)$	6.0×10^{-3} (4.0×10^{-3})	1.2×10^{-2}** (6.0×10^{-3})	-1.3×10^{-3} (6.0×10^{-3})	3.0×10^{-3} (6.0×10^{-3})	7.2×10^{-3} (5.0×10^{-3})
고정자산비율$(t-1)$	2.7×10^{-3}** (1.0×10^{-3})	3.2×10^{-3}** (1.6×10^{-3})	2.5×10^{-3}* (1.4×10^{-3})	2.8×10^{-3}* (1.8×10^{-3})	2.5×10^{-3} (2.0×10^{-3})
전통적 현지모기업$(t-1)$	−0.20*** (0.04)	−0.23*** (0.06)	−0.18*** (0.06)	−0.21*** (0.06)	−0.19*** (0.06)
HMT 모기업$(t-1)$	0.04 (0.04)	0.02 (0.06)	0.04 (0.05)	0.09* (0.06)	−0.02 (0.05)
해외지분$(t-1)$	13.28*** (1.78)	12.94*** (2.62)	14.26*** (2.50)	16.76*** (2.80)	10.70*** (2.23)
해외지분제곱$(t-1)$	−15.80*** (2.33)	−15.79*** (3.47)	−16.68*** (3.25)	−20.27*** (3.69)	−12.42*** (2.90)
산업효과	Yes	Yes	Yes	Yes	Yes
연도효과	Yes	Yes	Yes	Yes	Yes
지역효과	Yes	Yes	Yes	Yes	Yes
Pseudo-R-squared	0.14	0.14	0.15	0.18	0.11
Chi-squared	953.37***	446.40***	538.85***	619.31***	376.14***
표본수	19,557	9,195	9,603	8,757	10,262

주: 괄호 안은 표준편차임. ***$p<0.01$, **$p<0.05$, *$p<0.1$. 이 표는 *Strategic Management Journal*(Wiley)의 승인을 받고 재게재한 것임.

사용하여 분석하여 얻은 추정계수들이며, 나머지 네 개의 열은 R&D 집약도의 높고 낮음과 광고집약도의 높고 낮음에 따라 부분표본으로 나누어 회귀분석한 것이다. 합작투자로 전환한 기업과 합작투자를 계속하는 기업들을 매칭하는 데 있어서, R&D와 광고집약도의 높고 낮음에 따라 나눈 부분표본들에서 각각 매칭을 하였다. '기업규모'는 유의하게 음의 부호를 가지는데, 이는 기업규모가 클수록 해외파트너가 현지파트너의 지분을 사들이기 위해서 더 많은 자본이 필요하기 때문에 합작투자기업의 전환이 잘 발생하지 않다는 것을 반영한다. '기업연령' 또한 유의하게 음의 부호를 가지는데, 더 오래된 합작투자기업일수록 전환이 잘 일어나지 않음을 시사한다. 반대로, 오래되지 않은 소규모의 합작투자기업은 독자소유 자회사로 전환할 가능성이 크다. '자산수익률'이 높은 합작투자기업은 전환이 될 가능성이 적은데, 수익성이 높은 합작투자기업의 경우 현지파트너로부터 지분을 사들이는 가격이 더 비싸지기 때문이다. 전환에 있어 '부채비율'은 광고집약도가 낮은 산업으로 구성된 부분표본에서만 긍정적인 영향을 주는 것으로 나타난다. '수출비중'은 모든 표본에서 전환의 가능성에 긍정적인 영향을 주는데, 이는 수출플랫폼이 가지는 옵션가치를 반영한다Kogut and Chang 1996. 총자산에 대한 '무형자산의 비율'은 R&D 집약도가 높은 산업에서 전환가능성에 긍정적인 영향을 주며, 이것은 거래비용이론의 예측과 일관된다Hennart 1982. 이는 특히 연구개발투자가 중요한 산업에서는, 무형자산의 비율이 높을수록, 합작투자기업이 독자소유 자회사로 전환할 가능성이 크다는 것을 의미한다. 총자산에 대한 '고정자산의 비율'은, 광고집약도가 낮은 산업을 제외한 나머지 표본들에서 독자법인으로의 전환가능성에 유의하게 긍정적인 영향을 주는 것으로 나타났다. 이로써 고정자산 투자가 많이 필요로 하는 기업은 독자소유 자회사로 전환될 가능성이 더 높음을 알 수 있다.

부록 표 4-2 독자법인 전환기업과 합작투자 계속기업과의 수익성(ROA%) 비교

전체표본					
연도	$t-1$	t	$t+1$	$t+2$	$t+3$
독자법인전환기업	4.20	4.86	5.73	5.49	5.31
합작투자계속기업	4.24	4.92	4.67	4.34	3.82
ATT			1.12**	1.21**	1.55**
표준편차			0.51	0.61	0.68
표본수	799	799	799	799	799

연구개발투자가 많은 산업					
연도	$t-1$	t	$t+1$	$t+2$	$t+3$
독자법인 전환기업	3.96	4.43	5.65	5.63	4.92
합작투자계속기업	4.44	4.68	4.40	4.27	3.41
ATT			1.49**	1.60**	1.76**
표준편차			0.75	0.77	0.89
표본수	388	388	388	388	388

연구개발투자가 낮은 산업					
연도	$t-1$	t	$t+1$	$t+2$	$t+3$
독자법인 전환기업	4.43	5.21	5.68	5.28	5.55
합작투자 계속기업	4.91	5.05	5.08	4.32	4.00
ATT			0.44	0.80	1.39
표준편차			0.75	0.96	0.97
표본수	410	410	410	410	410

광고투자가 많은 산업					
연도	$t-1$	t	$t+1$	$t+2$	$t+3$
독자법인 전환기업	3.44	4.08	5.63	5.37	5.11
합작투자 계속기업	3.41	4.60	3.79	4.05	3.54
ATT			2.36***	1.84**	2.08**
표준편차			0.71	0.85	0.93
표본수	414	414	414	414	414

광고투자가 낮은 산업					
연도	$t-1$	t	$t+1$	$t+2$	$t+3$
독자법인 전환기업	5.16	5.54	5.78	5.45	5.54
합작투자 계속기업	5.39	5.77	5.15	4.56	4.94
ATT			0.86	1.12	0.83
표준편차			0.66	0.78	0.88
표본수	386	386	386	386	386

주: 괄호 안은 표준편차임. $^{***}p<0.01$, $^{**}p<0.05$, $^{*}p<0.1$. 이 표는 *Strategic Management Journal*(Wiley)의 승인을 받고 재게재한 것임.

모회사의 유형을 나타내는 변수 중에서, '전통적 현지모기업'과의 합작투자기업들에서는 독자법인으로의 전환이 잘 발생하지 않다는 것을 알 수 있는데, 이는 다국적기업들이 정부의 지원을 받는 국영기업이나 집체기업과의 합작투자관계를 단절시키기 어렵기 때문이다. 따라서 사기업을 합작투자파트너를 가진 합작투자기업의 전환이 더 용이하게 나타난다. 반면, '해외 모기업' 유형HMT기업 혹은 HMT기업이 아닌 기업은 전환의 결정 여부에 영향을 주지 않는 것으로 나타났다. '해외지분' 변수는 유의하게 양의 부호를 가지고, 이를 제곱한 값은 유의하게 음의 부호를 나타냈다. 이는 예상했던 대로, 해외지분과 독자법인으로의 전환가능성이 U자의 반대 형태를 나타낸다는 것을 의미한다. 마지막으로, 본 연구에서는 산업적, 지역, 시기적 요인들을 통제하기 위해, 산업, 지역, 연도 효과를 포함시켰다. 기타 독자법인으로의 전환에 영향을 미치는 합리적, 비합리적 요인들은 프로빗모형에서 오차항으로 취급되었다.[4]

이 프로빗 분석에서 계산한 Propensity score로 두 그룹의 기업들을 서로 매칭할 때, 보다 정확한 매치를 위해서는 같은 3단위 산업분류에 속하는 기업과 같은 연도에 매치하게 하였다. 이러한 매칭방법으로 840개의 전환된 독자소유 자회사 중 799개의 기업과, 계속 소수지분 합작투자기업으로 남은 기업 19,557개 중 최소 5년간의 자료가 남아있는 기업 799개를 매치시켰다. 부록 표 4-2는 시간이 지남에 따라 이와 같이 서로 대응된 독자법인으로 전환된 회사와 전환하지 않은 합작투자기업의 ROA의 값을 차이를 보여준다. 이 표는 서로 쌍을 이룬 799개의 기업들의 수익성 차이를 이른바 difference-in-differences 방식으로 추정하였다. ATTthe average treatment effect on the treated는 두 그룹간 전환이 이루어진 연도시점 t부터 일어난 ROA의 누적변화의 차이이다. 결과를 보면 독자소유로 전환한 자회사들이 합작투자기업으로 남은 유사한 기업들에 비해 전환

후 첫 3년간, 각각 평균 1.12, 1.21, 1.55% 포인트만큼 ROA의 증가분이 더 높다는 것을 알 수 있다. 또한 부록 표 4-2는 R&D 집약도와 광고집약도의 높고 낮음으로 구분한 부분표본들 각각에 대하여 독자소유전환 자회사와 합작투자기업으로 남은 회사간의 경영성과 차이를 보여준다. 이는 두 부분집단 사이의 결과를 각각 비교한 De Loecker$_{2007}$, Girma and Gorg$_{2007}$, MacGarvie$_{2006}$의 방법을 사용한 것이다. 그 결과, 오직 R&D 집약도와 광고집약도가 높은 산업에서만, 독자소유로 전환한 자회사와 합작투자기업으로 남은 회사간 ROA 증가분에서 차이가 유의하게 나타나는 것으로 보인다. R&D 집약도나 광고집약도가 낮은 산업에서의 ROA의 차이는 유의하게 나타나지 않았다. 이러한 결과는 거래비용이론과 일맥상통한다.

기업 경영성과개선의 잠재적인 요인을 찾기 위하여, 본 연구에서는 매출, 무형자산, 고정자산과 같은 주요 전략적 지표들의 변화를 추가적으로 살펴보았다. 독자소유전환 자회사들은 계속 합작투자 형태로 남은 자회사들에 비해 매출과 무형자산에서의 증가가 뚜렷하게 나타났다. 우리는 이러한 결과를 해외 모기업들이 그들의 독자소유로 전환한 자회사에 보다 높은 수준의 기술이나 브랜드를 제공하는 것으로 파악하였다. 즉, 만약 기술이전이나 브랜드의 도입이 독자법인으로의 전환과 관련되어 있다면, 위와 같이 자회사 수준에서의 대차대조표에 기업이 소유한 무형자산이 증가한 것으로 나와야 하는 것이었다. 한편, 전환된 독자소유 자회사의 고정자산은 합작투자기업보다 더 빠르게 성장하는 것으로 나타난다. 이는 첨단기술이 내장된 기계나 설비와 같은 물리적 자산에 대한 신규투자가 이루어지기 때문이며, 이러한 경향은 기술집약적인 산업에서 더욱 두드러지게 나타난다.[5] 이 연구에 대한 보다 더 자세한 사항은 Chang, Chung, Moon$_{2013}$을 참고하길 바란다.

부록 05
민영화 기업들의 경영성과

이 부록에서는 제3장에서 살펴본 민영화에 대한 두 개의 주요 의문점에 대해 설명한다. 먼저, 민영화를 하는 기업과 국영기업이나 집체기업으로 남아있는 기업들의 특성이 어떻게 다른지 살펴본다. 본 서에서는 민영화를 '국영기업이나 집체기업에서 사기업이나 법인기업으로 법적으로 전환하는 것'이라 정의한다. 그림 3-3에서 보듯이, 1998년에서 2009년 사이에 연간 산업실태조사에는 총 44,403건의 민영화 사례가 발생했다. 둘째로, 민영화된 기업의 경영성과를 민영화가 이루어진 시점부터 3년간 추적함으로써, 민영화를 통한 기업의 경영성과 개선여부를 확인하려고 한다. 따라서, 본 연구에서는, 즉 민영화가 이루어지기 1년 전부터 민영화 이후 3년, 즉 최소 5년 이상의 연속적인 기업자료를 구할 수 있는 기업으로 표본을 제한하였다. 민영화 사례 중 15,510개의 사례가 이 조건을 충족시켰다. 부록 4에서도 사용한, Propensity score matching 기법을 이용해서 이 15,510개의 기업들을 각각 민

영화가 되지 않은 국영기업이나 집체기업 중 가장 유사한 기업과 대응시켰다.[6]

부록 표 5-1은 어떤 기업들이 민영화가 될 가능성이 더 높은지를 분석한 통계분석의 결과이다. 먼저, 본 연구에서는 이러한 분석을 위해, 민영화가 이루어진 모든 국영기업 및 집체기업과, 같은 시기에 국영기업 및 집체기업으로 남아있던 기업들을 포함하는 샘플을 만들었다. '기업규모'는 기업 자산규모에 로그를 취한 값으로, 기업규모와 관련된 요인들을 통제한다. '기업연령'은 회사설립 이후 경과한 기간의 연수이며, 기업연령과 관련된 요인을 통제하기 위해 포함하였다. 또한 본 연구에서는 기업들의 경영성과를 측정하기 위해 두 가지 척도를 도입했다. '자산수익률'ROA은 당기순이익을 총자산으로 나눈 값이며, '생산성지수'는 주어진 기업의 생산성과 같은 3단위 산업분류에 속한 기업들의 평균 생산성의 차이로 정의한다. 본 연구에서는 Caves, Christensen, and Diewert$_{1982}$가 고안하여 Aw, Chung, and Roberts$_{2003}$가 수정한 다변지수multilateral index를 이용하여 기업의 생산성을 측정하였다부록 6의 식 (1) 참조. 본 연구에서는 기업의 재무경영성과가 높을수록 구매자들이 매력을 느낄 것이기 때문에, 재무경영성과가 좋을수록 기업의 민영화 가능성이 높아질 것이라 기대하였다. '부채비율'은 총부채를 총자산으로 나눈 값이다. 기업이 더 많은 부채를 보유할수록, 잠재적인 기업 구매자들의 선호도는 감소할 것이다. '수출비중'은 수출을 통해 얻는 매출액을 총매출로 나눈 값이며, 기업의 수출지향성을 나타내는 수치이다. 기업의 내수나 수출지향성은 기업들이 민영화될 가능성에 영향을 줄 것이다. '무형자산비율'은 기업의 무형자산소유 비율을 나타내는 척도이며, 총자산 대비 무형자산의 비율로 정의된다. '고정자산비율'은 고정자산을 총자산으로 나눈 값이며, 기업의 자본집약도를 나타낸다. 다량의 고정자산과 무형자산을 소유하고 있는 기업의 경우, 이들 자산에 대해 잠재적 구매자들이 매력을 느낄 것이므로, 민영화가 이루

부록 표 5-1 민영화 의사결정

	민영화 결정
기업규모	0.106*** (0.004)
기업연령	-0.010*** (0.000)
생산성지수	0.294*** (0.019)
자산수익률(ROA)	-0.042 (0.053)
부채비중	-0.001*** (0.000)
수출비중	-0.001*** (0.000)
무형자산비율	0.018*** (0.001)
고정자산비율	0.003*** (0.000)
중앙정부/성정부 정부관할	-0.449*** (0.023)
시정부 또는 현급 정부관할	-0.099*** (0.018)
집체기업	0.170*** (0.015)
산업효과	Yes
지역효과	Yes
연도효과	Yes
Pseudo R-squared	0.146
Chi-squared (d.f.)	13257.4(211)***
표본수	115,050

주: 괄호 안은 표준편차임. $^{***}p<0.01$, $^{**}p<0.05$, $^{*}p<0.1$.

어질 가능성이 높을 것이다. 이러한 기업 수준의 특성들은 부록 4에서 독자소유 자회사로 전환된 합작투자기업들의 경영성과 변화를 살펴볼 때에 사용한 특성들과 유사하다.

민영화를 연구하기 위해서는, 민영화에 있어 결정권을 가진 정부들의 역할에 주목할 필요가 있다. 중국의 공산주의 정권하에서, 국영기업과 집체기업들은 그들의 규모와 전략적 중요성에 따라 다양한 수준의 정부의 관할하에 놓였었다. 일부 대규모 기업들과 전략적 산업에 속한 기업들은 베이징北京에 위치한 중앙정부의 관할하에 놓이며, 나머지 기업들은 성省, 시市 혹은 현縣급 정부의 관할에 속하게 되었다. 이러한 기업과 정부의 관계는 크게 세 개의 부류로 나누어, '중앙정부/성정부 정부관할'과 '시정부/현급 정부관할'의 두 가지 더미변수를 사용하여 나타낼 수 있다. 현縣급보다 낮은 수준의 정부 관할하에 위치한 기업들은 준거집단의 역할을 하며, 이 경우 두 가지 더미변수 모두 0의 값을 갖는다. 또한 국영기업과 집체기업간에 민영화 확률이 다를 수 있으므로, 집체기업일 경우 1, 국영기업일 경우 0의 값을 갖는 '집체기업' 변수를 추가하였다. 더하여, 3단위 산업분류 변수, 두 자리의 지역 변수, 연도효과를 추가하여 이에 따른 요인들을 통제하였다.

부록 표 5-1은 민영화 의사결정에 대한 추정결과를 보여준다. 이 회귀분석에서 유의하게 양의 값을 나타내는 계수들은 민영화의 가능성이 더 크다는 것을 뜻한다. '기업규모'는 유의하게 양의 값을 가지며 '기업연령'은 유의하게 음의 값을 가지는데, 이는 기업이 규모가 크고 설립한지 오래되지 않을수록 민영화 가능성이 높다는 것을 시사한다. 반면, 이는 소규모 국영기업과 집체기업들은 구매자들의 이목을 끌기 어렵다는 점을 시사한다. 설립한지 오래된 기업들은 변화에 대한 저항이나 반발이 상대적으로 크기 때문에 민영화가 어렵다는 점을 시사한다. '생산성'은 유의하게 양의 값을 가지며, '자산수익률'는 민영화 결정에 있어 유의하지 않다. 이는 높은 생산성을 가진 기업이 민영화가 될 가능성이 높음을 의미한다. 반면, 수익성과 같은 재무경영성과는 민영화 결정에 있어 유의미한 요인이 아닌 것으로 나타난다. 이는 높은 재무경영성과를 가진 기업들은 그만큼 매각비용이 크며, 이런 매각가격에 대한 부담이 구매자가 느끼는 매력을 그만큼 상쇄하기 때문이라고 해석할 수 있다. '부채비율'과 '수출비중'은 유의하게 음의 값을 갖는 것으로 나타났다. 부채가 많은 기업은 구매자들을 유치하기 힘들기에 민영화가 이루어질 가능성이 작다. 수출비중이 낮은 기업, 즉 내수시장에 주력하는 기업들이 수출지향적인 기업들보다 민영화가 이루어질 가능성이 높은 것으로 나타난다. '고정자산비율'과 '무형자산비율'은 모두 유의하게 양의 값을 가지는데, 이는 구매자들이 고정자산과 무형자산을 많이 가진 기업들에게 매력을 느낀다는 것을 시사한다. 정부와의 관계에 대한 더미변수들은 둘 다 유의하게 음의 값을 갖는 것으로 나타났다. 이는 더 높은 수준의 정부의 관할하에 있는 기업일수록, 이들 기업들이 가지는 '전략적' 중요성으로 인해 민영화의 가능성이 더 낮기 때문이다. 또한 집체기업이 국영기업보다 민영화의 가능성이 더 높은 것으로 나타났다.

이렇게 민영화 대상으로 선정되는 의사결정을 살펴본 후, 민영화가 경영성과에 미치는 영향을 알아보기 위하여, 민영화가 이루어진 기업들과 매우 흡사하지만 민영화를 하지 않은 국영기업이나 집체기업을 찾아 대응시킨 다음, 서로의 경영성과를 비교하였다. 적합한 비교대상을 선택하기 위해, 본 연구에서는 부록 표 5-1의 프로빗모형에서 민영화 확률을 계산한 후, 민영화된 기업과 사전적으로 유사한 민영화될 확률을 가지고 있었으나 민영화되지 않고, 계속 국영기업이나 집체기업 형태로 운영되는 기업들 중 가장 적합한 기업을 선택하여 대응시켰다. 가장 유사한 기업과의 대응을 위해, 매칭할 때 같은 3단위 산업분류, 두 자리 지역코드, 연도에서 매칭이 이루어지도록 제한하였다. 이 Propensity score matching 기법을 적용한 결과, 민영화될 확률이 서로 같았지만 결국 둘 중 한 기업만 민영화된 국영기업 및 집체기업의 쌍을 만들었다. 그 이후, 민영화가 이루어진 기업과 이루어지지 않은 기업의 경영성과를 민영화의 순간부터 difference－in－differences의 방법으로 비교하였다. 이 기법은 민영화 시점부터 경영성과 차이를 계산함으로써 민영화가 이루어진 집단과 민영화가 이루어지지 않은 통제집단을 비교하는 방법이다. 즉, 앞서 살펴본 매칭방식을 통해 15,510개의 민영화된 기업과 5년 이상의 자료가 존재하는 민영화되지 않은 국영기업 및 집체기업을 대응시키고 비교한다. 부록 표 5－2는 difference－in－differences 추정을 이용하여 민영화된 기업과 그렇지 않은 기업들의 시간의 흐름에 따른 ROA와 생산성 차이를 보여준다.

부록 표 5－2에 따르면, 두 집단간 민영화가 이루어진 해(t번째 해)부터 ROA의 누적 변화량의 차이를 측정하는 ATT, 즉 누적된 차이 값이 통계적으로 유의한지 확인하기 위해 t－검정을 시행하였다. 결과를 보면 민영화가 이루어진 기업이 그렇지 않은 기업에 비해, 민영화가 이루어진 해부터 매년 ROA가 각각 0.47% 포인트, 0.58% 포인트, 1.03% 포인트만큼 더 증가하는 것으로 나타났다. 생산성 지수 또한 각각 0.012, 0.014, 0.019 포인트만큼 더 증가하였다. 이 결과들은 국영기업이나 집체기업들이 사기업이나 법인기업으로 전환하는 것이 경영성과에 긍정적인 영향을 준다는 것을 밝혀냈다.

부록 표 5－2에서는 매출, 고정자산, 무형자산, 수출비중, 자본부채비율과 같은 주요 지표들을 비교하여 어떤 요인들이 민영화된 기업들의 경영성과를 개선하는지를 보여준다. 본 연구에서는 매출과 고정자산, 무형자산에 자연로그를

부록 표 5-2 민영화기업과 국영기업과 집체기업으로 남아있는 기업들과의 주요 경영지표비교

a) 자산수익률(ROA)

	$t-1$	t	$t+1$	$t+2$	$t+3$
민영화기업	5.53	6.31	6.77	7.41	8.04
유사한 국영기업 또는 집체기업	5.58	6.19	6.53	7.03	7.24
ATT			0.47***	0.58***	1.03***
표준편차			0.18	0.21	0.24

b) 생산성

	$t-1$	t	$t+1$	$t+2$	$t+3$
민영화기업	0.102	0.118	0.140	0.153	0.167
유사한 국영기업 또는 집체기업	0.107	0.113	0.132	0.144	0.154
ATT			0.012***	0.014***	0.019***
표준편차			0.014	0.005	0.005

c) log (매출)

	$t-1$	t	$t+1$	$t+2$	$t+3$
민영화기업	9.90	10.04	10.18	10.31	10.41
유사한 국영기업 또는 집체기업	9.82	9.93	10.03	10.12	10.17
ATT			0.07***	0.11***	0.15***
표준편차			0.01	0.01	0.02

d) log (고정자산)

	$t-1$	t	$t+1$	$t+2$	$t+3$
민영화기업	8.49	8.57	8.66	8.75	8.82
유사한 국영기업 또는 집체기업	8.46	8.50	8.55	8.60	8.63
ATT			0.08***	0.13***	0.16***
표준편차			0.01	0.01	0.02

e) log (무형자산)

	$t-1$	t	$t+1$	$t+2$	$t+3$
민영화기업	1.58	1.93	2.22	2.41	2.60
유사한 국영기업 또는 집체기업	1.29	1.40	1.58	1.68	1.85
ATT			0.36***	0.43***	0.46***
표준편차			0.05	0.06	0.06

f) 부채비율

	$t-1$	t	$t+1$	$t+2$	$t+3$
민영화기업	64.16	63.65	62.72	62.05	61.73
유사한 국영기업 또는 집체기업	63.84	63.63	63.09	62.76	62.21
ATT			−0.67*	−1.03**	−0.79*
표준편차			0.36	0.41	0.43

g) 수출비중

	$t-1$	t	$t+1$	$t+2$	$t+3$
민영화기업	11.31	11.90	12.10	11.67	11.60
유사한 국영기업 또는 집체기업	11.41	11.75	11.52	11.43	10.95
ATT			0.68**	0.36	0.76**
표준편차			0.27	0.33	0.33

주: 괄호 안은 표준편차임. $^{***}p<0.01$, $^{**}p<0.05$, $^{*}p<0.1$.

취하여 비교하였다. 이는 자연로그 값의 차이가 시간에 따른 변화율로도 해석할 수 있기 때문이다.[7] 민영화된 기업은 그렇지 않은 기업보다 더 큰 매출성장률 10.41 대 10.17%, 고정자산성장률 8.82% 대 8.63%, 무형자산성장률 2.60% 대 1.85%을 보인다. 또한 민영화된 기업은 상대적으로 더 낮은 부채비율의 감소분 1.63% 대 2.43%과 더 높은 수출성장증가율 11.60% 대 10.95%을 보인다. 이 결과들은 민영화된 기업들이 공장 및 기계와 같은 고정자산과, 기술 및 브랜드와 같은 무형자산에 더 투자하여 매출을 신장시키고 부채비율을 낮추었다는 것을 의미한다. 이러한 변화는 민영화된 기업들이 각 기업들과 대응되는 국영기업 혹은 집체기업보다 더 높은 수익성과 생산성을 창출한다는 것을 의미하며, 민영화가 현지기업과 산업의 경영성과를 향상시킨다는 것을 시사한다.

부록 06
기업생산성 측정방법

본 연구에서는 Caves, Christensen, and Diewert1982가 고안하고 Aw, Chung, and Roberts2003가 수정한 다변지수 multilateral index를 이용하여 기업 생산성을 측정한다. 이 생산성 지수는 콥-더글라스 생산함수Cobb-Douglas production function를 추정하고 남은 오차항과 그와 유사한 방법으로 추정하는 생산성지수에 비해 여러 이점을 지니고 있다. 먼저, 생산성지수는 계산이 간단하고 다양한 종류의 생산기술을 고려할 수 있으며 유연하게 적용할 수 있다. 다양한 기술을 가진 기업들이 경쟁을 벌이고 있는 지금의 중국과 같은 상황에서, 이러한 생산기술의 유연성은 연구목적에 보다 적절하다. 다양한 생산성 측정법들을 비교한 Van Biesebroeck2007 529 페이지은 "측정오차가 적을 때 또는 극단치들을 사후에 제어가능할 때, 생산성지수 방식이 생산성과 생산성성장률을 계산하는 데 있어서 최선책이다"라고 주장한다. 생산성지수의 또 다른 이점은 여러 해에 걸친 기업 수준의 생산성을 일관성 있게 비교할 수 있다는 점이다. 두 개의 다른 관측치를 비교하기 위해서, 생산성지수는 기업의 산출량과 투입량을 특정 기준점으로부터의 편차로 나타낸다. 여기서 기준점이란, 연구자료의 시작점인 1998년 한 해 동안의 산업평균 투입비율, 평균 투입량, 평균 산출량을 갖는 각 3단위 산업분류별 가상적인 기업이다. 생산성 지수는 다음과 같이 정의한다.

$$\text{Productivity}_{it} = \left(lnY_{it} - \overline{lnY_t}\right) + \sum_{\tau=2}^{t}\left(\overline{lnY_\tau} - \overline{lnY_{\tau-1}}\right) - \left[\sum_{j=1}^{m}\frac{1}{2}\left(S_{ijt} + \overline{S_{jt}}\right)\left(lnX_{ijt} - \overline{lnX_{jt}}\right)\right.$$
$$\left. + \sum_{\tau=2}^{t}\sum_{j=1}^{m}\frac{1}{2}\left(\overline{S_{j\tau}} + \overline{S_{j\tau-1}}\right)\left(\overline{lnX_{j\tau}} - \overline{lnX_{j\tau-1}}\right)\right] \quad (1)$$

위의 수식은 기업 i가 t년에 j유형의 투입($j=1$, $\cdots$, m)을 이용한 생산성을 나타낸다. Y_{it}는 산출을, X_{ijt}는 노동력, 원재료, 자본을 포함한 투입을 나타낸다. S_{ijt}는 투입비율을 나타내며, 노동력의 경우 총 산출량에 대한 노동비용의 비율로, 원재료의 경우 총산출에 대한 재료비용의 비율로, 자본의 경우 1에서 노동력 비율과 원재료 비율을 차감한 값으로 정의된다. 식 (1)에서 첫 번째 항은 해당 연도의 산업평균 산출량에 비교한 해당 기업의 산출량의 차이이다. 두 번째 항은 연구에 포함된 모든 연도에 걸친 산업평균 산출량의 변화를 반영한다. 세 번째 항과 네 번째 항은 각각 투입 j에 대하여 앞선 두 항과 같은 계산을 시행하여, 각 기업의 투입비율(S_{ijt})과 기업이 속한 3단위 산업분류의 평균 투입비율의 평균을 비중으로 하여 더한 값이다. 이와 같은 생산성지수는, 기준이 되는 해의 가상기업의 생산성에 비교한 t연도의 기업 i가 가지는 생산성을 측정한다.

본 연구에서는 투입량과 산출량을 정확히 수집하여 생산성지수를 계산하고

자 세 가지 요소를 조정하였다. 먼저, Brandt et al.$_{2012}$에 따라, 산출량과 원재료 투입량을 투입물 가격조정계수input price deflators와 산업수준의 산출량으로 조정하였다. 1998년부터 2003년까지의 연간 산업실태조사 자료는 명목가격과 실질가격이라는 두 기준에 대해서 기업의 산출량에 대한 정보를 포함하고 있다. 본 연구에서는 1998년을 기준연도로 하여, 명목산출량을 실질산출량으로 나누어, 기업수준에서의 물가지수를 계산하였다. 다음으로 각각의 3단위 산업분류에 속한 기업들의 산출량을 비중으로 하여, 앞에서 구한 기업수준의 물가지수의 가중평균을 계산하는 방법으로, 산업수준에서의 산출가격조정계수를 구한다.[8] 2004년부터 2009년까지는 기업수준의 명목산출과 실질산출에 대한 정보가 부재하기 때문에, 이 기간에 대해서는 중국통계연감에 수록되어 있는 2단위 산업분류 수준의 공장도 가격지수를 이용하였다. 이어 2002년 투입-산출표의 투입계수를 비중으로 하여 모든 산업에 대하여 산업별 산출가격조정계수의 가중평균을 구함으로써 투입가격조정계수를 계산하였다.

두 번째로, 중국 국가통계청 데이터베이스는 각 기업의 명목적인 자본금에 관한 연간 회계기반 자료를 제공하고 있다. 이를 사용하여 특정 기업의 자본스톡의 증가를 연간 산업실태조사 데이터베이스에 등장한 시점부터 쭉 추적할 수 있다. 생산성 추정을 하기 위해, 영구재고법perpetual inventory method을 사용하여 연도별 실질자본을 계산하였다. 국가통계청의 1994년도 경제전반적인 통계조사 자료에 있는 기업의 경우, 1994년도의 자본금 자료를 이용하고, 이 자료에 없는 기업의 경우 데이터베이스에 처음 등장한 연도의 자본금 자료를 이용한다. 먼저 이 자본금으로부터 기업이 설립된 시기의 명목자본금을 역으로 추정한다. 이를 위해서는 평균자본성장률, 자본재 가격변동을 통제하기 위한 자본상각률, 투자가격조정계수, 이 세 가지의 추가적인 정보가 필요하다. 한편, 일부 기업들이

1994년 경제전체적인 통계조사와 1998년 연간 산업실태조사 두 곳에 동시에 존재하고 있기 때문에, 이들 기업들의 1994년과 1998년 사이 자본 증가분을 계산할 수 있으며, 이를 이 기간의 명목자본의 평균성장률로 간주하였다. 자본성장률이 산업별, 지역별로 상이할 수 있으므로, 본 연구에서는 2단위 산업분류별, 지역별로 자본성장률을 계산한다. 이렇게 구한 평균 자본성장률을 바탕으로, 데이터베이스에 처음 등재된 연도의 명목자본금을 할인하여, 역으로 그 기업이 설립되었던 당시의 명목자본을 추정한다. 기업이 설립된 해의 실질자본금은 그 해의 추정된 명목자본금을 Brandt and Rawski가 추정한 투자가격수정지수로 조정하여 추정한다Brandt et al. 2012. 본 연구는 Brandt et al.2011의 방법을 따라, 9%의 자본상각률과 Brandt and Rawski가 계산한 투자가격수정지수를 적용하여 t 시점에서의 실질자본금을 산출해낸다. 연간 산업실태조사를 통해 1998년부터는 기업의 실제 투자규모를 확인할 수 있으므로, 각 기업의 연간 명목자본의 변화를 연간 명목고정투자의 대용치로 사용했다. 이 또한 앞서 사용한 것과 같은 자본상각률과 투자가격수정지수를 이용하여 실질자본금을 계속 계산하여 추정해 나간다. 2004년 경제전체적인 통계조사에만 포함되어 있는 기업들의 경우, 해당 기업들의 실제 투자내역을 확인할 수가 없으므로 계산하지 못하였다.

세 번째 조정내역은 인건비와 관련이 있다. 임금, 사원특전, 실업수당 등이 있기 때문에 기업의 공식 재무제표에서는 인건비를 실제보다 더 적게 추산할 우려가 있다. 따라서, 본 연구는 Hsieh and Klenow2009가 고안한 추정방법, 즉 부문별 총투입 대비 노동보상 비율이 2002년 해당 부문의 투입-산출 표에서의 비율과 같아지도록 일정 비율을 총노동보상금에 곱하여 조정하였다. 달리 말하자면, 본 연구는 산업 내 모든 기업들이 공식 임금에 비례해서 기타 비임금보수 지급도 일정한 비율로 추가적으로 보상한다고 가정한다. 마지막으로, 2008년과

2009년 연간 산업실태조사에는 임금과 원자재 비용 자료가 누락되어있다. 따라서, 본 연구는 2008년 이전에 존재하던 기업들의 경우 전년도의 자료를 이용하여 누락된 정보들을 추정하고, 2008년 혹은 2009년에 설립된 기업의 경우, 고용인원을 가중치로 계산한 산업평균을 이용하였다.

부록 07
다국적기업 시장점유율의 결정요인

본 부록에서는 본서의 제4장에서 살펴본 바와 같이, 높은 수준의 마케팅 노하우나 기술 등의 무형자산이 필요한 산업에서 다국적기업들이 과연 높은 시장점유율을 갖게 되는지를 조사한다. 높은 수준의 기술이나 마케팅 노하우를 필요로 하는 산업에서는 중국과 같은 신흥국의 현지 기업들이 다국적기업들의 기술과 디자인, 제품을 모방하는 방법으로 다국적기업들을 따라잡기 힘들다. Kogut and Zander$_{1993}$은, 기술을 문서화하거나 전수하기 어려울수록, 그리고 기술이 더 복잡할수록 경쟁자들이 모방하기 힘들어진다고 하였다. 마찬가지로, 마케팅 노하우의 경우, 기업문화나 경영시스템에 녹아 있는 경우가 많기 때문에 모방이나 복제가 어렵다. 간단히 말해서, 눈에 보이지 않을수록 모방하기 어렵다는 사실이다. 이러한 이유로 본 연구에서는 R&D집약도와 광고집약도가 높을수록 다국적기업들이 높은 시장점유율을 보일 것으로 기대하였다. 반대로, 높은 수준의 기술이나 마케팅 노하우가 필요하지 않은 산업에서는 중국현지기업들의 시장점유율이 더 높을 것으로 추측할 수 있다.

본 부록은 이러한 직관을 검증하기 위해, 다국적기업의 통합 시장점유율을 종속변수로 한 단순회귀분석을 실시하였다. 다국적기업의 통합 시장점유율은 중국시장 전체적으로 또는 지역시장에서, 두 가지 수준 모두에서 측정할 수 있는데, 지역 차원에서는 각 지역성(省)과 직할시 내의 3단위 산업분류별로, 국가 전체적 차원에서는 중국산업 전체의 3단위 산업분류별로 측정한다.

설명변수들을 살펴보면, '산업별 R&D와 광고집약도'는 3단위 산업분류별로 정의되며, 기업별로 R&D와 광고 지출을 총매출로 나눈 값들을, 기업의 매출을 가중치로 가중평균한 값이다. 이 변수들은 각 산업 내에서 기업들의 연구개발 및 광고에 대한 지출을 총합한 것이다. 산업별 R&D집약도와 광고집약도가 높을수록, 다국적기업의 시장점유율은 높을 것이라고 기대할 수 있다. '산업성장률'은 3단위 산업분류에 기초하여 전년 대비 산업별매출 규모의 성장을 측정한다. '시장집중도'는 시장집중도를 나타내는 허핀달지수를 이용하며, 산업이 소수의 큰 기업에 집중되어 있는지를 가늠한다. 빠르게 성장하는 시장에서는 일반적으로 다국적기업들이 중국현지기업보다 사업기회를 포착하는 것이 더 늦을 것이므로 다국적기업들의 시장점유율이 낮으리라고 기대할 수 있다. 또한 소수의 큰 기업이 지배하는 형태, 즉 일부 기업이 과점화하고 있는 산업일수록 다국적기업 시장점유율이 낮으리라고 기대할 수 있다.

3단위 산업분류별로 지역 차원에서의 다국적기업 시장점유율을 추정하기 위해서는 추가적으로 지역적 특성을 담는 변수들을 넣어야 한다. '일인당 소득'은 해당 지역 내 총생산을 지역의 인구로 나눈 값이며, 지역시장의 매력도를 나타낸다. 시장이 크고 부유할수록 시장으로서 더 매력적이므로 다국적기업들의 시장점유율이 더 높을 것이다. 중국 국가경제연구소NERI에서 1998년부터 2009

년까지 구성한 연간자료 '시장화 지수'는, 각 31개 지역의 시장화 정도를 매년 측정한다. 이 지수는 1) 정부와 시장 사이의 관계 2) 비국영부문의 발달 3) 생산물시장의 발달 4) 요소 시장의 발달 5) 시장중개자와 법적 환경의 발달, 이 다섯 가지를 반영한다. 제도적 장벽에 대한 특성을 대표하는 두 가지 변수 '국영기업 고용점유율'과 '정부규모'는 각각, 각 지역에서의 총고용에 대하여 국영기업의 고용이 차지하는 비율과 각 지역의 인구 대비 공무원의 비율을 나타낸다.

부록 표 7-1의 모델 (1)-(3)에서는 지역시장별로 측정한 다국적기업 통합 시장점유율을 이용한다. 모델 (1)은 지역특성변수들만을 이용한 기본 모델이다. 모델 (2)에는 이에 산업특성 변수들이 추가되었다. 모델 (3)에는 지역 및 연도별 효과와 산업효과들이 추가되었다. 모형 (4)-(5)에서는 국가전체시장으로 측정한 다국적기업 통합 시장점유율을 이용한다. 모형 (5)는 모형 (4)에 산업특성 변수들이 추가된 것이다.

분석 결과, 예상과는 달리 '산업별 R&D집약도'는 모든 모형에서 유의하게 음의 값을 갖는 것으로 나타났다. 이 기술집약적인 산업들일수록 다국적기업들의 시장점유율이 낮음을 의미한다. 반면, '산업별 광고집약도'는 유의하게 양의 값을 가지는데, 예상했던 바와 같이 광고집약적인 산업에서 다국적기업의 통합 시장점유율이 높음을 시사한다. 이러한 결과는 제4장에서 살펴보았던 통신 산업 사례의 내용과 유사하다. 통신장비 시장에서 화웨이华为, ZTE中兴通讯와 같은 현지경쟁자의 활약으로 다국적기업들의 시장점유율이 감소한 반면, 기술과 마케팅 모두 중요한 휴대전화 시장에서 다국적기업들의 시장점유율은 여전히 높다. 기술집약적 산업에서 다국적기업들의 시장점유율이 낮은 것은 아마도 중국의 미비한 지적재산권 보호가 문제가 있음을 뒷받침하는 것일지도 모른다.

다른 통제변수들을 살펴보면, '산업집중도'가 높은 산업일수록 다국적기업

부록 표 7-1 다국적기업의 통합 시장점유율 결정요인

	지역별 시장에서의 외국기업의 시장점유율			전국적 시장에서의 외국기업의 시장점유율	
	(1)	(2)	(3)	(4)	(5)
산업별 연구개발집약도(%)		−0.502* (0.297)	−1.619*** (0.411)		−6.506*** (0.795)
산업별 광고집약도(%)		3.947*** (0.140)	4.728*** (0.198)		6.297*** (0.544)
산업성장률		−0.000 (0.001)	−0.002* (0.001)	0.000 (0.001)	0.001 (0.001)
산업집중도		−0.325*** (0.027)	−0.326*** (0.027)	−0.236*** (0.028)	−0.329*** (0.025)
시장화지수	0.008** (0.003)	0.006* (0.003)	0.006* (0.003)		
일인당 소득	0.011** (0.005)	0.013** (0.005)	0.013*** (0.005)		
정부규모	4.232** (1.847)	4.485** (1.849)	4.523*** (1.773)		
국영기업 고용점유율	−0.005 (0.011)	−0.007 (0.011)	−0.007 (0.010)		
산업효과	No	No	Yes	Yes	Yes
지역효과	Yes	Yes	Yes	−	−
연도효과	Yes	Yes	Yes	Yes	Yes
R-squared	0.267	0.284	0.342	0.549	0.570
표본수	42,719	41,904	41,904	1,700	1,846

주: 괄호 안은 표준편차임. $^{***}p<0.01$, $^{**}p<0.05$, $^{*}p<0.1$.

시장점유율이 낮으며, '시장화지수'가 높고 '일인당소득'이 높은 지역의 경우 다국적기업들의 시장점유율이 높음을 알 수 있다. 또한 '정부규모'가 클수록 다국적기업의 시장점유율이 높은 경향을 보인다. '산업성장률'과 국영기업 고용점유율'은 유의한 영향을 주지 않는 것으로 나타났다.

부록 08
다국적기업과 현지기업의 생존 분석

저자의 이전 공동연구 중 하나에서는 기술이전효과와 경쟁효과의 상대적인 크기에 따른 중국현지기업과 다국적기업의 해외자회사의 생존율을 조사했다Chang and Xu 2008. 본서에서는 기술이전효과를 어떠한 기업들의 존재가 다른 집단의 기업들에게 주는 긍정적 영향으로 정의하였으며, 이 기술이전효과를 받는 기업들의 생존율은 높아질 것으로 기대한다. 이와 반대로 경쟁효과는 어떤 집단의 기업들의 존재가 다른 집단의 기업들에게 주는 부정적인 영향이며, 이 경쟁효과를 받는 기업들의 생존율은 낮아진다. 즉, 기술이전효과와 경쟁효과는 동전의 양면과 같아서, 하나의 기업은 같은 산업에 속한 다른 기업들로의 지식이전의 원천인 동시에 경쟁의 원천이 된다. 경쟁강도가 높지 않은 경우 기술이전효과가 우세하며, 그렇지 않을 경우 경쟁효과가 우세하기 마련이다. 본 연구에서는 Chen1996의 경쟁분석체계를 이용하여, 경쟁에 대한 두 가지 척도, 즉 시장공통성과 자원유사성의 개념을 도입하여 기업간의 경쟁정도를 측정하고 기술이전효과와 경쟁효과의 우열을 가늠한다. 본 연구에서는 국가적 차원의 시장에서는 기술이전효과가 우세할 것이고, 지역 차원의 시장에서는 경쟁효과가 우세할 것이라 기대한다. 마찬가지로, 경영자원이 비슷하지 않은 기업 사이에는 기술이전효과가 더 크게 나타나며, 서로 비슷한 경영자원을 갖는 기업들의 경우 경쟁효과가 더 크게 나타난다.

본 연구에서는 기술이전효과와 경쟁효과를 가늠하는 척도로서 기업의 생존 여부를 이용한다. 즉 '생존'이라는 종속변수를 '생존'과 '퇴출'을 나타내는 더미변수로 사용한다. '퇴출'은 어떤 기업이 연간 산업실태조사 자료에서 누락되는 경우에 발생하는데, 기업이 폐업했거나, 매각되었거나, 매출이 5백만 위안 이하로 떨어졌음을 의미한다. 본 연구에서는 기술이전효과와 경쟁효과의 요인들을 측정하기 위해 세 개의 변수를 사용한다. 'HMT 다국적기업 점유율'은 홍콩, 마카오, 타이완 등 HMT 다국적기업들의 시장점유율이다. '비 HMT 다국적기업 점유율'은 홍콩, 마카오, 타이완을 제외한 국적의 다국적기업들의 시장점유율이다. HMT 다국적기업들의 경우 그들의 문화적 특성으로 인해 현지관련 지식을 쉽게 얻을 수 있으므로, 중국현지기업들에게 큰 위협이 될 수 있다. '근대화된 현지기업 점유율'은 산업 내 사기업과 법인회사의 점유율이다. 본 연구에서 국영기업과 집체기업 같은 전통적 현지기업은 준거집단으로, 회귀분석에는 포함되지 않는다.

저자는 HMT 다국적기업들과 근대화된 현지기업들이 사용하는 경영자원의 유사성이 높아서, 이 두 유형의 기업들 사이에는 경쟁효과가 기술이전효과를 넘어설 것으로 예측하였다. 반면, HMT가 아닌 다른 국가출신 다국적기업들과 전통적 현지기업들은 서로간에 경영자원의 유사성이 높지 않아 기술이전효과가 경쟁효과를 넘어설 것이라고 기대하고 있다. 본 연구에서는 해외직접투자가 주는 기술이전효과에 대한 문헌들의 일반적인 관례를 따라, 다양한 그룹의 기업들의 산업전체 고용인구 중에 차지하는 점유율을 기준으로 다국적기업과 중국현지기업의 생존에 미치는 영향을 측정하였다. 이와 같이 각 그룹별 점유율은 3단위 산업분류를 사용하여 국가 전체적으로 측정하고 또한 3단위 산업분류에 2단위 지역분류를 추가한, 지역적 시장차원에서의 점유율을 측정하였다.

통제변수들을 살펴보면, '기업규모'는 t시점에서의 기업 매출에 로그를 취한 값이며 '기업연령'은 기업 설립 이후 경과한 햇수이다. '수익성'은 ROA로 측정한다. 또한 현지기업에 대해 어느 수준의 정부가 통제를 하고 있는지를 가늠하기 위해 '분권화' 통제변수를 사용하였다. 그리고 '근대화된 현지기업'이라는 더미변수를 추가하여, 근대화된 현지기업1로 표기함과 국영기업이나 집체기업 같은 전통적 현지기업을 구분했다. 다국적기업들에 대해서는 'HMT 다국적기업'이라는 더미변수를 사용하며, HMT 다국적기업1로 표기함과 기타 국적비 HMT의 다국적기업으로 구분하였다. 본 연구에서는 다국적 자회사가 신규투자에 의해 이루어졌는지 또는 기존의 현지기업과 합작투자나 인수에 의해 이루어졌는지를 기준으로 구분하여, 신규투자에 의해 설립된 기업들이 0의 값을 갖는 '해외 합작투자 및 인수'라는 더미변수를 이용했다.

본 연구는 1998년부터 2005년까지의 연간 산업실태조사 자료를 이용했다. 부록 표 8-1과 8-2는 각각 중국현지기업의 생존과 해외자회사의 생존에 대한 분석결과이다. 부록 표 8-1에서 나타나듯이, 모델 (1)에서 국가적 차원에서 측정된 비 HMT 다국적기업들의 점유율과 근대화된 현지기업들의 점유율은 중국현지기업의 생존과 유의하게 양의 상관관계를 갖는 것으로 나왔다. 이는 국가적 차원에서 비 HMT 다국적기업들과 근대화된 현지기업들로부터 다른 현지기업들에게 긍정적인 기술이전효과가 나타남을 의미한다. 모델 (2)에서는, HMT 다

부록 표 8-1 현지기업들의 생존분석(1998-2005)

		모든 현지기업			근대화된 현지기업	전통적 현지기업
		(1)	(2)	(3)	(4)	(5)
전국적 시장에서 고용에서 차지하는 비중	전국적 비 HMT 다국적기업의 시장점유율(t)	0.51 (0.17)***		0.54 (0.17)***	−0.55 (0.35)**	1.06 (0.24)***
	전국적 HMT 다국적기업의 시장점유율(t)	−0.12 (0.15)		−0.05 (0.15)	−0.86 (0.22)***	0.27 (0.21)
	전국적 근대화된 현지기업의 시장점유율(t)	0.44 (0.07)***		0.50 (0.07)***	0.27 (0.11)**	0.50 (0.09)***
	전국적 전통적 현지기업의 시장점유율(t)	0		0	0	0
지역적 시장에서 고용에서 차지하는 비중	지역적 비 HMT 다국적기업의 시장점유율(t)		−0.03 (0.04)	−0.05 (0.04)	−0.19 (0.06)**	0.06 (0.06)
	지역적 HMT 다국적기업의 시장점유율(t)		−0.11 (0.04)***	−0.13 (0.04)***	−0.37 (0.06)***	-0.43×10^{-2} (0.05)
	지역적 근대화된 현지기업의 시장점유율(t)		−0.05 (0.02)**	−0.08 (0.02)***	−0.12 (0.04)***	−0.06 (0.03)**
	지역적 전통적 현지기업의 시장점유율(t)		0	0	0	0
기업 특성 변수	기업규모(t)	0.34 (0.24×10^{-2})***	0.34 (0.24×10^{-2})***	0.34 (0.24×10^{-2})***	0.51 (0.52×10^{-2})***	0.31 (0.28×10^{-2})***
	기업연령(t)	0.01 (0.26×10^{-3})***	0.01 (0.26×10^{-3})***	0.01 (0.26×10^{-3})***	0.01 (0.46×10^{-3})***	0.01 (0.31×10^{-3})***
	수익성(t)	-0.13×10^{-2} (0.15×10^{-3})***	-0.13×10^{-2} (0.15×10^{-3})***	-0.13×10^{-2} (0.15×10^{-3})***	-0.16×10^{-2} (0.27×10^{-3})***	-0.85×10^{-3} (0.18×10^{-3})***
	분권화	0.47×10^{-3} (0.19×10^{-2})	0.65×10^{-3} (0.19×10^{-2})	0.59×10^{-3} (0.19×10^{-2})	0.03 (0.27×10^{-2})	−0.05 (0.28×10^{-2})***

	근대화된 현지기업	0.30 (0.01)***	0.30 (0.01)***	0.30 (0.01)***		
	상수	−1.43 (0.04)***	−1.35 (0.04)***	−1.44 (0.04)***	−3.41 (0.08)***	−0.74 (0.05)***
	Wald Chi-sq(d.f.)	42,327.7 (243)***	42,235.4 (243)***	42,358.6 (246)***	19,194.0 (244)***	42,358.6 (246)***
	표본수	1,032,106	1,032,106	1,032,106	493,287	538,817

주: 괄호 안은 표준편차임. *** $p<0.01$, ** $p<0.05$, * $p<0.1$. 198개의 산업더미, 30개의 지역더미, 6개의 연도더미변수가 추가적으로 포함되었음. 이 표는 *Strategic Management Journal* (Wiley)의 승인을 받고 재게재한 것임.

국적기업들과 근대화된 현지기업들의 지역별 고용비중은 해당 지역의 현지기업들의 생존과 유의하게 음의 상관관계를 갖는다는 것을 보여준다. 모델 (3)에서와 같이 국가시장과 지역시장 모두에 대한 고용비중을 포함하면, 국가시장보다는 지역시장에서 경쟁효과가 기술이전효과를 능가함을 알 수 있다. 모델 (4)와 (5)에서는 근대화된 현지기업과 전통적 현지기업의 생존을 각각 별도의 회귀분석을 통해 추정한 것이다. 일반적으로, 전통적 현지기업들은 근대화된 현지기업들보다 긍정적인 기술이전효과를 더 많이 누리는데, 전통적 현지기업들은 근대화된 현지기업과 다국적기업들의 해외자회사 모두로부터 긍정적인 이전효과를 받기 때문이다. 그 대신 전통적 현지기업은 같은 지역시장 내에 있는 근대화된 현지기업에 의해서만 시장에서 퇴출되는 경향이 있다는 점을 보여준다. 반면, 근대화된 현지기업은 경영자원이 다국적기업들의 해외자회사와 비슷하기 때문에, 국가적 차원과 지역적 차원 모두에서 HMT 다국적기업과 비 HMT 다국적기업에 의해 시장에서 퇴출압력을 보이는 것으로 나타났다.

부록 표 8-2는 HMT 다국적기업과 비 HMT 다국적기업을 포함해서 시장에 진입한 해외자회사들의 생존에 대한 회귀분석 결과이다. 모델 (1)에서, 국가

부록 표 8-2 다국적기업 자회사들의 생존분석 (1998-2005)

		모든 다국적기업			비 HMT 다국적기업	HMT 다국적기업
		(1)	(2)	(3)	(4)	(5)
전국적 시장에서 고용에서 차지하는 비중	전국적 비 HMT 다국적기업의 시장점유율(t)	−1.66 (0.32)***		−1.61 (0.33)***	−1.30 (0.51)**	−1.59 (0.44)***
	전국적 HMT 다국적기업의 시장점유율(t)	−1.19 (0.29)***		−0.74 (0.29)**	−1.04 (0.47)**	−0.72 (0.37)*
	전국적 근대화된 현지기업의 시장점유율(t)	−1.18 (0.16)***		−0.78 (0.17)***	−0.76 (0.27)**	−0.71 (0.22)**
	전국적 전통적 현지기업의 시장점유율(t)	0		0	0	0
지역적 시장에서 고용에서 차지하는 비중	지역적 비 HMT 다국적기업의 시장점유율(t)		−0.32 (0.08)***	−0.23 (0.08)***	−0.15 (0.11)	−0.26 (0.12)**
	지역적 HMT 다국적기업의 시장점유율(t)		−0.68 (0.08)***	−0.61 (0.08)***	−0.48 (0.14)***	−0.68 (0.10)***
	지역적 근대화된 현지기업의 시장점유율(t)		−0.55 (0.07)***	−0.48 (0.07)***	−0.21 (0.11)*	−0.65 (0.10)***
	지역적 전통적 현지기업의 시장점유율(t)		0	0	0	0
기업 특성 변수	기업규모(t)	0.69 (0.01)***	0.70 (0.01)***	0.70 (0.01)***	0.71 (0.01)***	0.70 (0.01)***
	기업연령(t)	−0.01 (0.13×10^{-2})***	−0.01 (0.13×10^{-2})***	−0.01 (0.13×10^{-2})***	−0.01 (0.20×10^{-2})***	−0.01 (0.17×10^{-2})***
	수익성(t)	0.01 (0.73×10^{-3})***	0.01 (0.73×10^{-3})***	0.01 (0.73×10^{-3})***	0.01 (0.11×10^{-2})***	0.01 (0.10×10^{-2})***
	합작투자 또는 인수 합병방식으로 진입	−0.13 (0.02)***	−0.13 (0.02)***	−0.13 (0.02)***	−0.17 (0.03)***	−0.09 (0.02)***

	홍콩, 마카오, 타이완계 다국적기업	−0.17 (0.02)***	−0.16 (0.02)***	−0.16 (0.02)***		
	상수	11.76 (1.06)***	11.53 (1.08)***	11.91 (1.05)***	−4.65 (1.03)***	11.60 (0.30)***
	Wald Chi-sq (d.f.)	9,038.7 (229)***	9,046.8 (229)***	9,097.0 (232)***	5,561.1 (224)***	7,129.3 (224)***
	표본수	241,069	241,069	241,069	106,961	134,024

주: 괄호 안은 표준편차임. $^{***}p<0.01$, $^{**}p<0.05$, $^{*}p<0.1$. 182개의 산업더미, 30개의 지역더미, 6개의 연도더미변수가 추가적으로 포함되었음. 이 표는 *Strategic Management Journal* (Wiley)의 승인을 받고 재게재한 것임.

시장 내 HMT 다국적기업과 비 HMT 다국적기업, 근대화된 현지기업의 고용비중으로 측정한 변수들은 다국적기업들의 해외자회사의 생존과 유의하게 음의 상관관계를 갖는 것으로 나온다. 이는 다른 해외자회사들이나 근대화된 현지기업들과의 치열한 경쟁으로 인해 해외자회사들이 시장에서 밀려나고 있음을 의미한다. 모델 (2)는 지역시장에서 측정한 이 세 집단의 고용비중이 해외자회사의 생존과 음의 상관관계를 가지며, 해외자회사들도 중국 지역시장에서도 퇴출압력을 받고 있다는 것을 시사한다. 이렇게 다국적기업들의 해외자회사들은 국가적 차원의 시장이나 지역적 차원의 시장 모두에서 치열한 경쟁을 마주하게 된다. 이러한 결과는 적어도 중국에서는 해외자회사들이 다른 기업들로부터의 기술이전효과를 통해서 이득을 보지 못하고 있다는 것을 뜻한다. 오히려 이런 결과들은 중국에 진입하는 해외자회사들은 그들의 다국적 모회사의 경영자원에 의지하고 있다는 사실을 반증한다. 중국 내에서는 다른 기업으로부터 지식의 기술이전효과가 발생하더라도 그 기업들과의 경쟁효과로 인해 긍정적인 기술이전효과가 상쇄되어 버린다. 국가시장과 지역시장에서 근대화된 현지기업의 시장점유율이 음의 부호를 갖는다는 것은, 국가시장과 지역시장 모두에서 전통적 현지기업들에 비해 근대화된 현지기업들이 다국적기업들의 해외현지자회사들에게 더 큰 경쟁효과를 준다는 것을 뜻한다. 모델 (3)에서 국가적 차원에서나 지역적 차원에서 HMT 다국적기업 점유율과 비 HMT 다국적기업 시장점유율 변수들이 음의 부호를 갖는 것은, 해외자회사들이 서로 비슷한 성격의 경영자원을 가지고 있어 양자간의 경쟁이 치열할 것이라는 우리의 예측과 일치한다.

종합하면, 해외자회사들은 자신들과 상이한 경영자원을 가진 전통적 현지기업보다는 유사한 경영자원을 두고 경쟁관계에 놓인 HMT 다국적기업들과 근대화된 현지기업에 의해 시장에서 퇴출될 가능성이 더 크다. 표 8-2의 모델 (4)와 (5)에서는 비 HMT 다국적기업들과 HMT 다국적기업들에 대해서 각각 별도의 분석을 실시하였다. 전반적으로 비 HMT 다국적기업들보다 HMT 다국적기업들이 지역 차원에서의 경쟁효과가 더 유의수준이 높지만, 두 기업군 모두 유사하게 생존에 부정적인 영향을 미치는 패턴을 보이고 있다.

부록 09
다국적기업과 현지기업의 수익성 분석

이 부록은 다국적기업과 현지기업의 수익성을 비교한다. 이를 위해 총자산에 로그를 취한 '기업규모'와 '기업연령'을 통제하는 간단한 회귀분석을 실시하였다. 또한 기업이 '사기업', '법인회사', '집체기업', '다국적기업' 중 어떤 분류에 해당하는지를 나타내기 위해, 기업 소유권 유형별로 변수를 하나씩 추가하였다. 국영기업은 준거집단으로, 앞의 네 개의 더미변수들은 0의 값을 갖도록 하였다. 모델 (1)에서는 다국적기업 전체를 나타내는 더미변수를 추가하였고, 모델 (2)에서는 다국적기업을 홍콩, 마카오, 타이완 출신의 'HMT 다국적기업'과 다른 국가 출신의 '비 HMT 다국적기업', 이 두 개의 변수로 나누어서 살펴보았다. 모델 (3)에서는, 다국적기업을 '합작투자기업'과 '독자소유 자회사'로 나누어서 살펴보았다. 또한 본 연구에서의 산업, 지역, 연도별 특이 요인을 통제하기 위해 산업, 지역, 연도효과를 포함시켰다.

부록 표 9-1은 이 회귀분석의 결과이다. 모델 (1)에서 소유권 유형별 변수

부록 표 9-1 기업 소유유형별 수익성분석

	(1)	(2)	(3)
기업규모	−0.016*** (0.103×10^{-3})	−0.016*** (0.103×10^{-3})	−0.017*** (0.104×10^{-3})
기업연령	-0.456×10^{-3}*** (0.134×10^{-4})	-0.456×10^{-3}*** (0.134×10^{-4})	-0.471×10^{-3}*** (0.134×10^{-4})
사기업	0.058*** (0.001)	0.058*** (0.001)	0.055*** (0.001)
법인기업	0.040*** (0.001)	0.040*** (0.001)	0.037*** (0.001)
집체기업	0.050*** (0.001)	0.050*** (0.001)	0.047*** (0.001)
다국적기업	0.036*** (0.001)		
HMT 다국적기업		0.036*** (0.001)	
비 HMT 다국적기업		0.036*** (0.001)	
합작투자			0.035*** (0.001)
독자법인			0.029*** (0.001)
산업효과	Yes	Yes	Yes
지역효과	Yes	Yes	Yes
연도효과	Yes	Yes	Yes
R-squared	0.148	0.148	0.148
표본	2,733,839	2,733,839	2,716,397
기업수	841,589	841,589	839,276

주: 괄호 안은 표준편차임. ***$p<0.01$, **$p<0.05$, *$p<0.1$.

들의 추정계수들을 살펴보면 사기업과 집체기업의 수익성 수준이 가장 높게 나타나고, 그 다음으로 법인회사와 다국적기업, 마지막으로 준거집단인 국영기업의 수익성이 가장 낮게 나타난다. 다국적기업의 수익성은 사기업과 집체기업보다 약 2.2% 더 낮게 나타나고 있다. 일반적으로 다국적기업들이 현지기업들보다 더 강한 기술력과 브랜드를 가지고 있다는 것을 고려해보면, 이 결과는 이상한 점이 있다. 모델 (2)에서, 다국적기업을 HMT 다국적기업들을 나타내는 변수와 비 HMT 다국적기업들에 대한 변수로 구분하였으나, 계수들의 크기는 거의 차이가 나지 않게 둘 다 수익성이 낮은 것으로 나왔다. 모델 (3)에서 우리는 다국적기업을 합작투자기업과 단독법인 자회사로 구분하였다. 합작투자기업보다 독자소유 자회사의 경우 더 높은 수준의 기술과 브랜드를 도입할 수 있으므로, 독자소유 자회사들이 합작투자기업들보다 더 나은 수익성을 보여줄 것이라 기대했다. 그러나 분석 결과, 실제로는 합작투자기업들의 수익성이 독자소유 자회사들보다 더 높게 나왔다. 그러나, 합작투자회사와 독자소유 자회사의 수익성은 둘 다 사기업의 수익성보다 훨씬 낮게 나왔다.

이러한 간단한 통계적 분석을 통해 해외자회사들의 평균적인 수익성이 현지기업들과 비교하여 어느 정도의 수준인지 간단히 확인해보았다. 그러나, 이 분석의 결과는 더 많은 의문점을 제기한다. HMT 다국적기업이든 비 HMT 다국적기업이든 혹은 합작투자기업의 형태이든 독자소유 자회사의 형태이든, 다국적기업들의 수익성이 중국현지기업보다 상대적으로 훨씬 낮은 양상을 보이는 것은 예상 밖의 결과였다. 이러한 현상은 제5장에서 자세히 설명하고 있다.

부록 10
중국에서의 소득이전

이 부록에서는 고려대학교 정재호, 문정빈 교수와 함께 진행중인 다국적기업들의 소득이전에 대한 연구에서 발견한 몇 가지 초기 분석결과를 요약하였다Chang, Chung, and Moon 2012. 본서의 제5장에서 살펴본 내용과 같이, 만약 중국에서 운영중인 다국적기업들이 소득이전을 하고 있다면, 중국의 법인세율보다 모국의 법인세율이 낮은 중국 내 해외자회사들의 소득을 그들의 모회사로 이전하여 법인세 지출을 최소화하고자 할 것이다Grubert and Mutti 1991; Hines and Rice 1994.

이러한 소득이전 가설을 검증하기 위해, 먼저 다국적회사들의 국적을 파악하는 것이 중요하다. 2001년 중국 국가통계청NBS에 의해 실시된 해외투자기업 실태조사에서는 2001년 기준으로 150,435개의 해외자회사들의 모회사들의 국적을 확인할 수 있었다. 그리고 해외투자 기업실태조사에서 나온 정보를 중국 국가통계청의 연간 산업실태조사 자료2001-2007와 연결하여 각 해외법인들의 재무정보를 수집하였고, 이를 통하여 51,118개의 해외자회사에 대한 재무정보를 정리할 수 있었다. 또한 본 연구에서는 해외자회사들의 모기업의 국적이 OECD 회원국이거나 홍콩, 마카오, 타이완, 싱가포르HMTS이며, 해외법인의 형태가 독자소유 자회사인 경우로 표본을 제한하였다. 왜냐하면, OECD에서 기업법인세에 대한 신뢰성 있는 자료를 얻을 수 있었고, 홍콩, 마카오, 타이완, 싱가포르는 OECD 회원국은 아니지만 중국으로 유입되는 해외직접투자 중 가장 큰 비중을 차지하고 있기 때문이다. OECD 회원국이나 홍콩, 마카오, 타이완, 싱가포르 국적의 42,388개 기업 중 47.4%가 홍콩, 17.9%가 타이완, 10.9%가 일본, 7.3%가 미국, 6.9%가 한국, 2.2%가 영국, 1.6%가 독일, 1.5%가 마카오, 0.8%가 호주, 0.6%가 프랑스, 네덜란드, 캐나다 국적이다. 이 상위 12개의 국적의 기업들이 본 연구표본의 98.08%를 차지하고 있다. 또한 본 연구에서 독자소유 자회사에 주목하는 이유는 독자소유 자회사의 경우 소득이전이나 가격이전을 결정하는 데에 있어 모기업이 완전한 권한을 갖고 있기 때문이다. 모기업의 국적이 OECD 회원국이거나 홍콩, 마카오, 타이완, 싱가포르인 42,388개의 해외자회사들 중 25,177개의 기업이 독자소유 자회사였다. 우리는 이 25,177개의 기업들에 대한 패널자료를 만들었다. 이 2001년부터 2007년까지의 패널자료는 2001년 중국이 세계무역기구WTO에 가입하면서 합작투자의 자격요건과 공식적인 과실송금에 대한 규제를 비롯하여 다양한 무역장벽과 투자장벽을 공식적으로 철폐한 시기를 포함한다. 즉, 이 기간 동안 소득이전에 대한 공식적인 규제가 사라진 이후의 중국 내 다국적기업들의 소득이전 행위를 관찰할 수 있다.

본 연구에서는 세금과 재무비용을 제하기 전의 이익인 '영업이익'천 위안 단위을 기업의 경영성과를 측정하는 척도로 사용한다. 다국적기업들의 소득이전을 위한 다양한 가격이전행위는 이들의 영업이익에 직접적인 영향을 줄 것이므로, 본 연구에서는 영업이익에 주목하였다Bernard et al. 2006; Clausing 2003; Desai et al. 2004; Desai et al. 2006; Eden et al. 2005; Jacob 1996; Newberry and Dhaliwal 2001. '본국세율'은 OECD의 보고 기준에 따라 국가 법인소득세율과 평균 지방자치제의 법인소득세율을 더한 값으로 측정하는 모기업이 속한 국가의 법인세율로 OECD 세금 데이터베이스에서 정보를 얻었다.[9]

홍콩, 마카오, 타이완, 싱가포르에 대한 법인세 정보는 KPMG2007에서 제공받았다. 부록 표 10-1은 표본에 있는 기업들의 모국의 법인소득세율을 나타낸다. 표본이 되는 2001년부터 2007년까지의 기간 동안 중국의 법인세율은 33%로 일정하게 유지되었다. 그러나, 표본기간 동안, 다양한 경제특구에서는 아직 세제혜택의 일부가 남아있었다. 예를 들어, 특정 경제특구 내의 생산법인들은 15%의 세율을 적용받았다. 또한 다양한 개발구역과 도시에 위치한 다국적기업들은 24%의 낮은 세율을 적용받기도 하였다. 따라서 이와 같이 지역별로 세금에 대한 특혜를 주는 다양한 경제구역에 대한 통제변수가 필요하다. 본 연구에서는 '특별세금 경제구역'이라는 더미변수를 사용하여 이러한 조세 특례가 주어지는 지역을 통제하였다.

자회사에서 발생하는 소득이전에 대한 증거를 찾기 위해, 본 연구에서는 Bertrand et al.2002에 의해 개발된 방법론을 따라 다국적기업 내에서 이익이 전파되는 경로를 추적하는 방법을 사용하였다. 본사가 본국에 있고 자회사가 다른 국가에 있는 다국적기업을 예로 들자. 더하여 본국의 법인세율이 자회사가 있는 국가의 법인세율보다 낮다고 가정하자. 여기에 급작스러운 수요증가로 인해, 소득이전이 발생하지 않았다면 자회사에 1위안만큼의 이익이 증가한다고 가정해보자. 법인세를 최소화하려는 다국적기업은 해외자회사의 이익증가분 중 일부를 해당 국가 밖으로 이전할 것이다. 결과적으로, 그 해당 자회사의 실제로 보

부록 표 10-1 주요 국가의 법인소득세율

OECD 가입여부	국가	2001	2002	2003	2004	2005	2006	2007
Yes	AUSTRALIA	30	30	30	30	30	30	30
Yes	AUSTRIA	34	34	34	34	25	25	25
Yes	BELGIUM	40.2	40.2	33.99	33.99	33.99	33.99	33.99
Yes	CANADA	40.51	38.05	35.95	34.42	34.36	34.07	34.09
Yes	CZECH	31	31	31	28	26	24	24
Yes	DENMARK	30	30	30	30	28	28	25
Yes	FINLAND	29	29	29	29	26	26	26
Yes	FRANCE	36.43	35.43	35.43	35.43	34.95	34.43	34.43
Yes	GERMANY	38.9	38.9	40.2	38.9	38.9	38.9	38.9
Yes	GREECE	37.5	35	35	35	32	29	25
Yes	HUNGARY	18	18	18	16	16	17.33	20
Yes	ICELAND	30	18	18	18	18	18	18
Yes	IRELAND	20	16	12.5	12.5	12.5	12.5	12.5
Yes	ITALY	36	36	34	33	33	33	33
Yes	JAPAN	40.9	40.9	40.9	39.54	39.54	39.54	39.54
Yes	LUXEMBOURG	37.5	30.38	30.38	30.38	30.38	29.63	29.63
Yes	MEXICO	35	35	34	33	30	29	28
Yes	NETHERLANDS	35	34.5	34.5	34.5	31.5	29.6	25.5
Yes	NEW ZEALAND	33	33	33	33	33	33	33
Yes	NORWAY	28	28	28	28	28	28	28
Yes	POLAND	28	28	27	19	19	19	19
Yes	PORTUGAL	35.2	33	33	27.5	27.5	27.5	26.5
Yes	S.KOREA	30.8	29.7	29.7	29.7	27.5	27.5	27.5
Yes	SLOVAKIA	29	25	25	19	19	19	19
Yes	SPAIN	35	35	35	35	35	35	32.5
Yes	SWEDEN	28	28	28	28	28	28	28
Yes	SWITZERLAND	24.7	24.4	24.1	24.1	21.3	21.32	21.32
Yes	TURKEY	33	33	30	33	30	20	20
Yes	UK	30	30	30	30	30	30	30
Yes	US	39.26	39.3	39.33	39.31	39.28	39.3	39.26
No	HONG KONG	16	16	16	17.5	17.5	17.5	17.5
No	MACAO	15	15	15	15	12	12	12
No	SINGAPORE	25.5	24.5	22	22	20	20	20
No	TAIWAN	25	25	25	25	25	25	25
No	CHINA	33	33	33	33	33	33	33

출처: OECD 국가는 OECD Tax Database(Section C, Table II. 1, accessible atwww.oecd.org/ctp/taxdatabase)에서, 비 OECD 국가는 *KPMG*(2007)에서 구하였음.

고되는 이익은 1위안보다 적게 증가한다는 것이다. 만약 본국의 법인세율이 자회사가 위치한 국가보다 더 높다면, 이러한 상황은 반대가 될 것이다.

자회사가 위치한 지역이나 산업으로부터의 profit shock을 겪은 이후 영업이익이 얼마나 변할 것인가에 대한 예상치를 계산하기 위해, 같은 산업과 지역에 속한 모든 현지기업과 다국적기업들의 영업이익을 합한 값을 이 기업들이 가진 자산의 총합으로 나눈 자산가중평균 수익성을 계산하였다. t시점에서 각각의 자회사 i에 대해서, '예상이익Predicted profit'은 각각의 산업-지역별로 정해지는 JR에 대하여 앞서 구한 산업 및 지역 수준의 자산가중 평균수익성과 각 자회사의 총자산을 곱하여 계산할 수 있으며, 다음과 같은 식으로 계산한다.

$$\text{예상이익}_{it} = \frac{\sum_{i \in JR} \text{영업이익}_{it}}{\sum_{i \in JR} \text{자산}_{it}} \times \text{자산}_{it} \qquad (1)$$

다음으로, 본 연구에서는 기업의 영업이익을 예상이익의 함수로 나타내어 추정하기 위해 자회사 고정효과fixed effects 모형을 이용했으며, 다음과 같은 식을 이용하였다.

$$\begin{aligned} \text{영업이익}_{it} &= \alpha + \beta(\text{예상이익})_{it} + \delta\text{기업규모}_{it} \\ &\quad + \text{자회사더미}_{i} + \text{연도}_{t} + \text{오차항}_{it} \qquad (2) \end{aligned}$$

고정효과 모형에서는, 경영성과와 예상이익 모두 자회사의 평균에서부터의 편차로 측정되며 우리는 이러한 편차를 profit shock의 반응으로 해석할 수 있다. 즉, 계수 β는 시장수준의 수익성에 가해진 shock에 따라 자회사의 경영성과가 어떻게 반응하는지를 포착한다.

$$
\begin{aligned}
영업이익_{it} &= \alpha + \beta(예상이익)_{it} \\
&+ \gamma(예상이익_{it} * 자회사특성_{it}) \\
&+ \delta 기업규모_{it} + 자회사더미_{i} + 연도_{t} + 오차항_{it} \qquad (3)
\end{aligned}
$$

수식 (3)에서, 우리는 예상이익과 본국의 세율 사이의 상호작용하는 변수를 추가하였다. 또한 이러한 자회사 수준의 특성에 따라 시장수준의 profit shock가 수익성을 얼마나 달라지게 하는가를 포착하기 위해 계수 γ를 추가하였다. 추가적으로, 특별세율이 적용되는 경제특구들의 세제혜택을 통제하기 위해 예상이익과 경제특구의 상호작용변수를 추가하였다.

부록 표 10-2는 이러한 분석모형에 따른 분석결과를 보여준다. 모형 (1)은 기초적인 연구모형이다. 예상이익에 대한 반응계수는 1.310으로, 시장에서의 1위안만큼의 profit shock이 존재하면 해외자회사들이 자신들의 영업이익을 1.310위안만큼 증가시킨다는 의미를 지닌다. 해외자회사들은 현지기업보다 더 강한 기술력과 브랜드를 소유하기에, 예상치 못한 profit shock에 대해서 현지기업보다 더 많은 이익을 얻을 수 있다. 모델 (2)와 (3)에서는 각각 연속변수와 더미변수를 사용하여 예상이익과 본국세율간의 상호작용 항목을 추가하였다. 모델 (2)에서, 본사가 자회사가 위치한 국가보다 더 높은 세율을 보이는 국가에 위치한 독자소유 자회사들은 시장에서의 profit shock으로, 실제로 예상한 것보다 더 높은 이익을 보고한다는 것을 알 수 있다. 다른 조건들이 동일할 때, 법인세가 15%인 국가에 모기업을 둔 회사는 1위안의 profit shock을 받았을 때 0.923위안(=0.668+0.017*15)만큼의 영업이익의 증가를 보고할 것이고, 법인세가 40%인 국가에 모기업을 둔 회사는 같은 1위안의 profit shock을 받았을 때에 1.348 위안(=0.668+0.017*40)만큼의 영업이익 증가를 보고할 것이다.

부록 표 10-2 독자소유법인에서의 소득이전 추정

	(1)	(2)	(3)	(4)	(5)
	전체표본			경제특구에 위치한 기업	그 밖의 지역에 위치한 기업
예상이익	1.310*** (0.038)	0.668*** (0.195)	0.861*** (0.187)	0.143 (0.382)	0.843*** (0.196)
예상이익*본국의 법인세율		0.017*** (0.005)	0.011** (0.005)	0.041*** (0.016)	0.012** (0.005)
예상이익* 경제특구			−0.745* (0.416)		
예상이익* 본국의 법인세율* 경제특구			0.031* (0.016)		
Log(자산)	−1,673.290*** (391.825)	−272.370 (494.241)	−936.175 (646.907)	−1,137.832 (938.245)	−512.492 (603.454)
연도효과	Yes	Yes	Yes	Yes	Yes
기업효과	Yes	Yes	Yes	Yes	Yes
R-squared	0.941	0.942	0.945	0.868	0.983
표본	104,105	104,105	104,105	69,578	34,527

주: 괄호 안은 표준편차임. ***$p<0.01$, **$p<0.05$, *$p<0.1$.

모델 (3)은 경제특구라는 더미변수를 사용하여, 예상이익과의 2차원의 상호작용 및 예상이익과 본국세율과의 3차원 상호작용 항목을 추가하였다. 3차원 상호작용 항목은 유의하게 양의 부호를 갖는데, 이는 특별세율이 적용되는 다양한 경제구역 내의 기업들은 외부에서 발생하는 profit shock에 대해 긍정적으로 반응한다는 것을 뜻한다. 이러한 경제구역들의 세율은 다른 지역의 세율보다 낮기 때문에, 이곳에 위치한 해외자회사들은 다른 지역에 위치한 기업들보다 더 높게 이익을 보고한다는 의미이다.

모델 (4)와 (5)에서는 표본을 특별세율이 적용되는 경제특구 내 기업과 그렇지 않은 곳에 위치한 기업 두 가지로 나누었다. 결과를 보면 경제특구 내에 위치한 기업들의 경우 예상이익에 대한 계수가 유의하지 않은데, 이는 경제특구 내의 다국적기업들이 산업 전반적인 수익성의 변화에 대해 반응하지 않는다는 것을 의미한다. 오히려 경제특구 내 다국적기업들이 보고하는 이익은 본국의 세율에 의해서만 결정된다. 다시 말해, 두 다국적 자회사가 특별세율이 적용되는 같은 경제구역 내에 있더라도 본국의 세율이 높으면 이익을 더 높게 보고하고, 본국의 세율이 낮으면 이익을 더 낮게 보고한다는 것이다. 경제특구에 위치하지 않은 해외자회사들의 이익 또한 자신들의 본국의 세율과 같은 방향으로 움직인다.

위의 결과들은 중국 내 해외자회사들의 이익이 본국의 법인세율에 따라 결정될 것이라는 본 연구에서의 주장을 뒷받침한다. 더 낮은 세율이 적용되는 경제특구 내 해외자회사들의 경우에도 비슷한 양상을 보이고 있다. 이러한 사실은 중국 내 다국적기업들의 소득이전이 실제로 많이 일어나고 있음을 보여준다. 즉, 중국 내 해외자회사들의 낮은 수익성은 실제로 수익성이 좋지 않아서가 아니라, 중국 조세당국에 자신들의 수익을 더 적게 보고하기 때문이라는 것이다.

Notes

제1장

1. *China Economic Daily*, 2001년 6월 21일. 중국경제에서 다국적기업들의 시장점유율은 타국 경제에서 이들이 차지하는 점유율보다 훨씬 높은 양상을 보인다. 예를 들어, 2009년에 미국에 투자한 외국인직접투자의 누적액이 3조 1천억 달러에 달하였으나, 2008년 기준으로 미국에 위치한 다국적기업들은 고용의 4.3%, 수출의 17%를 차지하고 있는 데 그치고 있다. Jackson 2012을 참조할 것.
2. 개혁과정에 대한 구체적인 설명은 Naughton 2007 제4장을 참조할 것.
3. 집체기업集体企业, 특히 시골에 위치한 향진기업乡镇企业들은 자유화 이전단계에서 정부의 박해를 피하기 위한 제도적인 대응방식이었다Boisot and Child 1996; Tian 2000; Walder 1995. 그러나, 집체기업은 재산권이 모호하므로, 국영기업과 함께 전통적인 기업형태로 분류되며, 자유화 이후의 경쟁시장에 맞지 않는 기업형태로 점차 사라지고 있는 추세이다.
4. 초기 총 195개의 비금융계 기업들이 국유자산관리감독위원회의 감독하에 있었다. 국유자산관리감독위원회의 운영방식에 대해서는 Naughton 2007의 제13장을 참조할 것.
5. 중국에는 두 종류의 합작투자기업이 존재한다. 한 가지는 다른 나라에서도 흔히 찾아볼 수 있는 지분형 합작투자기업으로, 중국현지기업들과 다국적기업들이 자본에 함께 투자하여 재정적 이익이나 손실을 나누는 형태이다. 다른 한 가지는 계약형 합작투자기업으로, 중국 측은 부지만 제공하고 해외 측이 자본을 가져오는 형태를 의미하며 광둥성广东省에 최초로 적용되었다. 수익의 배분기준은 투자자본의 크기가 아닌 계약에 의해 정해지며, 중국 측이 제공하는 토지는 지분으로 환산되지 않는다. 재정적 손실은 해외 측이 부담하며, 초기자본투자량이 손실부담의 한도이다. 계약이 만료되거나 사업이 망하고, 재계약을 하지 않으면 남은 자산들은 중국 측의 소유가 된다. 이러한 형태의 계약형 합작투자기업은 중국현지기업들이 자본이 없기에 생기

는 문제를 해결해 주었다. 정부승인을 위한 법적 절차는 계약형 합작투자기업이 보다 빠르게 진행되었다. 연간산업실태조사에 따르면, 중국 내 합작투자기업 중 12%가 계약형 합작투자기업이다.

6. 본 법에 대한 자세한 정보는 국가발전개혁위원회의 웹사이트를 참조할 것http://www.ndrc.gov.
7. 외국인투자법 제2항에서는 "이 법이 규정하는 해외투자기업은 해외투자가들에 의해 100% 투자된 기업이다. 단 해외기업이나 다른 조직이 설립한 지사는 제외한다"라고 명시되어 있다. 이 법은 2000년에 개정되었다.
8. 중앙정부의 웹사이트의 법과 규제부문에서 이 법의 전문을 볼 수 있다http://www.gov.cn/flfg.
9. 중국의 세금에 대한 자세한 정보는 Whalley2011를 참조할 것.
10. 세제개편에 대한 자세한 정보는 KPMG2007를 참조할 것.
11. 영국령 버진제도와 케이맨제도는 다국적기업들이 세금부담을 최소화하기 위해 페이퍼컴퍼니를 설립하는 조세피난처로 알려져 있다.

제2장

1. "전 상하이 폭스바겐上海大众汽车 회장 웡롱준王荣钧의 인터뷰," Sina.com온라인 미디어 사이트, 2008년 4월 3일.
2. 상하이 폭스바겐上海大众汽车의 1996년 연간보고서. 생산량과 현지화율이 연간보고서에 보고되어 있으며, 웹사이트에서 1988년부터 2011년까지의 자료를 다운로드받을 수 있다www.csvw.com.
3. 통상적으로 다국적기업이 95% 이상을 소유하고 통제하는 회사를 독자소유 자회사라 통칭한다. Gatignon and Anderson1988을 포함한 대부분의 실증연구에서 이 정의를 채택하고 있다.
4. 합작투자기업이 그들의 현지파트너들과 상호인질관계를 형성하면 이러한 위험을 약화시킬 수 있지만Kogut 1988, 합작투자 파트너와의 쌍방의존bilateral dependence관계는 자산특유성의 문제를 더욱 크게 만들 가능성이 있다.
5. "논평: 진전인가 위협인가? 해외자본의 중국철강기업 인수," *China Industry & Commerce News*, 2009년 11월.

6. "중국철강 산업 내 해외자본의 중국기업 인수에 관한 분석," *China Market Research Network*, 2007년 10월 31일.

7. 진입방식의 선택은 문화적, 국가적 요인에 의해서도 설명될 수 있다. Kogut and Singh 1988은 본사가 위치한 국가와 새로이 진입한 국가간의 문화의 차이가 인수 후 통합관리의 어려움을 가중시키기에, 기업들은 상대적으로 덜 위험한 진입방식을 취할 것이라는 가설을 세웠다. 이들은 문화적 거리가 클수록 인수방식보다는 신규투자 방식의 진입이 선호된다는 것을 보여준다. 더하여, 투자하는 기업의 출신국가 또한 문화적 혹은 제도상의 이유로 특정 진입방식에 대한 선호도에 영향을 준다Franko 1976; Stopford and Haberich 1978; Wilson 1980. 예를 들어, Hennart and Park 1993은 일본기업들이 자민족중심적인 성향이 강한 일본 특유의 문화에 따라서 인수보다는 신규투자를 통해 진입하기를 선호한다는 것을 밝혀냈다.

8. "피앤지P&G 대중화권 지역본부장: 광저우广州를 택한 것은 최고의 현명한 결정이었다," *Guangzhou Daily*, 2007년 7월 30일, 피앤지P&G의 웹사이트에서 찾아볼 수 있다.

9. 녹음인터뷰, *The Parlour of Netease Finance Channel*, 2010년 8월. 본 비디오클립은 http://money.163.com/special/CTOBruceBrown/에서 확인가능하다.

10. "30년간의 개혁 그리고 개방: 첫 번째 독자소유 자회사, 톈진 모토로라天津Motorola," *China Daily*, 2008년 10월 30일.

11. Henderson 1986은 집적화가 생산성을 증가시킨다는 것을 실증적으로 입증했다. Saxenian 1994은 마이크로일렉트로닉스 관련기업들이 어떻게 실리콘밸리에 모이게 되었는지를 보여주었다. Krugman 1991은 규모의 경제를 갖추고 운송비를 최소화하기 위해 수요가 큰 지역으로 몰리는 기업들 때문에 집적화가 이루어진다는 종래의 모형을 수요가 몰리는 위치는 어디에 제조기업들이 위치해있느냐에 달려있다는 모형으로 이론을 발전시켰다.

12. 경제지리학 연구 초기에는 점점 거대해지는 외국인집적투자의 유치에 미치는 소득, 세금인센티브, 임금, 노동조합 형성 등의 영향에 관하여 연구하였다Coughlin, Terza, and Arromdee 1991; Wheeler and Mody 1992; Friedman, Gerlowski, and Silberman 1992.

13. Groupthink 또는 생산물시장 및 요소시장에서의 경쟁과 같은 부정적인 네트워크 외부효과는 산업별로 다르다. 한계이익과 한계비용이 같아지는 점에서 이루어지는 집적화는 같은 산업 내 기업들간에서 더 높은 집적화수준에서 이루어지는지 또는

다른 산업의 기업들간에서 더 높은 집적화수준에서 이루어지는지는 명확하지 않다. Porter 1998와 Porter and Stern 2001은 동일 지역 내 기업간의 심화된 경쟁은 실제로는 혁신을 촉진하며, 반도체기업들이 밀집한 실리콘밸리와 같이 지역클러스터를 형성한다고 주장한다. 지역 클러스터 내 동일 산업군의 기업들간 심화된 경쟁이 혁신을 촉진하는 효과는 요소시장 및 생산물시장에서의 심화된 경쟁의 부정적인 영향을 무마시키고도 남는다.

14. "유니레버Unilever의 장거리 경주A long-distance running of Unilever," *Information for Entrepreneurs*, 2008년 제1호 pp. 104~106.
15. "통신부문에서의 거대기업 탄생: 상하이벨上海贝尔이 해외투자기업으로 구조조정 되다," *Liberty News*, 2001년 10월 24일. 중국정부 소유의 주식이 국무원 산하 국유자산관리감독위원회에 이전되었다. 이는 상하이벨上海贝尔의 소유구조를 공고하게 만든 중요한 조치로 평가된다.
16. "피앤지P&G, 중국에서 '전면적인 압박 공세'를 벌이다P&G promises 'full court press' in China," *China Daily*, 2010년 8월 9일.
17. "지이GE, 중국에 20억 달러 투자GE makes $2b Chinese Investment," *China Daily*, 2010년 11월 10일.

제3장

1. 피앤지P&G의 공식 발표문, 1994년 2월 18일.
2. "화이트캣上海白猫 곤경에 처하다White Cat stumbles," *Marketing Communication Network*, 2005년 3월 23일.
3. "중국의 늙어 졸고 있던 고양이가 깨어나다China's sleepy old cat awakes," *Sphere* 30, pp. 18~21.
4. 중국에서 "그룹"으로 칭해지기 위해서는, 모회사는 5천만 위안 이상의 자본과 최소 5개의 자회사를 지녀야 했으며 모회사 및 자회사의 총자산이 1억 위안을 초과해야 한다.
5. 나이스纳爱斯 그룹의 웹사이트.
6. "중국 국영기업 개혁의 선구자: 상하이자화上海家化," *CCTV News*, 2012년 5월 8일.
7. "성공한 다국적기업들과 반격하는 중국현지기업들," *China Business News*, 2012년

1월 17일.

8. "스킨케어제품에서 다국적기업들의 원맨쇼: 분발하는 중국현지기업들One- man show for foreign companies in skin care product: Local firms pressing on," *Information Times*, 2010년 12월 14일.

9. "중국 전통의료법을 컨셉으로 중국현지브랜드를 에워싼 다국적기업들," *Nanfang Daily*, 2010년 9월 8일.

10. 정부 자료, "국가경제 및 무역위원회의 1997년 국영기업의 개혁 및 발전 지침."

11. 국유자산관리감독위원회 주요 업무와 책임에 대한 정보는 국유자산관리감독위원회 웹사이트에 명시되어 있다: http://www.sasac.gov.cn.

12. "ZTE中兴通讯: 밝은 미래가 보이는 안정적인 발전Zhongxing Telecom: Developing stably with a bright future," *Economic Observation*, 2009.

13. 정확히 말하면, 국가경제 및 무역위원회는 1994년 부통령에게 보고서를 제출하였고, 이 보고서는 1995년 9월 공산당의 중앙위원회에 의해 채택되었다. 자세한 사항은 Garnaut et al. 2005를 참조할 것.

14. 민영화 과정에서, 평가액을 낮추고 내부이해관계자에게 낮은 가격으로 자산을 매각한, "자산탈취"의 여러 사례가 존재한다Garnaut et al. 2005: 176-7. 2003년 Haier의 경영자매수management buyout 계획은 반발을 야기했고, 정부는 거대 국영기업에 대한 경영자매수를 금지하였다.

15. "광둥성广东省의 국영기업의 전환, TCL 방식 선호TCL mode preferred in Guangdong's SOE transition," *Chinese Business News*, 2005년 4월 29일.

16. 2004년 경제전체적인 산업통계조사에 나온 기업 목록과 비교해 볼 때, 1998년과 2003년 사이 연간 산업실태조사에서 누락된 기업들이 모두 실제로 시장에서 퇴출된 것은 아니라는 것을 확인하였다. 해당 기간 동안 연간 산업실태조사에서 사라진 기업들의 약 1.3% 정도는 2004년 경제전체적인 산업통계조사에 존재하는 것으로 나오는데, 이는 이들의 매출이 5백만 위안 이하였기 때문이다. 나머지 사라진 98.7%는 실제로 시장에서 퇴출되었다.

17. "지린성吉林省 통화강철通化钢铁 살인사건의 전말Details of Jilin Tonghua Steel Murder Case," *China News Week*, 2009년 8월 5일.

18. 다양한 연구들이 주로 미국Baily et al. 1992; Balasubramanian and Lieberman 2010, 캐나다Baldwin 1995; Baldwin and Gu 2006; Baldwin and Rafiquzzaman 1995, 스페인Farinas and Ruano,

2005, 독일Wagner, 2010 같은 선진국들을 대상으로, 선별효과selection effect와 학습효과learning effect가 존재한다는 것을 입증하였다. 그러나 Bailey et al.1992와 Jensen, McGuckin, and Stiroh2001는 설립연도와 생산성과 통계적으로 유의한 관계를 찾아내지 못했다. 이머징마켓을 대상으로 하는 연구결과도 혼재되어 있다Tybout 2000. 예를 들어, Aw, Chung, and Roberts2003는 타이완에서 신규 진입기업들이 기존기업보다 낮은 생산성을 보이나 한국에서는 신규진입기업과 기존기업간에 생산성의 차이가 없다는 것을 보였다.

19. 신규진입기업들의 높은 생산성은 제도적 장벽, 즉 시장의 힘이 작용하지 못하게끔 하는 제도적인 저해요인 때문에 나올 수 있다Tybout 2000. 저자의 연구에 따르면 이러한 제도적 장벽들은 기존 기업들에게, 생산성과는 별개로 기업의 생존가능성을 높인다. 이러한 제도적 장벽은 결국 신규진입기업들의 고정비용을 증가시킨다Chang and Wu 2013. 결과적으로, 높은 생산성을 가진 신규진입기업만이 시장에 진입하여 운영할 수 있다. 그러므로 제도적 장벽은 잠재적인 신규진입기업들의 생산성의 분산을 작게 만들어주며 이는 신규진입기업들의 평균 생산성을 증가시키는 효과가 있다. 또한 제도적 장벽이 낮아질 때, 신규진입기업들의 높은 생산성의 필요요건이 줄어든다. 즉 제도적 장벽이 사라지면서 기존기업에 대한 보호가 줄어들면, 기업운영에 대한 고정비용 또한 줄어들어, 더 많은 신규기업들이 진입할 수 있다.
20. 그러나 이러한 이직률은 숙련된 노동자들이나 국내 기업가들의 선택 등을 통하여 역효과를 야기할 수도 있다De Backer and Sleuwaegen 2003; Tian 2007.
21. "발린 스틸튜브 & 와이어Valin Tube&Wire: Arcelor Mittal과의 제휴를 통한 엄청난 혜택을 받다Valin Tube & Wire: The great benefits from the cooperation with Arcelor Mittal," *China Securities Jounal*, 2007년 4월 25일.

제4장

1. "ZTE中兴通讯: 밝은 미래와 함께 착실한 발전ZTE telecom: develop steadily with a bright future," *Economic Observation*, 2009년 11월 2일.
2. "시스코Cisco, 특허침해 소송 패소Cisco drops patent infringement suit," *New York Times*, 2004년 7월 29일.
3. "모토로라Motorola, 기업비밀유출 혐의로 화웨이华为 고소Motorola sues Huawei for trade

secret theft," *Reuters*, 2010년 7월 22일.

4. "에릭슨Ericsson, ZTE中兴通讯 상대 특허침해 소송을 해결하다Ericsson, ZTE settle patent lawsuits," *PC World*, 2012년 1월 20일.
5. "쓰리콤3Com의 화웨이华为 매각이 미국에서의 보안문제를 이유로 중단되다Sale of 3Com to Huawei is derailed by U.S. security concerns," *New York Times*, 2008년 2월 21일.
6. "화웨이华为의 미국을 향한 공개질의서Huawei's open letter to US," *Wall Street Journal*, 2011년 2월 25일.
7. 다국적기업연구회, "중국과 동반성장: 피엔지의 중국에서의 20년," 베이징北京대학교 출판사, 2009년 4월. 이 자료는 피앤지P&G 웹사이트에서 찾아볼 수 있다.
8. "유니레버Unilever의 성공적인 '심장이식'," *Anhui News*, 2010년 3월 9일.
9. "서양 자동차업계, 중국의 카피캣 자동차 해외수출에 분노Road rage in the West as copycat cars from China start to make their marque overseas," *The Independent*, 2007년 9월 9일.
10. "지엠GM, 체리奇瑞가 소형차를 복제했다고 주장GM charges Chery for alleged mini car piracy," *China Daily*, 2004년 12월 18일.
11. "스파크Spark가 복제를 당했는가?Did Spark spark a copycat?," *Business Week*, 2005년 2월 6일.
12. "지엠GM, 체리奇瑞가 소형차를 복제했다고 주장GM charges Chery for alleged mini car piracy," *China Daily*, 2004년 12월 18일. 지엠GM 경영진들은 QQ와 스파크Spark의 문짝은 서로 교체가능할 정도라며 디자인의 무단복제에 대해 피력하였다. MotorAuthority.com과 Car and Driver는 QQ 모델을 "carbon copy"라 부르며, *International Herald Tribune*은 2005년 기사에 QQ 모델을 복제품이라 언급하였다.
13. "피앤지P&G의 장대한 캠페인: 모조품과의 전쟁P&G's epic campaign: war on fakes," *China Daily*, 2009년 6월 29일.
14. "2011년 소프트웨어 저작권 침해 규모, 634억 달러Software piracy costs US$63.4 billion in 2011: study," *China Post*, 2012년 5월 16일.
15. "상표권 존중: 중국 소비자들의 모조품 사랑이 식어간다Pro logo: Chinese consumers are falling out of love with fakes," *Economist*, 2012년 1월 14일.
16. "중국내, 모조 휴대전화가 판을 치다In China, knockoff cell phones are a hit," *New York Times*, 2009년 4월 28일.

17. "중국, 미국과 일본을 제치고 특허 최다 보유국이 되다China tops US, Japan to become top patent filer," *Reuters*, 2011년 12월 21일.
18. "중국 국영기업 개혁의 선구자: 상하이자화上海家化: Forerunners in China's SOE reform efforts: Shanghai Jahwa," *CCTV News*, 2012년 5월 8일.
19. "중국전통약제기업의 부상, 다국적기업의 일상품 브랜드를 위협하다중문자료," The Chinese Cosmetics사이트: zghzp.com, 2012년 5월 3일.
20. "적절한 가격인상은 중국현지브랜드들의 발전에 도움이 된다," *Xinhua News Agency*, 2011년 12월 19일.

제5장

1. "중국 맥주시장: 용이 미국을 삼킬 준비가 되다China beer market: Dragon ready to swallow US," Just－drink.com음료산업의 온라인자료, 2000년 7월 3일.
2. "분석: 중국 프리미엄맥주, 다국적 브랜드들에게 쓴 맛을 보여주다 Analysis: Premium Chinese beer a bitter brew for foreign brands," *Reuters*, 2011년 11월 3일.
3. 1933년에 금주법이 폐지된 후, 많은 양조업체들이 미국시장에 진입했다. 1940년에는 상위 5개 기업과 10개 기업이 각각 약 16%와 23.6%의 시장을 점유하며, 611개가 넘는 맥주업체들이 운영되었다McGahan 1991; Table 1&2. 1958년, 미국 맥주 산업은 상위 5개 기업과 10개 기업이 각각 30.6%, 48.4%를 점유하며 과점시장이 되었다. 2007년, 상위 8개 기업의 통합 시장점유율은 약 91.5%까지 증가하였다. 밀러Miller와 앤호이저부시Anheuser-Busch는 지배기업으로 부상하였다. 생산시설 투자, 효율적인 유통망, 국가차원의 광고는 이러한 통합과정에 중요한 역할을 하였다Greer 1971; McGahan 1991.
4. Elzinga1982에 따르면, 25개의 선도적인 양조기업들이 약 100건의 인수를 진행했으며, 대부분이 중간규모의 기업들이 소규모의 기업들을 인수한 것이다.
5. "하이네켄Heineken, 내부적, 외부적 문제로 인해 중국에서 합작투자기업을 철수하다 Heineken retreat from joint ventures in China due to internal and external difficulties," *Beijing Business*, 2011년 11월 8일.
6. "소규모, 중간규모 양조업자들의 현재 상황," *Dajing News*, 2011년 11월 11일.
7. "중국현지기업들은 전쟁에서 지고 있다Local firms are losing out the battle," *China*

Business, 2012년 7월 21일.

8. 혹자는 기업들간에 유사한 경영자원을 다루면, 상호간에 더 높은 흡수능력을 나타낼 수 있기에, 유사한 경영자원을 가진 기업들간에 이전효과가 많이 나타날 수 있을 것이라 주장한다. 그러나 흡수능력과 관련된 주장과 그 반론으로 기술적 차이에 대한 가설은 경영자원의 종류보다 경영자원의 수준에 관련된 논의이다Cantwell 1989; Meyer 2004. 본 연구에서 언급하는 경영자원의 유사성은 경영자원의 종류에 기반하고 있기 때문에, 흡수능력과는 같은 맥락으로 볼 수 없다.

9. "다국적기업은 어떻게 중국에서 세금을 피하였는가How foreign firms dodge taxes in China," *Asia times*, 2007년 4월 11일.

10. 미국의 조세분쟁 사례로, G.D. Searle는 미국에서의 평균적인 자산수익률은 −42%를 기록했으나, 세율이 0%인 푸에르토리코에서는 119%를 기록했다Wheeler 1988. 다른 사례로, 미국 국세청IRS은 일본의 토요타Toyota가 수년간 미국에 판매한 자가용, 트럭, 부품 등의 대부분을 미국자회사에 과대 청구함으로써, 미국에서 일본으로 소득이전한 것을 고발한 바 있다Martz and Thomas 1991.

11. Lall$_{1973}$은 콜롬비아 정부가 다양한 외환관리와 해외투자가들에 의한 제약을 부과한 법령444Decree 444을 통과시킨 후, 콜롬비아 제약산업에서 다국적기업들이 터무니없이 비싼 가격으로 제품을 수입해왔다는 것을 기록하고 있다. Harris$_{1993}$는 다국적기업이 가진 "유연성"에 따라 가격이전을 통해 소득이전이 이루어지는 메커니즘을 밝혀냈으며, 이러한 유연성은 이자, 지대, R&D, 광고비용 등이 대표적이다. Clausing$_{2003}$은 내부거래가격이 외부거래가격과 어떻게 다른지에 대한 포괄적인 증거를 제시한다. 1997년부터 1999년 국제가격에 관한 미국 노동통계국의 월별 자료에 따라 Clausing은 외국의 세율이 낮을 경우, 미국 기업의 내부거래에 의한 수출가격은 낮아지고 수입가격은 높아진다는 점을 발견하였다.

12. Newberry and Dhaliwal$_{2001}$은 미국 다국적기업들이 자국과 비교하여 높은 기업세율을 가진 나라에 위치한 해외자회사를 통해 채권을 발행한다는 것을 발견하였다. Desai et al$_{2004}$는 해외자회사들의 자본구조와 미국 다국적회사들의 내부자본시장을 조사하여, 세금이 10% 높아지면 부채비율이 2.8%만큼 높아지는 것을 발견하였다. 또한 모회사로부터의 대출금 이외부로부터의 대출과 달리 세금에 특히 민감하게 반응한다는 것을 발견하였다.

13. "자동차 산업, 외국인집적투자에서 '소득이전'을 감시할 것이다Auto industry shall watch

out FDI on 'Income Shifting'," *China Auto News*, 2005년 6월 17일.

14. "다국적기업은 어떻게 중국에서 세금을 피하였는가How foreign firms dodge taxes in China," *Asia times*, 2007년 4월 11일.
15. "중국, 다국적기업의 탈세를 저지하다China to stop tax evasions for multinationals," *People's Daily Online*, 2009년 7월 29일.

제6장

1. "두수앙후아杜双华는 어떻게 이곳까지 왔을까?How did Du Shuanghua come here?," *Business Review*, 2008년 11월.
2. "세계철강 산업에서, 중국은 수수께끼다For Global Steel Industry, China Poses Guessing Game," *Wall Street Journal*, 2011년 5월 24일.
3. "톄번铁本, 안녕A farewell to Tieben," *Business Review*, 2010년, 제2호.
4. "닝보젠룽宁波建龙钢铁, 베일에 싸인 구조조정을 하다Ningbo Jianlong Restructured amid Qualms," *Ciajiang*, 2005년 1월 10일.
5. 이 인수는 리자오日照가 그들의 지분을 홍콩계 투자회사이자 리자오日照의 창립자 두수앙후아杜双华 소유의 카이유안开源이란 회사에 매각하기로 계약을 맺으면서 복잡하게 전개되었다. 이는 정부에 의한 자산몰수를 피하기 위함이었다. 2012년 12월 현재, 산둥철강山東钢铁과 리자오철강日照钢铁은 아직도 합병하는 사업체의 자본구조를 협상 중에 있다.
6. "어째서 철강 산업에서 '국가가 우선하고 민간이 후퇴하다' 현상이 강화되고 있는 것인가?Why is the trend of 'the state advances, the private retreats' getting stronger in the steel industry?," *China Business Times*, 2009년 6월 19일.
7. "국가자본주의의 부상The Rise of State Capitalism," *The Economist*, 2012년 1월 21일.
8. "중국, 국가사업을 강화하여 성장촉진China fortifies state business to fuel growth," *New York Times*, 2010년 8월 29일.
9. "양쯔강 델타와 주강 델타 내 소비재 산업The Consumer Products Industry in Yangtze River Delta & Pearl River Delta," *China Washing & Cosmetics Weekly*, 2009년 6월 22일.
10. "고등기술 산업이 센젠深圳에서 번창하는 이유는 무엇인가Why high-tech industry is booming in Shenzhen," *Guangming Daily*, 2011년 5월 14일.

11. "포산佛山의 시샨마을狮山镇, 자동차도시 건립 의지Shishan, a town of Foshan, ambitions to build into an auto city," Sina.com, 2012년 6월 18일.
12. 이 주제들과 관하여 여러 참고도서들이 있다. Rein2012 등을 참조할 것.
13. "유니레버Unilever의 성공적인 '심장이식'중문자료," *Anhui News*, 2010년 3월 9일.
14. "자동차 번호판 지원자, 1백만명 돌파Car plates applicants exceeded 1 million," *China Daily*, 2012년 8월 27일.
15. "피앤지P&G는 하루 2달러를 버는 사람들이 사는 곳에서 돈을 벌 수 있는가?Can P&G make money in places where people earn $2 dollars a day?," *Fortune*, 2011년 1월 6일.
16. "중국 프리미엄맥주, 다국적 브랜드들에게 쓴 맛을 보여주다Premium Chinese beer a bitter brew for foreign brands," *Reuters*, 2011년 11월 3일.
17. "중국자동차시장의 혁신: 지엠차이나GM China 회장의 인터뷰Innovating in China's automotive market: An interview with GM China's president," *McKinsey Quarterly*, 2012년 2월.
18. "볼보Volvo 자동차, 중국 내 생산 시작 준비Volvo cars prepares for Chinese production to start," *BBC News*, 2012년 4월 22일.
19. "중국 우한철강武汉钢铁, 브라질 공장 건립 계획 포기China's Wuhan Steel abandons plan to build Brazil mill-paper," *Reuters*, 2012년 7월 3일.
20. "TCL, 대부분의 유럽의 사업에서 철수하다TCL to close most European operations," *Financial Times*, 2006년 10월 31일.
21. "화웨이华为와 ZTE中兴通讯, 의회의 심문에 직면Huawei and ZTE face congressional grilling," *Financial Times*, 2012년 9월 13일.

부록

1. 본 연구는 다국적기업들이 차지하는 비중을 구하기 위해, 고용, 매출 등의 다양한 측면을 고려한 추정방법을 사용하였다. 결과는 동일하였다.
2. Gatignon and Anderson1988은 이러한 기준을 사용하여 소수지분 합작투자와 다수 합작투자기업, 독자소유 자회사를 구분하였다. 본 연구에서는 50:50 지분비율로 설립된 합작투자기업의 경우, 소수지분 합작투자로 분류하였다.
3. 물론 독자소유 자회사의 경영성과가 이전가격에 의해 상향편의upward bias가 존재할

가능성도 이론적으로는 가능하지만, 달리 말해 다국적기업들은 다국적 모기업에서 중국에 위치한 자회사들에게 수익을 이전시키기 위해 이전가격을 사용한다는 것도 가능하지만, 중국의 높은 법인세율과 과실송금에 대한 규제가 심하다는 사실에 비추어보면, 그럴 가능성은 매우 낮다.

4. 프로빗모형에 포함된 설명변수들이 합작투자의 독자법인으로의 전환결정에 영향을 주는 모든 요소들을 포함한 것은 아니다. 이를테면, 수익성, 부채비율, 수출비중이 합작투자기업의 모든 옵션가치를 나타내지는 않는다. 이와 유사하게, 기업연령 또한 각각의 파트너들이 가진 상이한 학습능력을 측정하기에는 불완전한 변수이다. 일부 다국적 모기업들은 단순히 중앙집권을 강화하거나 기업 포트폴리오에 변화를 주기 위해 독자소유 자회사를 선호하기도 한다Franko 1971; Killing 1983. 그 밖에 알려지지 않은 다른 합리적 이유도 있을 수 있다. 예를 들어, 높은 R&D/광고 집약도를 가진 다국적 모기업들은 합작투자기업을 독자소유 자회사로 전환하려 해도, 운영을 감독할 현지관리자를 찾지 못하거나 현지파트너가 합작투자 해체에 대하여 지나치게 큰 보상을 요구해 난관에 봉착할 수 있다. 때때로 전환결정은 비합리적인 이유에 의해 이루어지기도 한다. 예를 들어, R&D/광고 집약도가 낮은 산업 내 합작투자기업들의 다수는 뚜렷한 이득이 없음에도 불구하고 다른 기업들을 모방하여 전환결정을 내릴 수도 있다DiMaggio and Powell 1983; Yiu and Makino 2002. 한편, R&D/광고 집약도가 높은 산업들 내의 기업들과 같이 단독투자로의 전환을 시도할 만한 대상임에도 불구하고, 전환하지 않는 기업들도 있다.

5. 본 연구는 각 기간별로 수출비중과 재무부채비율을 측정하여, 단독투자로 전환된 자회사의 경영성과의 개선이 재정적 구조조정이나 다국적 모기업의 수출판매량의 증가에 기인하는지를 검증하였다. 그 결과, 이러한 두 그룹간 차이점을 발견하지 못하였다.

6. 1688개의 관찰치는 여러 산업 및 지역 관련 종속변수들이 변화를 보이지 않아 누락하였다.

7. r_t를 시간의 흐름에 따른 x_t의 변화량으로 가정하면, r_t가 대부분의 경우와 같이 작을 때 다음과 같이 접근한다.

$$ln x_t - ln x_{t-1} = ln \frac{x_t}{x_{t-1}} = ln(1+r_t) \approx r_t$$

8. 본 연구는 극단치들로 인해 일관된 자료를 얻을 수 없어서, Brandt et al.2012에 따라

기업별 가격 수정지수를 사용하지 않았다. 대신 2단위 산업별 수정지수보다 좀 더 세분된 3단위 산업별가격 수정지수만을 사용했으며 이 자료는 중국통계연감에서 얻을 수 있다.

9. 이 데이터베이스는 www.oecd.org/ctp/taxdatabase에서 확인가능하다. Section C, 표 II.1.를 참조할 것.

Notes

References

Ahn, N., de la Rica, S., and Ugidos, A. (1999). "Willingness to move for work and unemployment duration in Spain," *Economica, 66(*263): 335-357.

Aitken, B., and Harrison, A. (1999). "Do domestic firms benefit from direct foreign investment? Evidence from Venezuela," *American Economic Review, 89*(3): 605-618.

Appold, S. (1995). "Agglomeration, interorganizational networks and competitive performance in the U.S. metalworking sector," *Economic Geography, 71*(1): 27-54.

Arrow, K. (1974). The *Limits of Organization.* New York: W.W. Norton.

Arthur, B. (1990). "Positive feedback in the economy," *Scientific American,* 262(February): 92-99.

Aw, B., Chung, S., and Roberts, M. (2003). "Productivity, output, and failure: A comparison of Taiwanese and Korean manufacturers," *Economic Journal, 113*(November): F485-510.

Baily, M., Hulten, C., Campbell, D., Bresnahan, T., and Caves, R. (1992). "Productivity dynamics in manufacturing plants," *Brookings Papers on Economic Activity. Microeconomics,* 1992: 187-267.

Balasubramanian, N., and Lieberman M. (2010). "Industry learning environments and the heterogeneity of firm performance," *Strategic Management Journal, 31*(4): 390-412.

Baldwin, J. (1995). The *Dynamics of Industrial Competition: A North American Perspective.* New York: Cambridge University Press.

Baldwin, J., and Gu, W. (2006). "Plant turnover and productivity growth in Canadian manufacturing," *Industrial and Corporate Change, 15*(3): 417-465.

Baldwin, J., and Rafiquzzaman, M. (1995). "Selection versus evolutionary adaptation: Learning and post-entry performance," *International Journal of Industrial Organization, 13*(4): 501-522.

Barkema, H., Bell, J., and Pennings, J. (1996). "Foreign entry, cultural barriers, and learning," *Strategic Management Journal, 17*(2): 151-166.

Barkema, H., and Vermeulen, F. (1998). "International expansion through start-up or acquisition: A learning perspective," *Academy of Management Journal, 41*(1): 7-26.

Bernard, A., Jensen, J., and Schott, P. (2006). "Trade costs, firms and productivity," *Journal of Monetary Economics, 53*(5): 917-937.

Bertrand, M., Mehta, P., and Mullainathan, S. (2002). "Ferreting out tunneling: An application to Indian business groups," *Quarterly Journal of Economics, 117*(1): 121-148.

Blalock, G., and Simon, D. (2009). "Do all firms benefit equally from downstream FDI? The moderating effect of local suppliers' capabilities on productivity gains," *Journal of International Business Studies, 40*(7): 1095-1112.

Blodgett, L. (1992). "Factors in the instability of international joint ventures: an event history analysis," *Strategic Management Journal, 13*(6): 475-481.

Blömstrom, M. (1986). "Foreign investment and productive efficiency: The case of Mexico," *Journal of Industrial Economics, 35*(1): 97-110.

Blömstrom, M., and Kokko, A. (1998). "Multinational corporations and spillovers," *Journal of Economic Surveys, 12*(3): 1-31.

Boisot, M., and Child, J. (1996). "From fiefs to clans and network capitalism: Explaining China's emerging economic order," *Administrative Science Quarterly, 41*(4): 600-628.

Brandt, L., Van Biesebroeck, J., and Zhang, Y. (2012). "Creative accounting or creative destruction? Firm-level productivity growth in Chinese manufacturing," *Journal of Development Economics, 97*(2): 339-351.

Buckley, P., and Casson, M. (1976). The *Future of the Multinational Enterprise.* London: Homes & Meier.

Buckley, P., Clegg, J., and Wang, C. (2002). "The impact of inward FDI on the performance of Chinese manufacturing firms," *Journal of International Business Studies, 33*(4): 637-655.

Buckley, P., Clegg, S., and Wang, K. (2007). "Is the relationship between inward FDI and spillover effects linear? An empirical examination of the case of China," *Journal of International Business Studies,* 38(3): 447-459.

Caballero, R., and Hammour, M. (1994). "The cleansing effect of recessions," *American Economic Review, 84*(5): 1350-1368.

Cantwell, J. (1989). *Technical Innovation and Multinational Corporations.* Oxford: Basil Blackwell.

Caves, D., Christensen, L., and Diewert, W. (1982). "The economic theory of index numbers and the measurement of input, output, and productivity," *Econometrica, 50*(6): 1393-1414.

Caves, R. (1971). "International corporations: The industrial economics of foreign investment," *Economica, 38*(149): 1-27.

Caves, R. (1974). "Multinational firms, competition, and productivity in host-country markets," *Economica, 41*(162): 176-193.

Chandler, A. (1962). *Strategy and Structure: Chapters in the History of the American Industrial Enterprise.* Cambridge, MA: MIT Press.

Chandler, A. (1977). The *Visible Hand: The Managerial Revolution in American Business.* Cambridge, MA: MIT Press.

Chandler, A. (1990). *Scale and Scope: The Dynamics of Industrial Capitalism.* Cambridge, MA: Harvard University Press.

Chang, S. (1995). "International expansion strategy of Japanese firms: Capability building through sequential entry," *Academy of Management Journal, 38*(2): 383-407.

Chang, S., Chung, J., and Moon, J. (2012). "Do multinational firms shift profit out of China?," Working Paper.

Chang, S., Chung, J., and Moon, J. (2013). "Do wholly-owned subsidiaries perform better than joint ventures?" *Strategic Management Journal, 34*(3): 317-337.

Chang, S., and Park, S. (2005). "Types of firms generating network externalities and MNCs' co-location decisions," *Strategic Management Journal, 26*(7): 595-615.

Chang, S., and Park, S. (2012). "Winning strategies in China," *Long Range Planning, 45*(1): 1-15.

Chang, S., and Wu, B. (2013). "Industry dynamics and institutional frictions," in press, *Strategic Management Journal.*

Chang, S., and Wu, B. (2012). "Post-liberalization industry consolidation in China," Working Paper.

Chang, S., and Xu, D. (2008). "Spillovers and competition among foreign and local firms in China," *Strategic Management Journal, 29*(5): 495-518.

Chen, M. (1996). "Competitor analysis and inter-firm rivalry: Towards a theoretical integration," *Academy of Management Review, 21*(1): 100-134.

Chow, G. (1993). "Capital formation and economic growth in China," *Quarterly Journal of Economics, 108*(3): 809-842.

Christensen, C. (1997). The *Innovator's Dilemma: When New Technologies Cause Great Firms to Fail.* Boston, MA: Harvard Business School Press.

Chung, W., and Alcacer, J. (2002). "Knowledge seeking and location choice of foreign direct investment in the United States," *Management Science, 48*(12): 1534-1554.

Clausing, K. (2003). "Tax-motivated transfer pricing and US intrafirm trade prices," *Journal of Public Economics, 87*(9-10): 2207-2223.

Cohen, W., and Levinthal, D. (1990). "Absorptive capacity: A new perspective on learning and innovation," *Administrative Science Quarterly, 35*(1): 128-152.

Coughlin, C., Terza, J., and Arromdee, V. (1991). "State characteristics and the location of foreign direct investment within the United States," *Review of Economics and Statistics,* 73(4): 675-683.

Davidson, W. (1980). "The location of foreign direct investment activity: Country characteristics and experience effect," *Journal of International Business Studies, 11*(2): 9-22.

Dawar, N., and Frost, T. (1999). "Competing with giants: Survival strategies for local companies in emerging markets," *Harvard Business Review, 77*(2): 119–129.

De Backer, K., and Sleuwaegen, L. (2003). "Does foreign direct investment crowd out domestic entrepreneurship?" *Review of Industrial Organization,* 22(1): 67–84.

De Loecker, J. (2007). "Do exports generate higher productivity? Evidence from Slovenia," *Journal of International Economics,* 73(1): 69–98.

Desai, M., Foley, C., and Hines, J. (2004). "A multinational perspective on capital structure choice and internal capital markets," *Journal of Finance, 59*(6): 2451–2488.

Desai, M., Foley, C., and Hines, J. (2006). "The demand for tax haven operations," *Journal of Public Economics, 90*(3): 513–531.

Dierickx, I., and Cool, K. (1989). "Asset stock accumulation and sustainability of competitive advantage," *Management Science, 35*(12): 1504–1512.

DiMaggio, P., and Powell, W. (1983). "The iron cage revisited: Institutional isomorphism and collective rationality in organizational fields," *American Sociological Review, 48*(12): 147–160.

Doz, Y. (1996). "The evolution of cooperation in strategic alliances: Initial conditions or learning processes?" *Strategic Management Journal, 17*(51): 55–84.

Du, J., Lu, Y., and Tao, Z. (2008). "Economic institutions and FDI location choice: Evidence from US multinationals in China," *Journal of Comparative Economics, 36*(3): 412–429.

Dunning, J. (1988). "The eclectic paradigm of international production: A restatement and some possible extensions," *Journal of International Business Studies, 19*(1): 1–31.

Eden, L., Juarez Valdez, L., and Li, D. (2005). "Talk softly but carry a big stick: Transfer pricing penalties and the market valuation of Japanese multinationals in the United States," *Journal of International Business Studies, 36*(4): 398–414.

Elzinga, K. (1982). "The beer industry," in W. Adams (ed.), The *Structure of American Industry* (6th edn.). New York: Macmillan, 128–154.

Farinas, J., and Ruano, S. (2005). "Firm productivity, heterogeneity, sunk costs and market selection," *International Journal of Industrial Organization, 23*(7–8): 505–

534.

Fosfuri, A., Motta, M., and Rønde, T. (2001). "Foreign direct investment and spillovers through worker's mobility," *Journal of International Economics, 53*(1): 205-222.

Foster, L., Haltiwanger, J., and Syverson, C. (2008). "Reallocation, firm turnover, and efficiency: Selection on productivity or profitability?" *American Economic Review, 98*(1): 394-425.

Franko, L. (1971). *Joint Venture Survival in Multinational Corporations.* New York: Praeger.

Franko, L. (1976). The *European Multinationals: A Renewed Challenge to American and British Big Business.* Stamford, CT: Greylock Publishers.

Friedman, J., Gerlowski, D., and Silberman, J. (1992). "What attracts foreign multinational corporations? Evidence from branch plant location in the United States," *Journal of Regional Science, 32*(4): 403-418.

Garnaut, R., Song, L., Tenev, S., and Yao, Y. (2005). *China's Ownership Transformation: Process, Outcomes, Prospects.* Washington, DC: International Finance Corporation and International Bank for Reconstruction and Development.

Gatignon, H., and Anderson, E. (1988). "The multinational corporation's degree of control over foreign subsidiaries: an empirical test of transaction cost explanation," *Journal of Law, Economics, and Organization, 4*(2): 305-336.

Gilley, B. (2001). "Breaking barriers," *Far Eastern Economic Review,* July 12: 12-19.

Girma, S., and Gorg, H. (2007). "Evaluating the foreign ownership wage premium using a difference-in-difference matching approach," *Journal of International Economics, 72*(1): 97-112.

Greer D. (1971). "Product differentiation and concentration in the brewing industry," *Journal of Industrial Economics, 19*(3): 201-219.

Gregory, A. (2003). "Chinese trademark law and the TRIPs Agreement—Confucius meets the WTO," in D. Cass, B. Williams, and G. Barker (eds), *China and the World Trading System.* Cambridge: Cambridge University Press, 321-344.

Gregory, N., Tenev, S., and Wagle, D. (2000). *China's Emerging Private Enterprises:*

Prospects for the New Century. Washington, DC: International Finance Corporation.

Groves, T., Hong, Y., McMillan, J., and Naughton, B. (1994). "Automony and incentives in Chinese state enterprises," *Quarterly Journal of Economics, 109*(1): 183-209.

Grubert, H., and Mutti, J. (1991). "Taxes, tariffs and transfer pricing in multinational corporate decision making," *Review of Economics and Statistics, 73*(2): 285-293.

Guo, Y. (2012). *Global Big Business and the Chinese Brewing Industry.* London: Routledge.

Hannan, M., and Freeman, J. (1977). "The population ecology of organizations," *American Journal of Sociology, 82*(5): 929-964.

Harris, D. (1993). "The impact of U.S. tax law revision on multinational corporations" capital location and income-shifting decisions," *Journal of Accounting Research, 31*(3): 111-140.

Haskel, J., Pereira, S., and Slaughter, M. (2007). "Does inward foreign direct investment boost the productivity of domestic firms?" *Review of Economics and Statistics, 89*(3): 482-496.

Head, K., Ries, J., and Swenson, D. (1995). "Agglomeration benefits and location choice: Evidence from Japanese manufacturing investments in the United States," *Journal of International Economics, 38*(3): 223-247.

Hejazi, W., and Safarian, A. (1999). "Trade, foreign direct investment, and R & D spillovers," *Journal of International Business Studies, 30*(3): 491-511.

Helfat, C. (1997). "Know-how and asset complementarity and dynamic capability accumulation: The case of R&D," *Strategic Management Journal, 18*(5): 339-360.

Henderson, R., and Clark, K. (1990). "Architectural innovation: The reconfi-guration of existing product technologies and the failure of established firms," *Administrative Science Quarterly, 35*(1): 9-30.

Henderson, V. (1986). "Efficiency of resource usage and city size," *Journal of Urban Economics, 19*(1): 47-70.

Hennart, J. (1982). *A Theory of Multinational Enterprise.* Ann Arbor: University of

Michigan Press.

Hennart, J. (1991). "The transaction costs theory of joint ventures: An empirical study of Japanese subsidiaries in the United States," *Management Science, 37*(4): 483-497.

Hennart, J., Kim, D., and Zeng, M. (1998). "The impact of joint venture status on the longevity of Japanese stakes in U.S. manufacturing affiliates," *Organization Science, 9*(3): 382-395.

Hennart, J., and Park, Y. (1993). "Greenfield vs. acquisition: The strategy of Japanese investors in the United States," *Management Science, 39*(9): 1054-1070.

Heracleous, L. (2001). "When local beat global: The Chinese beer industry," *Business Strategy Review, 12*(3): 37-45.

Hines, J., and Rice, E. (1994). "Fiscal paradise: Foreign tax havens and American business," *Quarterly Journal of Economics, 109*(1): 149-182.

Hitt, M., Dacin, M., Levitas, E., Arregle, J., and Borza, A. (2000). "Partner selection in emerging and developed market contexts: Resource-based and organizational learning perspectives," *Academy of Management Journal, 43*(3): 449-467.

Hofstede, G. (1980). *Culture's Consequence: International Differences in Work-Related Values.* Beverly Hills, CA: Sage Publications.

Hopenhayn, H. (1992). "Entry, exit, and firm dynamics in long run equilibrium," *Econometrica, 60*(5): 1127-1150.

Hsieh, C., and Klenow, P. (2009). "Misallocation and manufacturing TFP in China and India," *Quarterly Journal of Economics, 124*(4): 1403-1448.

Huang, Y. (2003). *Selling China: Foreign Direct Investment during the Reform Era.* New York: Cambridge University Press.

Huang, Y. (2008). *Capitalism with Chinese Characteristics: Entrepreneurship and the State.* New York: Cambridge University Press.

Hymer, S. (1976). The *International Operations of National Firms.* Cambridge, MA: MIT Press.

Jackson, J. (2012). *Outsourcing and Insourcing Jobs in the US Economy.* Congressional Research Service, 7-5700.

Jacob, J. (1996). "Taxes and transfer pricing: Income shifting and the volume of intrafirm transfers," *Journal of Accounting Research, 34*(2): 301-312.

Javorcik, B. (2004). "Does foreign direct investment increase the productivity of domestic firms? In search of spillovers through backward linkages," *American Economic Review, 94*(3): 605-627.

Jensen, J., McGuckin, R., and Stiroh, K. (2001). "The impact of vintage and survival on productivity: Evidence from cohorts of U.S. manufacturing plants," *Review of Economics and Statistics, 83*(2): 323-332.

Johanson, J., and Vahlne, J. (1977). "The internationalization process of the firm: A model of knowledge development and increasing foreign market commitment," *Journal of International Business Studies, 8*(1): 23-32.

Jovanovic, B. (1982). "Selection and the evolution of industry," *Econometrica, 50*(3): 649-670.

Katz, M., and Shapiro, C. (1985). "Network externalities, competition, and compatibility," *American Economic Review,* 75(3): 424-440.

Keller, W. (2002). "Geographical localization and international technology diffusion," *American Economic Review,* 92(1): 120-142.

Keller, W., and Yeaple, S. (2009). "Multinational enterprises, international trade, and productivity growth: Firm-level evidence from the United States," *Review of Economics and Statistics, 91*(4): 821-831.

Khanna, T. (2008). *Billions of Entrepreneurs.* Boston, MA: Harvard Business School Press.

Khanna, T., and Palepu, K. (2010). *Winning In Emerging Markets: A Roadmap for Strategy and Execution.* Boston, MA: Harvard Business School Press.

Kieso, D., Weygandt, J., and Warfield, T. (2010). *Intermediate Accounting* (13th edn.). Hoboken, NJ: John Wiley and Sons.

Killing, J. (1983). *Strategies for Joint Venture Success.* New York: Praeger.

Kim, L. (1996). *From Imitation to Innovation.* Boston, MA: Harvard Business School Press.

Kogut, B. (1983). "Foreign direct investment as a sequential process," in C.

Kindleberger and D. Audretsch (eds), The *Multinational Corporation in the 1980s.* Cambridge, MA: MIT Press, 38-56.

Kogut, B. (1988). "Joint ventures: Theoretical and empirical perspectives," *Strategic Management Journal, 9*(4): 319-332.

Kogut, B. (1991). "Joint ventures and the option to expand and acquire," *Management Science, 37*(1): 19-33.

Kogut, B., and Chang, S. (1996). "Platform investments and volatile exchange rates: direct investment in the U.S. by Japanese electronic companies," *Review of Economics and Statistics, 78*(2): 221-231.

Kogut, B., and Singh, H. (1988). "The effects of national culture on the choice of entry mode," *Journal of International Business Studies, 19*(3): 411-432.

Kogut, B., and Zander, U. (1993) "Knowledge of the firm and the evolutionary theory of the multinational corporation," *Journal of International Business Studies, 24*(4): 625-646.

KPMG (2007a). "China's new tax system and its implications," *TaxAdviser,* December, 21-22.

KPMG (2007b). *Hong Kong Tax Competitiveness Series: Corporate Tax Rates.* Hong Kong: KPMG.

Krugman, P. (1991). "Increasing returns and economic geography," *Journal of Political Economy, 99*(3): 483-499.

Lall, S. (1973). "Transfer-pricing by multinational manufacturing firms," *Oxford Bulletin of Economics and Statistics, 35*(3): 173-195.

Lau, L., Qian, Y., and Roland, G. (2000). "Reform without losers: An interpretation of China's dual track approach to transition," *Journal of Political Economy, 108*(1): 120-143.

Lee, G. (2009). "Understanding the timing of 'fast-second' entry and the relevance of capabilities in invention vs. commercialization," *Research Policy, 38*(1): 86-95.

Li, D. (1996). "Ambiguous property rights in transitional economies," *Journal of Comparative Economics, 23*(1): 1-19.

Li, H., and Zhou, L. (2005). "Political turnover and economic performance: The incentive role of personnel control in China," *Journal of Public Economics, 89*(9-10): 1743-1762.

Liebowitz, S., and Margolis, S. (1995). "Path dependence, lock–in, and history," *Journal of Law, Economics, and Organization, 22*(1): 1-2.

Lin, J. (2009). *Economic Development and Transition.* Cambridge: Cambridge University Press.

Lin, J. (2012). *Demystifying the Chinese Economy.* New York: Cambridge University Press.

Liu, X., Siler, P., Wang, C., and Wei, Y. (2000). "Productivity spillovers from foreign direct investment: Evidence from UK industry level panel data," *Journal of International Business Studies, 31*(3): 407-425.

Liu, X., Wang, C., and Wei, Y. (2009). "Do local manufacturing firms benefit from transactional linkages with multinational enterprises in China?" *Journal of International Business Studies, 40*(7): 1113-1130.

McFadden, D. (1974). "Conditional logit analysis of qualitative choice behavior," in P. Zarembka (ed.), *Frontiers in Econometrics.* New York: Academic Press, 105-142.

McGahan, A. (1991). "The emergence of the national brewing oligopoly: Competition in the American market, 1933-958," *Business History Review, 65*(2): 229-284.

MacGarvie, M. (2006). "Do firms learn from international trade?" *Review of Economics and Statistics, 88*(1): 46-60.

Madhok, A. (1997). "Cost, value and foreign market entry mode: The transaction and the firm," *Strategic Management Journal, 18*(1): 39-61.

Marshall, A. (1920). *Principles of Economics* (8th edn.). London: Macmillan.

Martz, L., and Thomas, R. (1991). "The corporate shell game," *Newsweek,* April 15, 32.

Marukawa, T. (2006). "The supplier network in China's automobile industry from a geographic perspective," *Modern Asian Studies Review, 1*(1): 77-102.

Meyer, K. (2004). "Perspectives on multinational enterprises in emerging economies," *Journal of International Business Studies, 35*(3): 259-276.

Ming, Z., and Williamson, P. (2007). *Dragon at Your Door: How Chinese Cost Innovation Is Disrupting Global Competition.* Boston, MA: Harvard Business School Press.

Mitchell, W. (1989). "Whether and when? Probability and timing of incumbents' entry into emerging industrial subfields," *Administrative Science Quarterly, 34*(2): 208-230.

Naughton, B. (2007). *The Chinese Economy: Transitions and Growth.* Cambridge, MA: MIT Press.

Naughton, B. (2009). "Loans, firms, and steel: Is the state advancing at the expense of the private sector?" *China Leadership Monitor, 30*: 1-10.

Nelson, R., and Winter, S. (1982). *An Evolutionary Theory of Economic Change.* Cambridge, MA: Belknap Press.

Newberry, K., and Dhaliwal, D. (2001). "Cross-jurisdictional income shifting by U.S. multinationals: Evidence from international bond offerings," *Journal of Accounting Research, 39*(3): 643-662.

Pan, Y., Li, S., and Tse, D. (1999). "The impact of order and mode of market entry on profitability and market share," *Journal of International Business Studies, 30*(1): 81-103.

Park, S., Li, S., and Tse, D. (2006). "Market liberalization and firm performance during China's economic transition," *Journal of International Business Studies, 37*(1): 127-147.

Porter, M. (1998). "Clustering and the new economics of competition," *Harvard Business Review, 76*: 77-90.

Porter, M., and Stern, S. (2001). "Innovation: Location matters," *Sloan Management Review, 42*(2): 28-36.

Puck, J., Holtbrugge, D., and Mohr, A. (2009). "Beyond entry mode choice: Explaining the conversion of joint ventures into wholly owned subsidiaries in the People's Republic of China," *Journal of International Business Studies, 40*(3): 388-404.

Qian, Y., Roland, G., and Xu, C. (1999). "Why is China different from Eastern Europe? Perspectives from organization theory," *European Economic Review, 43*(4–6): 1085-1094.

Qian, Y., Roland, G., and Xu, C. (2006). "Coordination and experimentation in M–form and U–form organizations," *Journal of Political Economy, 114*(2): 366-402.

Rawski, T. (1980). *China's Transition to Industrialism: Producer Goods and Economic Development in the Twentieth Century.* Ann Arbor: University of Michigan Press.

Redding, G., and Witt, M. (2007). The *Future of Chinese Capitalism.* New York: Oxford University Press.

Rein, S. (2012). The *End of Cheap China: Economic and Cultural Trends that Will Disrupt the World.* Hoboken, NJ: Wiley.

Reuer, J., Zollo, M., and Singh, H. (2002). "Post–formation dynamics in strategic alliances," *Strategic Management Journal, 23*(2): 135-151.

Saxenian, A. (1994). *Regional Advantage.* Cambridge, MA: Harvard University Press.

Scherer, F., Beckenstein, A., Kaufer, E., and Murphy, D. (1975). The *Economics of Multi–Plant Operation.* Cambridge, MA: Harvard University Press.

Scherer, F., and Ross, D. (1990). *Industrial Market Structure and Economic Performance.* Boston, MA: Houghton Mifflin.

Schipani, C., and Liu, J. (2002). "Corporate governance in China: Then and now," *Columbia Business Law Review, 1*: 1-69.

Schumpeter, J. (1934). The *Theory of Economic Development: An Inquiry into Profits, Capital, Credit, Interest, and the Business Cycle.* Cambridge, MA: Harvard University Press.

Shaver, J., and Flyer, F. (2000). "Agglomeration economics, firm heterogeneity, and foreign direct investment in the United States," *Strategic Management Journal, 21*(12): 1175-1193.

Slocum, T., McMaster, R., Kessler, F., and Howard, H. (2005). *Thematic Cartography and Geographic Visualization.* Upper Saddle River, NJ: Pearson Education.

Smith, D., and Florida, R. (1994). "Agglomeration and industry location: An econometric analysis of Japanese–affiliated manufacturing establishments in automotive related industries," *Journal of Urban Economics, 36*(1): 23-41.

Sosa, M. (2009). "Application–specific R&D capabilities and the advantage of incumbents: Evidence from the anticancer drug market," *Management Science, 55*(8): 1409-1422.

Stinchcombe, A. (1965). "Social structure and social organization," in J. March (ed.), *Handbook of Organizations.* Chicago, IL: Rand McNally, 142-193.

Stopford, J., and Haberich, K. (1978). "Ownership and control of foreign operation," in M. Ghertman and J. Leontiades (eds), *European Research in International Business.* Amsterdam: North Holland, 141-167.

Sutton, J. (1991). *Sunk Costs and Market Structure: Price Competition, Advertising, and the Evolution of Concentration.* Cambridge, MA: MIT Press.

Sutton, J. (1997). "Gibrat's legacy," *Journal of Economic Literature, 35 (*1): 40-59.

Tian, G. (2000). "Property rights and the nature of Chinese collective enterprises," *Journal of Comparative Economics, 28*(2): 247-268.

Tian, X. (2007). "Accounting for sources of FDI technology spillovers: Evidence from China," *Journal of International Business Studies, 38*(1): 147-159.

Tripsas, M. (1997). "Unraveling the process of creative destruction: Complementary assets and incumbent survival in the typesetter industry," *Strategic Management Journal, 18*(Summer Special Issue): 119-142.

Tybout, J. (2000). "Manufacturing firms in developing countries: How well do they do, and why?" *Journal of Economic Literature, 38*(1): 11-44.

United States International Trade Commission (2010). *China: Intellectual Property Infringement, Indigenous Innovation Policies, and Frameworks for Measuring the Effects on the U.S. Economy,* Investigation No. 332–514. USITC Publication 4199, November 2010.

Van Biesebroeck, J. (2007). "Robustness of productivity estimates," *Journal of Industrial Economics, 55*(3): 529-569.

Vernon, R. (1971). *Sovereignty at Bay: The Multinational Spread of U.S. Enterprises.*

New York: Basic Books.

Wagner, J. (2010). "Entry, exit and productivity: Empirical results for German manufacturing industries," *German Economic Review, 11*(1): 78-85.

Walder, A. (1995). "Local governments as industrial firms: An organizational analysis of China's transitional economy," *American Journal of Sociology, 101*(2): 263-301.

Whalley, J. (2011). *China's Integration into the World Economy.* Singapore: World Scientific Publishing.

Wheeler, D., and Mody, A. (1992). "International investment location decisions: The case of U.S. firms," *Journal of International Economics, 33*(1): 57-76.

Wheeler, J. (1988). "An academic look at transfer pricing in a global economy," *Tax Notes, 40*(1): 87-96.

Williamson, O. (1991). "Comparative economic organization: The analysis of discrete structural alternatives," *Administrative Science Quarterly, 36*(2): 269-296.

Wilson, B. (1980). "The propensity of multinationals to expand through acquisitions," *Journal of International Business Studies, 11*(1): 59-65.

Yang R. (2002). "China suffers 30 billion-yuan loss from tax evasion by multinationals," *China Daily Online,* July 31.

Yiu, D., and Makino, S. (2002). "The choice between joint venture and wholly owned subsidiary: An institutional perspective," *Organization Science, 13*(6): 667-683.

Young, A. (2000). "The razor's edge: Distortions and incremental reform in the People's Republic of China," *Quarterly Journal of Economics, 115(*4): 1091-1135.

Zeng, M., and Williamson, P. (2007). *Dragons at Your Door.* Boston, MA: Harvard Business School Press.

Index

[ㄴ]

[ㄷ]

[ㄹ]

[ㅁ]

[ㅂ]

[ㅅ]

[ㅇ]

[ㅈ]

[ㅊ]

[ㅋ]

[ㅌ]

[ㅍ]

[ㅎ]

[기타]

저자약력

장세진(張世進)은 KAIST 경영대학 교수로 싱가포르 국립대학의 프로보스트 석좌교수를 겸직하고 있다. 과거 고려대학교 경영대학의 금호아시아나 석좌교수와 뉴욕대학교 스턴 경영대학의 교수로 재직한 바 있고, Stanford Business School, Wharton School, INSEAD, London Business School, 히도쯔바시대학에서 방문교수를 역임하였다. 2007년에는 학술진흥재단이 선정한 인문사회부문 국가석학으로 선정되었다. 장세진 교수의 영문저서로 *Sony vs. Samsung: The Inside Story of the Electronics' Giants Battle for Global Supremacy* (Wiley, 2008)는 삼성전자와 소니의 전략을 비교하여 중국어, 일본어, 한국어, 태국어, 베트남어 등으로 번역되었고, 외환위기 이후 한국과 아시아의 기업집단의 구조조정에 대한 저서, *Financial Crisis and Transformation of Korean Business Groups*, (Cambridge University Press, 2003)과 *Business Groups in East Asia* (Oxford University Press, 2006) 등이 있다. 그 밖에 박영사에서 "경영전략," "글로벌경영," "M&A의 경영전략"을 출간하였다.

중국의 경쟁다이나믹스: 다국적기업의 진입 및 경쟁전략과 경영성과

초판인쇄 2013년 11월 15일
초판발행 2013년 11월 22일

지은이 장세진
펴낸이 안종만

편 집 우석진·전채린
기획/마케팅 안상준
표지디자인 최은정
제 작 우인도·고철민

펴낸곳 (주) 박영사
서울특별시 종로구 평동 13-31번지
등록 1959. 3. 11. 제300-1959-1호(倫)
전 화 02)733-6771
f a x 02)736-4818
e-mail pys@pybook.co.kr
homepage www.pybook.co.kr
ISBN 979-11-303-0036-8 93320

정 가 23,000원